Katrin Boese

Zelda Fitzgerald –

»So leben, dass ich
frei atmen kann«

Katrin Boese

Zelda Fitzgerald

»So leben, dass ich frei atmen kann«

Roman

AvivA

Ich habe den Mann geheiratet, der Zelda vergewaltigte, als sie gerade fünfzehn war. Natürlich habe ich nichts davon gewusst; erst nach meiner Scheidung erzählte Zelda mir davon. Ich war neunzehn, als ich John Sellers heiratete, einen jungen Mann aus bester Montgomery-Familie. Er war groß und schlank und sah sehr gut aus. Die Scheidung erfolgte 1925, nach nur einem Jahr Ehe, und sie wäre damals nach den ungeschriebenen Gesetzen der Südstaaten zum Skandal geworden, hätte ich sie ohne triftigen Grund eingereicht. Es war kein Skandal, dass Sellers trank, mich schon kurze Zeit nach der Hochzeit schlug, vergewaltigte und sehr bald anderen Frauen nachstieg. Das war bekannt in Montgomery, bis auf die Schläge und die Vergewaltigungen, die ich für mich behielt. Doch Alkohol und andere Frauen galten nicht als Scheidungsgrund. Meine Stunde kam, als Sellers ein Gesetz übertrat und man ihn in einem anderen Bundesstaat mit einer Minderjährigen in einem Hotelzimmer entdeckte. Dies war der einzige Grund, aus dem eine Stadt wie Montgomery eine Scheidung akzeptierte. Ich hatte Glück gehabt. Ich war Sellers entkommen und konnte ein neues Leben beginnen. Es gab Höhen und Tiefen in meinem Leben und in den Tiefen blitzte die Erinnerung an Sellers Brutalitäten auf; so etwas vergisst man nie, auch wenn man weiterlebt und vieles vergeht.

Auch Zeldas erstes Mal war eine Brutalität. Ich wünschte, sie hätte es mir bereits erzählt, ehe ich mit Sellers vor den Traualtar der Kirche Holy Comforter trat – mir wäre viel erspart geblieben. Aber sie trifft keine

Schuld. Sie war ebenso sein Opfer und sie schwieg aus Scham wie ich. Auch das verbindet uns. Ich erfuhr davon, als der Himmel von Paris rosafarben über uns lag, an einem Abend im Café Les Deux Magots.

»Was macht Sellers? Hast du von ihm gehört seit der Scheidung?«, fragte Zelda.

Wir saßen auf den Stühlen vor dem Café, im Schatten der großen Linden. Der Hochsommer lag schwül über Paris und trieb uns kleine Schweißperlen auf die Stirn, obwohl es schon später Abend war. Zelda nippte bedächtig an ihrem Martini, ich nahm einen Schluck meiner Zitronenlimonade.

Ich stellte das Glas langsam ab. Die aufgeschnittene halbierte Zitronenscheibe machte sich selbständig und rutschte vom Rand in das Glas hinein.

»Nein«, erwiderte ich. »Und ich will es auch nicht wissen.« Ich genoss es, diesen Satz zu sagen.

Zelda hob fragend die Brauen und rückte sich im Korbstuhl zurecht. »Erzähl, Sara«, sagte sie. »Du hast noch nie von deiner Ehe gesprochen.«

»Was soll ich erzählen, du kanntest ihn doch auch. Alkohol und andere Frauen. Es war die Hölle. Ich kann jeder Frau nur raten, sich nicht mit neunzehn in einen rasend gut aussehenden Mann zu verlieben und ihn nach viel zu kurzer Zeit auch noch zu heiraten, ohne auf eigenen Füßen zu stehen. Ich bin erst dreiundzwanzig, also jung genug, um auf eigene Füße zu kommen. So gesehen habe ich noch Glück gehabt.«

Zelda schaute in ihr Glas, und mich übergoss eine flammende Röte. Ich war taktlos gewesen. In meiner Empörung hatte ich für einen Moment vergessen, dass sie mit Scott nicht besser dran war als ich mit meinem Ex. Und dass auch sie mit neunzehn geheiratet hatte.

»Verzeih, Zelda«, sagte ich leise.

»Schon gut.« Sie sah auf und begann, nachdenklich in ihrem Drink zu rühren. »Alkohol und Ehe passen nicht zusammen. *Du hast gut daran getan, dich scheiden zu lassen. Schau mich und Scott an. Wir haben alles gehabt – Liebe, Geld und eine tolle Zeit. Alles außer Glück.*«

Zelda stützte ihr energisches Kinn auf und sah mich an. »Woran kann man noch glauben, Sara? Alles, woran ich noch glaube, ist Geld, und dass man genug davon haben muss.«

»Glaub an dich selbst, Zelda«, erwiderte ich.

»Das möchte ich gern, aber Scott lässt mich nicht. An ihn allein soll ich glauben, an nichts außer ihn. Ich versuche es, aber ich kann es nicht. Nicht in Paris, hier gibt es zu viele Verlockungen für ihn. Zum Schreiben kommt er nicht. Sein neuer Roman liegt seit drei Jahren brach. Es wird eine Steißgeburt. Falls es überhaupt eine wird. Und ich tanze und tanze, denn mir ist klar, dass ich mich eines Tages selbst ernähren muss. Ich werde buchstäblich auf eigenen Füßen stehen müssen – auf meinen Zehenspitzen, sofern Djagilew mir eine Chance in den Ballets Russes gibt. Hart genug kämpfe ich jedenfalls dafür. Madame sagt, ich sei sehr begabt. Scott flucht, weil der Unterricht bei ihr so viel Geld verschlingt. Ich werde es mir mit Schreiben verdienen. Ich kann genauso gut schreiben wie Scott, wenn nicht sogar besser.«

Ich sah Zelda an. Sie war noch immer attraktiv, in teure Pariser Mode gekleidet, ihr bronzegoldenes Haar vom besten Pariser Coiffeur sorgfältig onduliert. Und doch: Ihr Gesicht trug Spuren, die neu waren und mir nicht vertraut. Zelda schien meinen Blick zu spüren, denn sie sagte: »Ich weiß, wie ich ausschaue. Genauso lebe ich auch.« Sie griff nach ihrer – ebenfalls teuren – Handtasche, holte einen kleinen Taschenspiegel hervor und betrachtete sich seufzend darin. »Siehst du die Ringe hier unter meinen Augen und die Linien um meinen Mund? Der Teint ist noch passabel, das Haar auch – aber die Ringe unter meinen Augen sind zu groß, die Linien im Mundwinkel zu scharf. Dabei bin ich erst achtundzwanzig.«

»Ach, Zelda, so schlimm ist es nicht«, log ich.

»Sei nicht so verdammt taktvoll.« Zelda verzog das Gesicht und rekelte sich in ihrem Korbstuhl. »Lass uns lieber wieder von Sellers sprechen.«

Ich zögerte.

»Was war mit Sellers, außer Alkohol und Affären?« Zelda ließ nicht locker. »Er war ein grober Kerl im Bett, nicht wahr? Ich wünschte, ich hätte es dir vor deiner Hochzeit erzählt.« Sie schwieg.

»Was erzählt, Zelda?«

Wieder schwieg sie für einen Moment. Dann sah sie mich kurz an und sagte: »Er hat mich vergewaltigt, als ich fünfzehn war.«

Ich sah auf zum rosafarbenen Himmel und hörte Zeldas warme, dunkle Stimme. »Scott und ich waren an der Côte d'Azur in jenem Sommer, als du geheiratet hast. Auf deine Hochzeitsankündigung wollte ich dir schreiben. Ich habe es versucht, zerrissen und wieder versucht. Es ging nicht.«

Ich fasste nach ihrer Hand. »Wie ist es passiert?«

»Ach, es ist so lange her.« Zelda machte eine wegwerfende Geste.

»Zelda, wenn du nie darüber redest, wird es dich immer verfolgen.«

»Scott weiß es.«

»Wie hat er es aufgenommen?«

»Sehr wütend.« Sie stieß hörbar den Atem aus. »Aber du hast recht. Jetzt, da du von Sellers geschieden bist, solltest du die Geschichte hören.« Sie stockte und griff nach ihrem Martini, trank hastig einen Schluck, reckte das Kinn und wandte den Blick nach oben zum Himmel, der sich allmählich in ein dunkles Abendrot färbte.

»Du kennst den öffentlichen Spielplatz hinter der Chilton-Schule? Da ist es passiert. Ich bin freiwillig mitgegangen, das muss ich zugeben. Aber ich war gerade erst fünfzehn geworden, ich hatte keine Ahnung, was passieren würde. Weißt du, ich hatte zu viele Romane aus der Bibliothek meines Vaters gelesen, für die ich im Grunde noch zu jung war. Niemand zu Hause hat das kontrolliert, wie mich überhaupt nie jemand kontrolliert hat. Du weißt ja, als Kind lief ich ohne Hut und Mantel bis in die Negerdistrikte unserer Stadt, ohne jede Furcht, und Mama wusste nicht einmal, wo ich steckte.« Sie hielt kurz inne. »In manchen Romanen war von der Liebe die Rede, dieses ganze Durcheinander von Gefühlen, mit Andeutungen von Sinnlichkeit, mit denen das Kapitel ausklang, ohne dass die Sinnlichkeit zum Zuge kam und so das Ganze der Phantasie des Lesers überlassen blieb. Mit fünfzehn sollte man nicht ›Madame Bovary‹ lesen. Viel Phantasie hatte ich immer.«

Ich lächelte. »Ich weiß.«

Zelda gab mein Lächeln nicht zurück. »Wir hatten auf der Veranda gesessen, hinter unserem Haus«, sprach sie tonlos weiter. »Ich war der umschwärmte Star des Abends. Peyton Mathis war da, Tallulah, Livye, Sara Haardt, all die anderen und John Sellers natürlich. Wir alberten herum, Tallulah und ich sangen und tanzten zusammen. Wir machten das, was man eine ›gute Show‹ nennt. Irgendwann, als es dunkel wurde, gingen alle, bis auf Peyton und John. Sie sagten: ›Komm mit. Wir wollen dir was zeigen.‹ Ich wollte nicht, aber die beiden sagten, wenn ich nicht mitkäme, würde niemand mehr etwas mit mir zu tun haben wollen. Ich würde keine Freunde mehr haben. Niemand würde mich mehr besuchen, weil sie allen erzählen würden, was für ein blödes Mädchen ich sei. Also ging ich mit, auf den Spielplatz hinter der Schule. Sellers fing an, mich zu küssen. Es war aufregend, mein erster Kuss überhaupt. Jetzt erfahre ich was von der Liebe, dachte ich. Der Rest ging sehr schnell. Peyton hielt mich fest und drückte mir den Mund zu, als ich schrie, und John tat es. Dann gingen sie. Ich schlich allein nach Hause und musste weiterleben.«

Als wir das Les Deux Magots verließen, hatte Zelda drei Martini geleert, und der blutrote Abendhimmel war dem diesigen Schwarz der Pariser Nacht gewichen.

Zelda, ich bin schrecklich traurig über das, was Sellers und Mathis dir angetan haben. Ich weiß nicht mehr, ob ich Sellers geliebt habe, es ist zu lange her, aber ich weiß sehr genau: Ich habe ihn gehasst für das, was er mir angetan hat. Ich bin dir nicht böse, dass du mich nicht von der Côte d'Azur aus vor ihm gewarnt hast. Welche Frau kann eine Vergewaltigung schriftlich zu Papier bringen. Ich habe Journalistik studiert an der Sorbonne, war mein Leben lang Journalistin und habe Bücher geschrieben. Aber selbst ich könnte es nicht.

Nicht einmal jetzt, da ich am Ende meines Lebens stehe. Man hat dich neben deinem Mann in Rockville, Maryland, begraben. Ich aber möchte in Montgomery begraben werden, dem Ort unserer unbeschwerten Kindheit, ehe Männer wie Sellers und Mathis uns die Unbeschwertheit nahmen, kaum dass die Kindheit vorüber war. Ich zog meine Lebenslehre daraus und vertraute nur noch auf mich selbst. Dafür bezahle ich jetzt im Alter mit Einsamkeit. Keine Familie, kein Mann, keine Kinder. Du bist den anderen Weg gegangen. Hast einem weiteren Mann erlaubt, dir unendlich weh zu tun. Hast ein Jahr nach der Hochzeit mit einundzwanzig eine Tochter bekommen, die Scott immer nur Scottie nannte, obwohl du dich für den Namen Patricia entschieden hattest. Irgendwann hast du es aufgegeben, sie so zu rufen, deine Tochter, die du geliebt hast und die er dir zehn Jahre später absichtlich entfremdet hat. »*Angriff auf allen Ebenen*«, steht in Scotts Notizbuch von 1933. »*Stück (unterdrücken), Roman (unterdrücken), Bilder (verzögern), Charakter (angreifen), Kind (entfremden), Tagesablauf (durcheinander bringen, um Streit und Unruhe hervorzurufen). Kein Maschineschreiben. Wahrscheinliches Resultat: neuer Nervenzusammenbruch.*« Ebene Nummer fünf im Notizbuch war Tochter Scottie, die es der Mutter zu entfremden galt, wie Scott in seiner fahrigen Alkoholikerhandschrift dort vermerkte. Kurz vor seinem

Herztod mit nur vierundvierzig – er muss ihn gespürt haben – hat Scott seinen Freund und Nachlassverwalter, den Rechtsanwalt John Biggs, angewiesen, die Mappe mit der Korrespondenz zwischen ihm und Zeldas Ärzten zu vernichten oder, bei erneuten Krankheitssymptomen, dem zuständigen Psychiater im Highland-Hospital zu übergeben. Tochter Scottie sollte sie nie zu Gesicht bekommen. Scott wird gewusst haben, warum. Dass er vergaß sein Notizbuch zu vernichten, gehört zu den typischen Alkoholiker-Schussligkeiten. Ein einziger Satz nur aus seinem Notizbuch verrät, dass Scott Zelda auf dem Gewissen hatte. Ich habe es gewusst, manche haben es geahnt. Geschwiegen haben wir alle. Hätten wir etwas tun können?

Ich entsinne mich des Tages, da ich Zelda zum ersten Mal sah, sehr deutlich. Es ist der Tag einer meiner ersten Kindheitserinnerungen überhaupt. Zelda war ein paar Jahre älter als ich, was viel ausmacht, wenn die eine schon neun, die andere erst vier Jahre alt ist.

Die Häuser unserer Eltern lagen in derselben Straße, damals in Montgomery, Alabama, mit weitläufigen Gärten, die sich den prächtigen Villen im Kolonialstil anschlossen. Meine Mutter hatte den Sayres einen Besuch abzustatten, einen dieser Höflichkeitsbesuche, die man der neuen Nachbarin macht. Hin und wieder gab es weitere, doch wirklich eng befreundeten sich unsere Eltern nicht, obwohl unsere beiden Väter Richter am Alabama Supreme Court waren und gelegentlich sogar in Sayres oder in unserem Haus zusammen Schach spielten.

Es war ein warmer, schwüler Tag, so viel weiß ich noch, und dass die Magnolien in Richter Sayres Garten in alabasterweißer, verschwenderischer Blüte standen. Wilder Wein, hier und da durchbrochen von samtblauer Clematis, rankte sich um die Veranda, die sich in Gänze entlang des hinteren Hauses erstreckte. Stufen führten hinab in den Garten, den Mrs. Sayre liebevoll in Ordnung gebracht hatte, nachdem die Sayres nur wenige Monate zuvor das Haus in der Pleasant Avenue gemietet hatten. Leicht verwildert sei er gewesen, hörte ich Mrs. Sayre zu meiner Mutter sagen, als sie die Limonade samt Gläsern auf dem kleinen Verandatisch abstellte, und dass es ihr viel Freude gemacht habe, den Garten nach ihren Wünschen zu gestalten. Die Limonade war angenehm kühl, sie schmeckte süß und ich genoss sie. Jenseits der Veranda im Schatten von Wein und Clematis lag der Sommer flirrend auf Blumen und Rasen, die grünen Fensterläden des Hauses waren sämtlich geschlossen, als schliefe das Haus seinen sommerlichen Mittagsschlaf.

Ich griff nach meinem Glas, um einen neuen Schluck Limonade zu nehmen, als sich die große, weiße Tür zur Veranda öffnete und ein schlankes Mädchen diese betrat. Da sah ich Zelda zum ersten Mal, und obwohl ich noch nicht einmal vier war, spürte ich sofort etwas Bedeutsames in mir vorgehen. Zelda lächelte freundlich, als sie uns mit einem Kopfnicken begrüßte. Ihr zart gebräuntes Gesicht war von dichten, blonden Locken umrahmt, die sie von Zeit zu Zeit leicht schüttelte, wenn sie lebhaft erzählte. Sie gefiel mir sofort, und ich hätte gern mit ihr gespielt, wagte jedoch nicht, sie darum zu bitten. So saß ich nur still da, trank meine Limonade und beobachtete staunend Zelda, wie sie Mrs. Sayre und meine Mutter zum Lachen brachte. Meine Mutter lachte selten. Zelda konnte etwas, was weder ich noch meine Geschwister vermochten! Ich fasste Mut und wollte gerade fragen, ob sie ein schönes Spiel für uns wüsste, als sich die Verandatür öffnete und eine kräftige Negerin den Kopf zur Tür hinausstreckte. Zelda müsse jetzt zum Ballettunterricht, sagte die Frau in ihrem schweren Südstaatendialekt, mit lang gezogenen, dunklen Vokalen, und ich erstaunte in Ehrfurcht. Ballettunterricht – das Wort kannte ich schon, auch meine Cousine lernte Ballett. Ich hatte ihre Spitzenschuhe gesehen, auf denen sie tanzte, und abends vor dem Einschlafen träumte ich davon, wie Elisabeth mit einem Röckchen aus cremefarbenem Tüll bekleidet auf Zehenspitzen im Takt der Musik zu schweben.

Zelda reckte ihre schlanken Glieder und erhob sich; an der Tür wandte sie sich noch einmal mit einem freundlichen Lächeln um. Dann war sie fort: ein leichter Sommerwind, den man nicht fassen kann und über den man trotzdem dankbar ist, selbst wenn man ihn nicht halten konnte. Man trägt ihn in der Erinnerung als etwas Angenehmes, das vergangen ist, hört noch Jahre später das helle Lachen und erinnert sich an den lebhaften Wunsch, dieses Mädchen zur Freundin zu haben.

Vor Jahren las mir eine Wahrsagerin aus der Hand und sie sagte, ich sei ein glücklicher Mensch, da alles, was ich mir sehr stark wünschte, auch fast immer in Erfüllung gehe. Es stimmt tatsächlich – und mit Zelda traf es das erste Mal zu. Wir wurden Freundinnen, viele Jahre später, als wir erwachsen wurden, vielleicht die besten überhaupt. Es macht mich noch heute froh, Zelda zur Freundin gehabt zu haben, genauso, wie es mich noch immer traurig macht, an ihr Schicksal zu denken. Aber es hat sie gegeben, die lebensfrohe, die herzliche, die übermütige Zelda, die Zelda voll Witz und Charme, die die Menschen bezaubert hat. Und das ist es, was immer von ihr bleiben wird – über alle Verleumdungen hinweg.

Als ich Zelda wiedersah, war ich gerade in die Schule gekommen. Miss Gussie Woodruffs Mädchenschule war eine kleine, aber feine Privatschule für kleine, aber feine junge Damen aus Montgomerys besten Elternhäusern, doch nicht für Zelda. Richter Sayre war Mitglied des Bildungsamtes von Montgomery. Alle seine Kinder – Marjorie, Rosalind, Clothilde, Anthony und auch Zelda – besuchten selbstverständlich staatliche Schulen. Und Zelda war froh darüber. Es war lustiger dort, mit all den Jungs als Mitschüler, sagte sie mir später einmal, und dass sie mich immer etwas bedauert hätte, in dieser reinen Mädchenschule lernen zu müssen. »Von Jungen kann man so viel lernen«, sagte sie. »Mädchen sind doch langweilig.«

Zelda war selbst ein halber Junge. Sie lief barfuß, kletterte in höchste Baumwipfel und war die unermüdliche Anführerin unserer Kindheitsspiele. Ich glaube, es gab niemanden in unserem Viertel, der nicht gern mit Zelda spielte. Sie dachte sich Spiele – mitunter auch Streiche – aus, die einfach Spaß machten, und erzählte uns wunderbare Geschichten, die sie selbst ersann. Sie war beliebt, denn sie war gerecht im Spiel, voller Phantasie und zärtlich im Umgang mit kleineren Kindern. War

Zelda einmal krank, was selten genug geschah, so fehlte unserem Spiel das Leuchten, das Glück, von dem man als Kind zehrt, wenn man abends in seinem Bett liegt, über den vergangenen Tag nachdenkt, und das am nächsten Morgen erwartungsfroh in den Tag geleitet.

Ihre Eltern kamen schlecht mit dieser jüngsten Tochter zurecht, dem Wildfang par excellence. Mrs. Sayre war bei Zeldas Geburt bereits vierzig Jahre alt, der Richter ein paar Jahre älter. Für ein Kind darf man nicht zu alt sein, erst recht nicht, wenn es übermäßig lebhaft und wild ist. Ich weiß nicht, ob Richter Sayre auch bei Zeldas älteren Geschwistern die Pfirsichbaumrute einsetzte, die im großen, dunklen Garderobenschrank in der Eingangshalle griffbereit aufbewahrt wurde. Zelda jedenfalls bekam sie zu spüren. Dies verwundert bei einem Mann, der Mitglied des Bildungsamtes von Montgomery war, der dicke Akten wälzte, um Gerechtigkeit zu sprechen. Aber er schlug sie. Er schlug sie, wenn sie zu spät und zu schmutzig vom Spiel nach Hause kehrte, oder bei Widerworten, um die Zelda nie verlegen war. Ich habe mich oft gefragt, ob Zelda umso rebellischer wurde, je öfter Richter Sayre die Pfirsichbaumrute auf sie niedersausen ließ, oder ob der Richter desto machtloser wurde, je rebellischer Zelda sich gebar, und er in der Rute sein letztes Mittel sah. So oder so, es erwies sich als wirkungslos. Die letzte Schlacht mit ihrem Vater, so erzählte mir später Scott, schlug Zelda, als sie bereits achtzehn und Scott das erste Mal in Zeldas Elternhaus zum Essen geladen war. Die Geschichte klingt unglaublich; man wusste nie, was und wie viel man Scott glauben konnte, er war ein brillanter Lügner und Phantast. Doch Zelda hat sie mir bestätigt, und so habe ich keinen Grund, an dem Vorfall zu zweifeln. Ich kenne nur wenige grundehrliche Menschen, aber Zelda gehörte dazu. Immer.

Ich weiß nicht mehr genau, was es war, doch Zelda musste ihren Vater mit Worten so provoziert haben, dass er vom Tisch aufsprang, das Tranchiermesser ergriff, auf Zelda zustürmte, die – halb belustigt, halb in panischem Schrecken – ebenfalls aufsprang, wobei ihr Stuhl umstürzte, und Vater und Tochter in hektischer Verfolgungsjagd um den großen Esstisch herumrannten. Zelda rief immerzu: »Versuch's doch, du kriegst mich nicht«, was der Richter auch bald einsehen musste. So abrupt, wie er aufgesprungen war, setzte er sich wieder, legte das Tranchiermesser zurück aufs blütenweiße Tischtuch, Zelda stellte den umgestürzten Stuhl auf und die Mahlzeit wurde wieder aufgenommen, als sei nichts geschehen. Mrs. Sayre, die die ganze Zeit seelenruhig auf ihrem Platz gesessen hatte, griff nach einer der Schöpfkellen und teilte gemeinsam mit dem schwarzen Mädchen die Suppe aus. Eine Szene wie aus einem Roman sei es gewesen, sagte Scott, denn damit kannte er sich aus, wenn auch zu diesem Zeitpunkt noch nichts Besonderes von ihm erschienen war, sieht man von ein paar Kurzgeschichten, veröffentlicht in einer Studentenzeitschrift seiner Uni Princeton, ab. Was mich bereits damals verwunderte: Er war nicht eingeschritten, um dem Mädchen, in das er rasend verliebt war, in diesem irren Messer-Wettlauf-Kampf helfend beizustehen. Er wartete ab, bis sich die Gefahr verzogen hatte. Was natürlich viel über Scott sagt. Vielleicht fand er es sogar amüsant. Scott war berüchtigt für seinen makabren Humor.

1910 hatte ich zu meinem Geburtstag ein paar Rollschuhe bekommen und brannte am nächsten Tag darauf, sie auszuprobieren. Vom Fenster unseres Hauses aus, hinter den weißen Gardinen aus Chintz, hatte ich Zelda schon oft beobachtet, wie sie mit atemberaubender Geschwindigkeit die abschüssige Sayre Street hinabsauste, das Gesicht erhitzt, die langen blonden Locken im Winde fliegend, der Oberkörper geneigt, die Arme weit nach vorn und nach hinten rudernd. Ich hatte Angst, sie würde fallen, doch Zelda fiel nie. Am Ende der Straße, dort, wo vor der Synagoge das Kopfsteinpflaster begann, machte sie schnell eine leichte, anmutige Drehung, um einen Sturz zu vermeiden – waghalsig stets im allerletzten Moment. Waghalsigkeit war Zeldas Markenzeichen. Sie war zehn Jahre alt und schien sich vor nichts zu fürchten. Das Einzige, wovor sie sich fürchte, sei die Pfirsichbaumrute im dunklen Garderobenschrank, sagte sie mir einmal lachend. Sie lachte dabei anders als sonst. Zelda hatte ein wunderbares Lachen, glockenhell und ansteckend. Dieses Lachen klang dunkel.

Am Tag nach meinem Geburtstag rettete Zelda mir wahrscheinlich das Leben. Zumindest bewahrte sie mich vor einem gefährlichen Sturz, der mein Leben hätte verändern können. Die Kinderfrau hatte mich gewarnt, ich solle die neuen Rollschuhe nicht allein ausprobieren. Doch da war Zelda, ihr golden glänzendes Haar im Wind, Zelda, die die Sayre Street hinabzufliegen schien. Das wollte ich auch. In einem unbeobachteten Moment nahm ich die Rollschuhe, schlich mich heimlich aus dem Haus und schnallte sie an. Ich war Zelda, ich konnte, was sie konnte, schneller und schneller drehten sich die kleinen Gummiräder, ich ruderte mit den Armen, wie ich es bei Zelda gesehen hatte, doch da war nicht das erhoffte Gefühl, fliegen zu können, da war Angst, die größer und größer wurde, je mehr ich mich dem Kopfsteinpflaster vor der Synagoge näherte. Ich rollte dahin, hilflos, starr vor Schreck: wie sollte ich stoppen? Wie jene kleine elegante Drehung zustande bringen, die ich bei Zelda so bewunderte? Kurz vor dem Kopfsteinpflaster überholte mich Zelda, packte mich kräftig in der Taille, so dass ich zum Stehen kam. »*Hör mal*«, sagte sie, »*du hättest dir den Hals brechen können. Warte, bis ein Rollwagen kommt, an dem wir uns den Berg hinaufziehen lassen. Dann kannst du dich an mir festhalten, wenn wir den Berg hinunter rollen, und ich zeige dir, wie man die Drehung dort unten macht.*«

Das war Zelda für mich.

Ich war zehn, als Zeldas Kindheit verflogen war. Von diesem Zeitpunkt an verliert sich ihre Spur für mich, wenn auch nur für einige Jahre. Die Zeit der Verkleidungsbälle in Zeldas Elternhaus, ein schier unerschöpfliches Vergnügen für mich und Zeldas Spielgefährten, war vorüber. Wir liefen sommers nicht mehr gemeinsam über taufrisches Gras am Morgen, spürten beim Federballspiel nicht mehr den feucht und kühl werdenden Rasen in den Abendstunden eines Altweibersommertages. Ich sah Zelda nur sonntags beim Kirchgang, sie lächelte mir freundlich zu, wenn wir uns zufällig begegneten und wechselte kurz das ein oder andere Wort mit mir. Sie war eine junge Dame geworden, ausgesprochen hübsch, mit ihrem goldgelockten, dichten, langen Haar, das ihr geblieben war, ebenso wie der zartbraune Teint, der in schönem Kontrast dazu stand. Sie war nicht sehr groß, aber schlank und feingliedrig, mit der Anmut und Grazie einer Balletttänzerin. Ich himmelte Zelda an und bestürmte meine Mutter, sie möge mir Ballettstunden erlauben. Ich wollte werden wie Zelda.

Ich besitze noch immer einen alten Zeitungsausschnitt aus dem Montgomery Advertiser aus dem Jahre 1916. Er ist inzwischen völlig vergilbt, fast schon zerfallen, was nicht verwundert, denn ich gehe auf die Achtzig zu und habe ihn an all die zahlreichen Schauplätze meines Lebens mitgeschleppt. »*Sie könnte einmal tanzen wie die Pawlowa*«, heißt es dort über Zelda, unter einem Foto, das eine bezaubernde Zelda im Tutu zeigt, die sich grazil zur Verbeugung neigt. Das Foto habe ich oft und lange angeschaut, abends vor dem Einschlafen, teils aus Verehrung für Zelda, teils weil auch ich von einem solchen Foto von mir in der wichtigsten Zeitung unserer Stadt träumte.

Meine Mutter blieb unerbittlich. Sie nahm mich mit zu Ballettabenden, auf denen ich mit angehaltenem Atem verfolgte, wie Zelda auf Zehenspitzen zu schweben schien, doch sie erlaubte mir keine Ballettstunden. Ich mutmaße, meine Mutter hielt Ballettunterricht bei aller Schönheit für den Anbeginn moralischen Leichtsinns. Wir schrieben das Jahr 1915, ein Jahr, in dem junge Damen aus den besten Elternhäusern Montgomerys den Normen dieser Elternhäuser und dieser Zeit gemäß behütet und beschützt aufwuchsen. Eine junge Dame hatte in der Öffentlichkeit keinen Kaugummi zu kauen, wie Zelda es tat, und nicht abends im Park zu stehen, umringt von gleichaltrigen Jungen und Mädchen ihrer

Clique und dort das große Wort zu führen. Sie sollte zu Hause sitzen, bei einer Handarbeit oder der Lektüre eines guten Buches, und auf Bälle durfte sie nur in Begleitung ihrer Angehörigen gehen, bis sich ein Mann für sie fand, der für sie sorgen würde.

»Versprich mir, dass du nicht so wirst wie Zelda«, sagte meine Mutter in ernstem, fast flehendem Ton zu mir. »Zelda hat keine Manieren, Mrs. Sayre sollte besser auf sie Acht geben.«

Ich versprach es; ich liebte meine Mutter, ich würde sie nie enttäuschen und ihr weh tun können. Und doch: War es nicht aufregend, war es nicht interessant, des Abends inmitten einer lustigen Meute zu stehen, zu lachen und sich zu amüsieren, derweil die Dämmerung langsam über den Stadtpark hereinbrach und die alten Gaslaternen angingen, bis sie die einzige Lichtquelle im schließlich vollends dunklen Park waren?

Ich habe es nie erfahren, denn ich hielt mich an mein Versprechen.

Es gab auch eine andere Zelda. Eine Zelda, von der niemand wusste. Das stand nur in ihrem Tagebuch, das sie mir zeigte, als ich älter und verständiger wurde, an der Schwelle vom Kind zum jungen Mädchen. Ich hätte nie gedacht, dass Zelda Tagebuch schrieb. Ich wusste, dass sie sehr viel las, Richter Sayres Bibliothek in dem zweistöckigen Haus in der Pleasant Avenue war riesig, und Zeldas Interesse galt eher freier Lektüre denn unfreien Hausaufgaben, denen sie sich, außer in Englisch und Mathematik, ungern unterwarf. Diese Zelda liebte es, auf Friedhöfen spazieren zu gehen. Das passte nicht zu ihrem fröhlichen, temperamentvollen Wesen, so schien es mir. Zu Zelda passten Ballettschuhe aus beigefarbener Seide, Tutus aus Tüll und Blumen im Haar und begeisterter Applaus nach der Vorführung im Bürgerhaus von Montgomery.

In ihrem Tagebuch las ich: »*Warum sollten Gräber einem das Gefühl von Vergeblichkeit vermitteln? Ich habe das so oft gehört, (...) aber irgendwie kann ich nichts Hoffnungsloses daran finden, dass ein Leben vergangen ist – Alle diese abgebrochenen Säulen und gefalteten Hände und Tauben und Engel bedeuten doch romantische Geschichten – und in hundert Jahren, denke ich, wird es mir gefallen, wenn junge Leute Mutmaßungen darüber anstellen, ob meine Augen braun oder blau waren – sie sind natürlich weder das eine noch das andere – Ich hoffe, mein Grab sieht einmal nach vielen, vielen vergangenen Jahren aus*«.

Damals, mit knapp vierzehn, hat mich diese Stelle aus Zeldas Tagebuch erschreckt; wenn man blutjung ist und das ganze Leben vor sich hat, denkt man nicht an den Tod. Dass Zelda es tat, überraschte mich. Sie sprühte vor Lebensfreude, jeder konnte es sehen. Jetzt, da ich mein Leben gelebt habe, verstehe ich es. Es ist kein Widerspruch, dass Menschen, die intensiv leben, alles sehr tief empfinden – selbst Grabsteine eines Friedhofes, die stärker zu ihnen sprechen als zu anderen. Ich stelle mir Zelda vor, wie sie auf dem Konföderierten-Friedhof von Oakwood stand, vor einem der säulenförmigen, grauen Grabsteine mit ornamentverziertem Kapitell, die Geburts- und Sterbedaten unter den Namen der dort Beigesetzten las und sich ausrechnete, wie lange diese Menschen ihr Leben gelebt oder durchlitten hatten. Wie sie die Familiengeschichten las, die die Inschrift auf den Grabsteinen erzählte. Vielleicht die Geschichte einer kleinen Familie, deren einziges Kind nach nur wenigen Lebensmonaten verstorben war. Da sollte die junge Mutter noch nicht wissen, dass nur vier Monate später ihr Mann, Rangierer bei der Eisenbahn, tödlich verunglücken würde. Auch das erzählt der Grabstein. Und ich denke, ein Familiengrab muss es ihr besonders angetan haben. Es existiert jetzt nicht mehr, aber ich habe es noch gut in Erinnerung: Nach einem langen gemeinsamen Leben war die Ehefrau ihrem Mann nur wenige Tage nach seinem Tod gefolgt – Philemon und Baucis. Scott sagte mir einmal, Zelda wünschte sich, sie würden einst zusammen sterben, wenn sie alt sind, er aber zweifele daran, alt zu werden.

In Liebe und Dankbarkeit. Die Hinterbliebenen. Ich hätte Zelda gewünscht, ihr Grabstein möge diese Inschrift tragen, als sie mit nicht einmal achtundvierzig Jahren starb. Im Laufe meines Lebens habe ich etliche Sträuße aus Pfingstrosen, die Zelda von allen Blumen am meisten liebte, an ihrem Grab niedergelegt. Zelda, ich möchte aller Welt erzählen, dass die Farbe deiner Augen wechselte, von dunkelblau über grün bis grau, ebenso wie die Farben deines Lebens. Und dass sie wunderschön waren, groß, unter dunklen Wimpern, eindrucksvoll und lebhaft.

Sellers war ein Schwein, aber es schien, als habe er den Mund gehalten und nie auch nur irgend jemandem etwas von Zeldas verlorener Unschuld erzählt. Also schwiegen beide. Eigentlich alle drei, mit Peyton als Gehilfen der

Tat. Möglich, dass sie Scham danach empfanden. Mit siebzehn mag Sellers noch nicht so abgebrüht gewesen sein wie später. Da hatte seine Alkoholkarriere gerade erst begonnen. Zelda blieb im Mittelpunkt. Sie lachte und erzählte genauso viel wie zuvor und brachte ihre Leute mit ihrem Witz zum Lachen, sommers im Schwimmbad – wo sie in ihrem pinkfarbenen Badeanzug furchtlos vom höchsten Turm ins Bassin sprang –, abends beim Tanz im Country Club oder beim Schwatz im herbstlichen Park, wo sich die Clique traf. Nur Tallulah Bankhead erzählte mir fast zwei Jahrzehnte später, als Zelda bereits sehr krank war, dass sie ihr im Sommer und Herbst 1915 verändert erschien. Eben noch fröhlich und unbekümmert, wirkte sie plötzlich still, nachdenklich und in sich gekehrt. Tallulah sagte, da musste sie angefangen haben, Zeldas rätselhafte Krankheit, von der die Ärzte und Scott behaupteten, es sei Schizophrenie, was wir alle, die wir Zelda kannten, nie glauben konnten. Ich zuallerletzt. Nur Tallulah, bekannt für ihre Eskapaden, schien die einzige von uns zu sein, die die Diagnose nicht bezweifelte.

»Im Sommer 1929 hat Zelda, der arme Schatz, ihren Verstand verloren. Ich stand neben ihr, als sie in einem Blumengeschäft in Cannes zu mir sagte, die Blumen hätten Gesichter.«

Ich erwiderte, das habe bei Zelda, die erstens Blumen liebte, zweitens Blumen aller Art in zarten Aquarellen festhielt und drittens gern in Metaphern sprach, nichts zu bedeuten. Für eine Künstlerin mögen Blumen Gesichter haben. Ich fand nichts Ungewöhnliches daran. Tallulah wiegte nachdenklich den Kopf, und in diesem

Moment glich ihr schönes Gesicht einer weißen geschlossenen Rose. Ich sagte es ihr, sie tippte mit dem Finger leicht an ihre Stirn und lachte.

Es gab noch mehr Leute in Montgomery, die gerne glauben wollten, Zelda habe ihren einst brillanten Verstand verloren. Hatte Zelda nicht schon als junges Mädchen, verkleidet als Bettlerin, die Passanten am Bahnhof um Almosen gebeten? Zelda Sayre, die Tochter des Richters, in Lumpen gehüllt, das Gesicht schmutzverschmiert! Halb Montgomery tuschelte. Was Richter Sayre tat, weiß ich nicht. Was ich wusste: Zelda hatte eine Wette verloren und musste ihren Einsatz einlösen. Livye Hart hat es mir erzählt. Das war das Großartige an Zelda: Sie hielt immer ihr Wort, ohne sich dabei um ihren Ruf zu scheren. In Montgomery lebte Zelda unbekümmert, unverstellt und mit dem Charme eines bezaubernden Kindes, das sich alles erlauben darf. Es war genau dieser Charme, der ihr später zum Verhängnis werden sollte.

Als ich noch mit Sellers verheiratet war, sagte er einmal zu mir, Zelda sei ein bisschen meschugge.

»Wieso?«, fragte ich verblüfft, und: »Wie kommst du darauf ?«

»Ach«, machte Sellers leichthin, »sie hat einmal abends im Schwimmbad, als wir Jungs alle im Wasser waren, unsere Sachen verknotet, die Hosenbeine, die Hemdsärmel, sogar die Socken und die Unterwäsche. Es war eine Heidenarbeit, das alles wieder aufzuknoten. Wir haben vom Wasser aus gesehen, wie sie davonlief, praktisch im letzten Moment auf frischer Tat ertappt.«

Ich lachte und erwiderte: »Ja, das passt zu Zelda, aber das ist witzig, nicht meschugge. Wahrscheinlich habt ihr sie zuvor geärgert, und das war ihre Rache. Zelda war immer forsch genug, sich zu wehren.« Sellers schwieg und wechselte das Thema.

Zeldas Beliebtheit indes taten solch kleine Eskapaden keinen Abbruch. Im Gegenteil, man tuschelte und lächelte darüber: »Ach, die Zelda«. Es war, als gehörten jene Späße zu ihr wie die Sommerschwüle zu Montgomery. Die Scheinwerfer des geborgten Autos auf Männer zu richten, die aus dem kleinen Bordell am Rande der Stadt auf die Straße traten – typisch Zelda. Die Leute klatschten darüber, halb belustigt, halb empört. Ich schnappte es zufällig auf der Straße auf, was meiner Mutter nicht recht war, denn sie strafte mich mit tadelndem Blick, als ich es ihr lachend erzählte. Sie missbillige selbstverständlich Bordelle, sagte meine Mutter streng, aber Zelda sei und bleibe unmöglich, und wieder musste ich ihr versprechen, nicht so zu werden wie Richter Sayres jüngste Tochter.

Wir jungen Leute aber lachten über Zeldas Späße. Und als Zelda im Sommer 1918 die High School verließ, hatte sie in jedem Jahr den Schulwettbewerb um das beliebteste und hübscheste Mädchen ihrer Klasse gewonnen. Es mag einzelne Neider gegeben haben, jene, die später versuchten, ihren Leumund zu schädigen, aber der Wettbewerb beweist, dass sie nicht allein bei den Jungen ihrer Klasse, sondern auch bei den meisten Mädchen beliebt war. Mit Zelda war es nie langweilig. Sie hasste Langeweile und sagte von sich, sie brauche Aufregung und

Spannung im Leben, und obwohl ich noch keine vierzehn war, als sie mir dies sagte, fand ich, sie habe recht. Hätte ich nicht so gedacht, es hätte wohl keinen Sellers für mich gegeben. Ich hielt nur ein Jahr Aufregung mit ihm durch.

Zelda führte die Clique an. Man ging ins Kino, ins Theater, fuhr mit einer Anstandsdame auf Picknick-Ausflüge. Auf die Anstandsdame achteten die Eltern der jungen Damen, denn es fuhren auch junge Männer mit. Es gibt ein Foto von einem solchen Ausflug. Acht junge Leute sind darauf zu sehen, auf einer Wiese hinter einem Landauer stehen drei junge Männer und vier junge Mädchen. Im Vordergrund Zelda, gertenschlank, in weißen Kleidern, Schuhen und Strümpfen, den Oberkörper leicht nach hinten geneigt wie eine Ähre im Wind. Sie schaut versonnen in sich, ein junger Mann hinter Zelda lächelt, zwei Mädchen blicken ernst. Es gibt viele Fotos von Zelda, und auf jedem sieht sie anders aus, so dass man sich erstaunt fragt, ob es sich um ein und dieselbe Person handelt. Aber dieses Foto halte ich für eines der schönsten. Zelda inmitten ihrer Freunde. Nicht viele Fotos der späteren Zeit zeigen sie so glücklich.

Doch vorerst zeichnete Zelda mit großem Talent im Kunstzirkel ihrer Schule und nahm Ballettunterricht in Professor Weisners Tanzklasse. Auch die modernen Tänze tanzte sie wunderbar, ihr graziler Körper war wie geschaffen dafür. Und es gab viele Tanzabende in Montgomery. Da waren die Bälle im Country Club, Benefiz-Tanztees für das Rote Kreuz, Offiziers-Tanzabende, Tanz im Jackson- und im Beauvoir Club und im Camp Sheridan, Schönheitsköniginnen- und Faschingsbälle.

Zelda tanzte jeden Abend, unermüdlich. Ihr jetzt bronzegoldenes, gelocktes Haar wippte rhythmisch im Takt. O ja, Zelda tanzte fabelhaft – eine Dancing Queen, wie man heute sagen würde. Ich habe es gesehen, durch die großen Scheiben der alten Stadthalle, in denen leicht verruchte Tanzabende stattfanden, von neun Uhr abends bis ein Uhr nachts. Nur wenige Mädchen gingen dorthin, die Offiziere vom nahen Camp Sheridan nie, aber die Musik war wundervoll, ich höre sie noch heute. »No Name Waltz« drang an mein Ohr und »Rose of No Man's Land«, als ich eines Abends unten an der alten Stadthalle vorüberging, Musik, die mich magisch anzog und mich vor einem der großen Fenster verweilen ließ. Ich sah geschmacklos gekleidete junge Männer, die nicht aus den besseren Kreisen Montgomerys stammten, und mitten unter ihnen schwebte, prinzessinnengleich in ihrem pinkfarbenen Kleid, Zelda. Zelda, die alle Blicke auf sich zu ziehen schien. Zu Hause schwieg ich, erzählte meiner Mutter nicht, was ich gesehen hatte. Sie würde wieder sagen, Mrs. Sayre sollte besser auf Zelda Acht geben, was habe eine junge Dame wie Zelda in einem solchen Lokal – ja, so hätte Mutter die alte Stadthalle bezeichnet – verloren. Ich hingegen zweifelte nicht daran, dass Zelda das Recht hatte, auch dort zu tanzen. Wer so zu tanzen vermochte wie Zelda, der durfte überall tanzen. Selbst auf einem Tisch im Country Club. Was ist ein Tisch anderes als eine Bühne.

Es wundert mich nicht, dass manches Mädchen Zelda auch beneidete. Wie gesagt, ich war noch zu jung, um wie Zelda auf Bälle oder zu Tanztees gehen zu dürfen, aber ich habe sie tanzen gesehen, durch die Scheiben der alten Stadthalle, und Virginia Foster hat mir erzählt, viele Mädchen wären am liebsten nach Hause gegangen, sobald Zelda den Saal betrat. Dann saßen sie da wie die Mauerblümchen, denn die jungen Männer wollten nur noch mit Zelda tanzen; sie stellten sich der Reihe nach in einer Schlange an und klatschten einander ab, um Zelda wenigstens für eine Minute herumwirbeln zu können. Zelda lachte und amüsierte sich darüber, doch ich glaube nicht, dass sie – derart belagert – hochnäsig dabei war. Es mag ein Spiel für sie gewesen sein, so wie alles damals ein Spiel für Zelda war. Der öffentliche Spielplatz hinter der Chilton-School war verdrängt. Es war selbstverständlich, dass die jungen Männer sie umringten; es war selbstverständlich, auf einem der Bälle zur »Schönsten des Südens« erkoren zu werden. Alle warben um ihre Gunst, bisweilen unter Einsatz ihres Lebens. Ein Verehrer, der Zelda eines Nachts nach Hause brachte, sprang gar in seinem neuen weißen Leinenanzug in unseren Fluss, um Zeldas Hut zu bergen, den ein Windstoß von ihrem Kopf in das Wasser getrieben hatte. Scott hat diese kleine Episode später in einem Vierzeiler als Motto für seinen Roman »Der große Gatsby« vorangestellt – so wie er immer wieder Zeldas Leben und Gedanken für seine Romane benutzt hat. Doch so weit sind wir noch nicht.

Noch tanzt Zelda, unbeschwert und sorglos, führt sich in einer Tanzpause auf, als wäre sie betrunken, lässt sich lallend und torkelnd von zwei jungen Männern zum Auto führen, die meinen, jetzt leichtes Spiel mit ihr zu haben. Und rennt dann, kurz vor dem Auto, davon, sich ausschüttend vor Lachen, die Männer verdutzt hinter sich lassend. Die Geschichte ging durch Montgomery, und natürlich tratschten die Leute wieder – gehörte sich denn so etwas?! – und ich weiß noch, dass auch ich etwas erstaunt war, als ich davon erfuhr. Seit dem Deux Magots habe ich eine Erklärung dafür. Ich glaube, Zelda wollte den Burschen sagen: Ihr haltet Mädchen für dumm und meint, ihr könntet mit ihnen machen, was ihr wollt. Da habt ihr euer »dummes Mädchen« – ich bin viel zu klug für euch. Mich kriegt ihr nicht noch mal.

Zelda hatte niemals einen moralisch zweifelhaften Ruf unter ihren Freunden. Sie war unkonventionell, amüsant und mitunter von skurrilen Einfällen, die zum Stadtgespräch wurden, aber sie galt nie als Flittchen. Selbst Scott, der später wahrlich genug Lügen über seine Frau verbreitete, musste zugeben, dass Zelda bei ihrer ersten Begegnung sein Drängen nach einem nächtlichen Rendezvous mit den Worten abschlug: *»Ich treffe nie späte Verabredungen mit Stürmern und Dränglern.«*

Nein, Scott durfte sie nicht gleich am ersten Abend nach Hause bringen. Zelda fuhr allein im geborgten Auto nach Hause, fuhr vorsichtig den Kiesweg hinauf, um den Richter nicht zu wecken. Hätte sie gewusst, dass Scott bereits am nächsten Abend im Country Club wieder auftauchen würde, es wäre ihr egal gewesen.

Als Scott mit seinem ersten Roman über Nacht berühmt geworden war, brachten die Gazetten den Mythos auf, zwischen ihm und Zelda sei es Liebe auf den ersten Blick gewesen.

Sie waren sich im Sommer 1918 im Country Club in Montgomery begegnet, in jenem Jahr, als der Erste Weltkrieg in seinen letzten Zügen lag. Scott, der nicht einmal zweinundzwanzigjährige Yankee aus Minnesota, hatte sich als Freiwilliger gemeldet und wartete auf seinen Einsatz in Europa. Von der Uni Princeton wegen schlechter Leistungen geschasst, bot sich Scott bei Kriegseintritt der Vereinigten Staaten eine willkommene Gelegenheit, sein akademisches Versagen zu verschleiern und sich auf neuem Gebiet hervorzutun. Ich glaube fast, er war glücklich über seine militärische Ausbildung. In seiner knappen Freizeit schrieb er voller Hingabe an seinem ersten Roman »Der romantische Egotist«, der später unter dem Titel »Diesseits vom Paradies« Furore machen sollte. Ich wünschte, Scotts New Yorker Verlag hätte nicht auf jenem anderen Titel bestanden. »Der romantische Egotist« sagt alles über Scott, denn sein erster Roman war eine Art Seelenschau. Doch vielleicht hätte nicht einmal das vermocht, Zelda zu warnen. Es ist hoffnungslos, wenn die Liebe zuschlägt. Ich weiß das aus eigener Erfahrung.

Immerhin, sie schlug nicht sofort zu. Zelda machte sich anfangs nicht viel aus Scott, obwohl er blendend aussah: Volles blondes Haar, ebenmäßige, fast feminine Gesichtszüge, große, sehr blaue Augen. Eisblaue Augen, sollte Zelda viel später sagen. Und: Die Augen des Eismannes.

Doch Scott war nur einer von vielen Verehrern, von denen viele gut aussahen. Einer unter all den jungen Männern in den Tanzsälen, die gut tanzten und die sie nach Hause bringen durften, sobald Zelda sie etwas besser kannte. Nur einer von etlichen jungen Männern, die sie zum Abschied vor der Haustür küssen durften. Küsse verteilte Zelda großzügig, selbst wenn es nicht einmal

Spaß machte, geschweige, dass sie verliebt war. Sie waren ein unverbindliches Dankeschön für den schönen Tanzabend und dafür, dass der junge Mann sie mit dem Auto abgeholt und wieder nach Hause gefahren hatte. Und Zelda hatte entdeckt, dass man mit Abschiedsküssen Verehrer bei der Stange hielt, wie sie sagte. Sie kamen dann immer wieder. Der Richter und Mrs. Sayre sahen missbilligend, wie die jungen Männer an ihrem Hause Sturm läuteten und nach Zelda fragten. Mitunter kamen sie zu dritt in einem Auto und hupten einfach nach Zelda, die dann eilenden Schrittes das Haus in der Pleasant Avenue verließ und sich auf den letzten freien Platz im Auto fallen ließ. Der Richter sprach einmal mehr ein ernstes Wort mit seiner Tochter: Solche Manieren dulde er nicht. Zu klingeln hätten die Burschen, wie jeder wohlerzogene Mensch, und dann im Vorsaal Platz zu nehmen, bis er ihnen Zelda für den Abend anvertraue. Anderenfalls benehme sie sich wie ein Flittchen.

Zelda zuckte die Schultern und rümpfte die Nase. Old Dick – wie sie ihren Vater nannte – war stehen geblieben im letzten Jahrhundert. Er war jetzt ein alter Mann von sechzig Jahren, prinzipienfest, streng, genügsam, arbeitsam. Was wusste Old Dick vom Leben.

Ihr Leben jedenfalls sollte anders sein, so viel stand fest für Zelda. Und vorläufig waren Bälle und Tanzabende ihr Leben. Alles andere würde die Zukunft bringen, über die sie sich freilich noch nicht recht im Klaren war. Aber wer ist das schon mit achtzehn. Ich war es auch nicht. Sonst hätte es Sellers nicht für mich gegeben. (Je mehr ich über die Zelda meiner Jugend nachdenke, desto mehr springt Sellers aus meiner Erinnerungsschublade. Das muss wohl so sein. Es wird aufhören, wenn Zelda Montgomery verlässt und Scott nach New York folgt.)

Scott betrat den Country Club und hielt Ausschau nach dem hübschesten Mädchen. Denn das war Scotts Ehrgeiz. Das hübscheste und begehrteste Mädchen sollte es sein, seine Trophäe, um die ihn alle beneiden würden. Er hatte sich erkundigt bei seinen Kameraden im Camp Sheridan, ehe er das erste Mal zum Tanz nach Montgomery fuhr. Drei Mädchen hatten die Kameraden ihm benannt und beschrieben, und Scott erkannte Zelda sofort. Bronzegoldenes, gelocktes Haar und eine süße Figur. Sie tanzte einen Solotanz auf der Bühne und war nicht zu übersehen. Scott ließ Zelda nicht aus den Augen und ging schnurstracks auf sie zu, als sie ihren Tanz beendet hatte. Das war sie. Genau sein Typ. Und Ginevra – ach, Ginevra! – so unglaublich ähnlich. Ginevra hatte Schluss mit ihm gemacht, anderthalb Jahre war das jetzt her, doch er spürte noch immer den Schmerz. So zumindest hat Zelda mir es damals erzählt. Und auch, dass Scott es gewesen war, der Ginevras Liebe ruiniert hatte. Sie fand sich zu jung, um mit Scott zu schlafen. Scott war Gast in Ginevras Elternhaus, und als sie sich abends am Kamin ihres Zimmers weigerte, Scotts begehrlichem Drängen nachzugeben, ging er wutentbrannt auf sein Gästezimmer und verließ Ginevras Elternhaus am frühen Morgen ohne ein Wort des Abschieds. Stahl sich davon wie der Dieb in der Nacht. Alles, was er zu stehlen vermocht hatte, waren Ginevras Küsse. Scotts Kuss hatte einen roten Fleck an Ginevras Hals hinterlassen, der das Mädchen bestürzte; aufgeregt rieb es daran herum, was die Sache noch schlimmer machte, und Scott lachte mit schlecht verhohlener Schadenfreude. Ginevra nannte Scott einen gemeinen Kerl und stieß ihn heftig beiseite, als er sie zu entkleiden versuchte. Und das war das Ende. Scott war tödlich gekränkt. Ginevra sah ihn nicht wieder an. Sie war von anderem Holz als Zelda, auch wenn die beiden sich verblüffend ähnlich sahen. Mit Menschen, die sie verletzten, hatte Ginevra kein Mitleid, und sie ließ sich auch nicht erpressen, als Scott sagte, wenn sie nicht mit ihm schlafe, dann sei eben Schluss. Scott war raffiniert genug, Zelda die ganze Geschichte zu erzählen. Und so denke ich, es war eine diffuse Mischung aus Mitleid, Verliebtheit und der Angst, Scott zu verlieren, als Zelda sich Scott in der ersten Dezemberkälte vor dem Kamin ihres Zimmers hingab. Es nützte nichts. Noch vor Weihnachten sagte ihr Scott, sie sei bemerkenswert, aber heiraten werde er sie nicht. Doch das erzählte mir Zelda erst viele Jahre später.

Scott ging also auf Zelda zu und bat um den nächsten Tanz. Zelda musste sich nicht einmal erheben; sie stand bereits auf der Tanzfläche. Es war kein magischer Moment für sie, sagte mir Zelda, und dass Scott anfangs keinen großen Eindruck auf sie machte. Ein Leutnant in Uniform mehr aus dem Camp Sheridan. Zelda hatte aufgehört, ihre Tänzer zu zählen. Sie tanzten auch nicht den ganzen Abend zusammen, wie es die Legende später erzählte. Doch am Ende des Abends war er wieder bei ihr, bat sie um eine Verabredung, und Zelda sagte ihren Satz, sie treffe niemals späte Verabredungen mit Stürmern und Dränglern. Sie ließ sich nicht von ihm nach Hause bringen. Sie dachte nicht an ihn, als sie spät nachts im Bett ihres rosé-weißen Mädchenzimmers lag. Sie hielt nicht einmal Ausschau nach ihm bei den nächsten Abenden im Country Club. Und er nicht nach ihr. Warum sollte sie? Im schwülen Alabama-Juli hatte sie ihn im Schwimmbad gesehen, zusammen mit May Steiner auf einer Decke, und er hatte zärtlich Mays Oberarm mit einem Grashalm gekitzelt.

Aber sie wies ihn auch nicht ab, wenn er sie, gelegentlich nur, im Country Club wieder zum Tanz aufforderte. Sie gab nie jemandem einen Korb, es sei denn, er tanzte sehr, sehr schlecht. Scott tanzte sehr gut. Nicht nur mit ihr. Das konnte sie sehen, wenn er hin und wieder mit seiner Partnerin an ihr, die sie gerade mit einem Studenten der Universität zu Alabama oder einem Offizier des Camp Sheridan tanzte, vorbeischwebte. In den Pausen unterhielten sie sich jetzt mitunter lange. Scott musste Zelda im Schwimmbad beobachtet haben, von der Decke aus, auf der er mit jenem Mädchen gelegen hatte, denn er machte ihr Komplimente über ihre schönen braunen Beine, die so prima zu dem pinkfarbenen Badeanzug passten, wie er lachend sagte. Ja, hatte Zelda erwidert, auf ihre Beine sei sie sehr stolz. Das könne sie auch, gab Scott ernst zurück.

Als der schwüle August in den noch immer warmen September glitt, ließ Zelda sich das erste Mal von Scott nach Hause bringen und küssen. Sacht liefen sie den Kiesweg zum Haus hinauf, um den Richter nicht zu wecken, und küssten sich ungestüm im Portikus der weißen Villa. Noch in der gleichen Nacht schrieb Scott in sein Notizbuch: Ich habe mich verliebt. Nur drei Tage zuvor hatte er darin notiert: Ginevra hat geheiratet.

Scott war in die Offensive gegangen.

Zelda sagte: »Es sollte nur ein Kuss sein wie bei all den anderen. Meine Art, Danke fürs nach Hause bringen zu sagen. Doch wie Scott hatte mich noch nie jemand geküsst. Und da war es um mich geschehen.«

Die Verliebtheit dauerte den ganzen September. Zelda fing an, Scott ernst zu nehmen, und Scott wollte verliebt sein, nachdem Ginevra endgültig verloren war. Zelda hatte ihm ihre Telefonnummer gegeben und er rief täglich bei ihr an. Mrs. Sayre erinnerte sich an die Zeit, da der Richter recht nüchtern um sie geworben hatte, und sie fand Scotts hartnäckiges Interesse an Zelda romantisch. Wenn Scott Zelda zum Tanz abholte, schaute sie den beiden versonnen hinterher: Was für ein schönes Paar! Zelda glich einer blonden Elfe, und Scott war ein blonder Adonis. Dem Richter erzählte Mrs. Sayre vorerst nichts; sie wusste sehr wohl, Scott war ein Habenichts mit unklarer Zukunft, ein junger Mann, der vorgab, Schriftsteller werden zu wollen. Interessant, fand Mrs. Sayre, aber keine sichere Partie für ihre jüngste Tochter, auch wenn Zelda sagte, Scott habe einen Roman geschrieben, den ein großer New Yorker Verlag zwar vorerst abgelehnt habe, für den jedoch Aussicht bestünde, nach einer Überarbeitung angenommen zu werden.

Mrs. Sayre beschloss, diesem blendend aussehenden jungen Mann, der ihrer Tochter verliebte Blicke schenkte, eine Chance zu geben. Dass er ein Yankee war und katholisch obendrein mochte für den Richter zählen, nicht für sie. Was im Leben zählte, war die Liebe und sonst nichts. Die hatte sie, Mrs. Sayre, in ihrem Leben immer vermisst. Der Richter war ein rationaler Mensch. Du sollst die Liebe haben, die ich nicht bekommen habe, mag Mrs. Sayre gedacht haben, als Scott ihrer Tochter den ganzen warmen September lang den Hof machte.

Und Zelda schien im Glück zu schweben. Da ist ein Leuchten in ihren Augen, erzählte Mrs. Sayre meiner Mutter, und dass die beiden in ihrer Schönheit wie geschaffen füreinander wären, und meine Mutter sagte zu mir: »Es scheint, dass der Wirbelwind Zelda jetzt gebändigt wird.« Ich fand das schade, freute mich aber natürlich über Zeldas Glück. Und ich hoffte, auch ich würde eines Tages auf die große Liebe treffen und so glücklich sein wie Zelda. Ich zweifelte nicht daran, dass Zeldas Verehrer ein großer Schriftsteller werden würde. Sie war etwas Besonderes, und es schien mir nur zu natürlich, dass auch der Mann in ihrem Leben etwas Besonderes sein müsste. Zelda schrieb ja auch: Ich hatte Passagen ihres Tagebuchs gelesen, das sie mit klugen Gedanken über das Leben im Allgemeinen und über ihr Leben im Besonderen gefüllt hatte. Gedanken, die Scott so beeindruckten, dass er die Hefte monatelang ausborgte und, wann immer er es für nötig hielt, seiner schriftstellerischen Produktion einverleibte. Nach ihrer Hochzeit sollte Zelda in einer Rezension, um die sie der New Yorker Buchkritiker Burton Rascoe gebeten hatte, über Scotts Roman »Die Schönen und Verdammten« sehr humorvoll schreiben: *»Auf einer Seite entdeckte ich Passagen aus einem meiner alten Tagebücher, das kurz nach meiner Heirat auf mysteriöse Weise verschwunden war, ebenso Auszüge aus Briefen, die mir, wenn auch beträchtlich über-*

arbeitet, doch sehr vertraut vorkamen. Mr. Fitzgerald scheint zu glauben, Plagiat beginnt zu Hause.«

Es war Zeldas erster veröffentlichter Artikel überhaupt, und ich bin sicher, dass sie sehr stolz darauf war. Ihr Mann hatte auch mit seinem zweiten Roman einen phänomenalen Erfolg erzielt, und sie hatte den Roman in der New York Tribune rezensiert. Sie hatte doppelt Grund, stolz und glücklich zu sein. Im September ihrer Verliebtheit, genau drei Jahre zuvor, hatte Scott ihr einen Manuskriptdurchschlag seines ersten Romans zu lesen gegeben, mit geheimnisvoller Miene, und sie hatte schwören müssen, ihn niemandem zu zeigen. Sie hatte es verschlungen und wunderbar gefunden, vor allem, als sie entdeckte, dass die Figur der Rosalie ihr ähnelte (ihr oder Ginevra?, ach, es war egal). Scott würde ein Schriftsteller werden – und was für einer! Und sie, Zelda, würde ihm dabei helfen. Waren sie nicht Seelengefährten, sie, die in ihrem Tagebuch über das Leben und die Liebe nachdachte, und er in seinen Romanen? War es nicht so, wie Mama sagte: Die Seelen zweier Menschen sind füreinander bestimmt, lange vor ihrer Geburt. Scott war ihr Seelengefährte, denn er dachte wie sie: Wenn man schon sterben musste, sollte man wenigstens das Leben bis zur Neige kosten, aus dem Vollen leben, nach Glück und Ruhm streben, und die Liebe gab es gratis dazu. Mit Scott würde das Leben nie langweilig sein.

Es war bereits jetzt nicht langweilig. Keine vier Wochen nach ihrem ersten Kuss machte Scott sie eifersüchtig, wenn er im Country Club mit anderen Mädchen tanzte und in den Pausen lange mit ihnen sprach. Das Gefühl der Eifersucht war neu für Zelda. Aber sie war achtzehn, das erste Mal richtig verliebt, und in einem gewissen Grade war sie sogar glücklich über ihre Eifersucht. Es zeigte die Tiefe ihres Gefühls für Scott, jene Tiefe, die sie immer vermisst und für niemanden aus dem Schwarm ihrer Verehrer bisher empfunden hatte. Und jetzt war es da, dieses Gefühl, nach dem sie sich gesehnt hatte. Zelda war sich sicher: Scott war für sie bestimmt.

Sellers hat mir erzählt, dass alle Verehrer Zeldas froh waren, als Scotts Einheit Ende Oktober nach Camp Mills, Long Island, abgezogen wurde. »Die beiden führten sich seltsam auf im Country Club«, sagte er. »Zelda ließ Scott nicht aus den Augen, wenn er kein Auge für sie hatte und ganz offen mit anderen Mädchen flirtete. Dann war es kein Vergnügen, mit ihr zu tanzen. Entweder schwieg sie mürrisch oder sie gab sich völlig unnatürlich, wie sie nie zuvor gewesen war. Erzählt hat sie ja immer viel, dafür war sie bekannt, aber jetzt war sie wie aufgezogen, lachte und redete zugleich. Doch aus den Augenwinkeln beobachtete sie ständig Scott, wie er mit einem anderen Mädchen an der Bar stand.«

»Arme Zelda«, sagte ich. »Sie war sehr verliebt in Scott und sicher eifersüchtig.«

»Glaub ich nicht«, erwiderte Sellers gedehnt. »Wir haben gesehen, wie sie mit Dan in der hell erleuchteten Telefonzelle vor dem Country Club stand und ihn wild küsste. Jeder konnte es sehen, auch Scott. Wie kann sie da in ihn verliebt gewesen sein?«

»Verstehst du das nicht?«, hatte ich Sellers gefragt. »Sie wollte ihn eifersüchtig machen, ihm sagen: ›Sieh her, auch ich bin begehrt!‹«

Sellers zuckte mit den Schultern. »Kann sein. Auf jeden Fall waren wir froh, als der Kerl endlich weg war. Er war nicht gerade beliebt im Club; er machte uns die Mädels abspenstig. Nicht nur Zelda. Peyton hat gesehen, wie er May Steiner lange und innig auf dem Bahnhof geküsst hat, als seine Einheit Montgomery Richtung Long Island verließ.«

»Ach«, sagte ich erstaunt. »Dann sind die beiden ja quitt gewesen.«

Sellers grinste breit. »Ein Mann darf das, ein Mädchen nicht. Es schadet seinem Ruf. Und was das betrifft: Da hat Scott damals ganze Arbeit geleistet.«

»Inwiefern?«, fragte ich dümmlich.

»Zelda hatte eine Verabredung mit Scott abgesagt, weil einer ihrer Verehrer sie zum Gouverneur-Eröffnungsball eingeladen hatte, wo sie zur Ballkönigin gekürt wurde. In seiner Wut hat Scott überall herumerzählt, Zelda sei ein Flittchen.«

»Aber das ist ja ungeheuerlich«, rief ich empört. »Er küsst May Steiner, und Zelda darf nicht mal mit einem anderen auf einen Ball! Das ist ungerecht.«

»So ist das Leben, Kleines. Je früher du das begreifst, desto besser für dich«, sagte mein Ex-Mann gelangweilt.

Im März 1919 zeigte mir Zelda ihren Verlobungsring. Scott hatte ihn ihr geschickt, aus New York, wo er nach seiner Entlassung aus der Army als Werbetexter arbeitete. Der Ring war groß und protzig, er gefiel mir nicht, und ich glaube, Zelda gefiel er ebenso wenig. Sie trug ihn nie. Den Ring hatte Scott von seiner Mutter bekommen, um ihn Zelda zu geben; von seinem kümmerlichen

Gehalt als Werbetexter konnte Scott kaum leben und schon gar nicht Ringe kaufen. Sein Roman war zum zweiten Mal vom New Yorker Verlag Scribner's abgelehnt worden, erzählte mir Zelda, und Kummer lag in ihrer Stimme, als sie sagte, sie wisse nicht, wie es weitergehen solle. Sie liebe Scott über alles und wolle am liebsten sofort zu ihm, aber Scott lebe in einem winzig kleinen Zimmer, von dem aus man nicht einmal den Himmel sehen könnte, von Bäumen ganz zu schweigen.

Ich war jetzt vierzehn und verstand sie gut. Zelda ohne Himmel, Bäume und Blumen, den ganzen Tag allein in einem winzig kleinen New Yorker Zimmer, das war undenkbar. Doch gleich darauf schien sie wieder optimistisch, als sie sagte: »Es wird schon werden. Irgendeine Lösung muss es geben. Ich glaube an Scott. Sein Roman ist gut, ich weiß das. Irgendein anderer Verlag wird das erkennen und ihn herausbringen. Und es wird ein Riesenerfolg werden.«

Zelda gelang alles im Leben. Ich war überzeugt: Sie und Scott würden heiraten, und sie würden es schaffen, in einem Haus unter weitem Himmel zu leben, in einem Haus ringsum voller Bäume. Umso überraschter war ich, als Zelda mir sagte, sie habe die Verlobung mit Scott gelöst. Wir lagen auf einer Decke im Schwimmbad, es war Juni und das Gras der Wiese schon leicht verdorrt von der heißen Sonne, die uns auf den Rücken brannte. Zelda trug ihren pinkfarbenen Badeanzug, in dem sie immer Aufsehen erregte, sie war sehr braungebrannt, ihr Gesicht von mediterranem Teint.

»Ich habe Schluss gemacht mit Scott«, begann sie mit ruhiger Stimme.

Ich riss die Augen auf. »Warum, Zelda?«

»Tja, warum.« Zelda kaute auf ihrer Unterlippe. »Schon kurz nach der Verlobung hatten wir einen furchtbaren Streit. Es ist immer dasselbe: Wir lieben uns nie zur gleichen Zeit. Wenn ich ihn will, will er mich nicht, und umgekehrt. Er flirtet vor meinen Augen mit anderen Mädchen, aber wenn ich mich revanchiere, ihn versetze und mit jemand anderem auf einen Ball gehe, wird er schrecklich wütend. Ein Verehrer hat mir seinen goldenen Fußball geschenkt; als Scott den in meinem Zimmer entdeckte, flippte er aus und drohte, mich umzubringen. Als er sich beruhigt hatte, sollte ich ihn zur Versöhnung küssen. Da hab ich ihm seinen protzigen Ring vor die Füße geworfen.« Zelda holte tief Luft. »Das war vier Wochen nach unserer Verlobung. Nach ein paar Tagen haben wir uns wieder vertragen, er war voller Reue und versprach sogar, nicht mehr herumzuflirten. Anfang Juni konnte er eine Kurzgeschichte verkaufen, die erste überhaupt, und er sprach von sofortiger Heirat. Diesmal drohte er, sich selbst umzubringen, als ich sagte, ich wolle damit noch warten. Er hat fürchterlich geweint und mir unendlich leid getan. Er sagt, ich würde unser beider Leben ruinieren, wenn ich ihn nicht heirate. Aber wovon sollen wir leben in New York? Von seinen zwanzig Dollar Werbetextlohn pro Woche? Das reicht gerade für ihn. Und seinen Roman will niemand. Wenn er warten könnte, ich würde ihn heiraten. Aber er setzt mich schrecklich unter Druck, und ich kann nicht mehr.«

Zeldas Bekenntnis machte mich traurig, aber ich nickte verständnisvoll.

»Es würde nicht gutgehen, auch wenn ich ihn schrecklich gern mag«, murmelte Zelda. »Ich kann in seinem kleinen Zimmer nicht leben, wie ich es wollte. Ich würde eine andere werden; ich wäre nicht mehr die Zelda, die er liebt. Er würde anfangen mich zu hassen. Dann lieber ein Ende für immer. Die Vernunft hat gesiegt. Mein Vater ist froh, er war ohnehin gegen diese Ehe. Er sagt, er hätte Scott noch nie nüchtern gesehen. Das ist übertrieben. Scott ist kein Trinker, aber nach nur einem Cocktail ist er beschwipst. Er verträgt keinen Alkohol, verstehst du.«

Ich verstand auch das.

Zelda kaute nachdenklich auf einem Grashalm und lächelte traurig vor sich hin.

Zwei weitere Zeitungsausschnitte aus dem Montgomery Advertiser habe ich aufgehoben. Auch sie sind vergilbt, mit leicht eingerissenen Rändern. Der erste ist auf den 28. März 1920 datiert, der Text kurz und sachlich: *»Richter Sayre und seine Gattin Mrs. A. D. Sayre geben die Verlobung ihrer Tochter Zelda mit Francis Scott Fitzgerald, New York, bekannt. Die Eheschließung wird sehr bald stattfinden.«* Und nur wenige Tage später verkündete dasselbe Blatt: *»Mrs. M. W. Brinson hat sich in Begleitung ihrer Schwester Zelda Sayre nach New York begeben, wo beide Gäste von Mrs. J. M. Palmer, zuvor Miss Clothilde Sayre, sein werden.«*

Die dürren Annotationen schlugen in Montgomery ein wie eine Granate. Wer war Scott Fitzgerald, und wie konnte Zelda einen mittellosen Mann heiraten? Tallulah Bankhead erzählte mir Jahre später in London, für ihren

Bruder sei eine Welt zusammengebrochen. Er hatte sich noch immer Hoffnungen auf Zelda gemacht, auch wenn sie ihm gegen Ende des Jahres 1919 sagte, dass sie jetzt Scott gehöre und ihn heiraten werde. Tallulahs Bruder konnte das nicht glauben. Alle im Country Club hatten miterlebt, wie Scotts und Zeldas Gefühle füreinander immer wieder Achterbahn fuhren. Und was konnte ein Scott Fitzgerald, ein brotloser Poet und Werbetexter aus New York, einem Mädchen wie Zelda schon bieten? Er dagegen hätte ihr alles bieten können, alles, was immer Zelda nur wünschte. Tallulah seufzte mitleidig auf, als sie darüber sprach. Wir saßen in der Garderobe des Londoner Theaters, an dem Tallulah die Kellnerin Amy im Stück »They Knew What They Wanted« spielte, ein Stück mit durchschlagendem Erfolg, 1925 hatte es den Pulitzer-Preis gewonnen. Mit ein paar Bürstenstrichen fuhr Tallulah energisch durch ihr Haar, sog heftig an einer Zigarette und sagte mit rauer Stimme: »Zu schade, dass Zelda nicht meine Schwägerin geworden ist. Wir haben uns immer gut verstanden, und mein Bruder hat sie geliebt. Dann hätte sie jetzt einen vernünftigen Mann und ordentlichen Vater für ihr Kind, nicht dieses versoffene Schwein Fitzgerald, der keine drei Monate nach der Hochzeit mit Zelda meine Schwester gefickt hat. Jämmerlich schlecht übrigens, wie sie sagte.« Sie nahm einen neuen Zug an ihrer Zigarette, stieß kunstvoll den Rauch aus und setzte fort: »Ich denke, das war Scotts Rache an Zelda, weil mein Bruder ihr den Hof gemacht und seinen goldenen Fußball geschenkt hatte. Und weißt du, was Scott zu Jean gesagt hat, nachdem er sie gefickt hatte? Er bereue, Zelda geheiratet zu haben. Dabei wollte er sie wie verrückt. Zu Peter hat er gesagt: ›*Es wäre mir egal, wenn sie stirbt, aber ich könnte es nicht ertragen, wenn ein anderer sie kriegt.*‹ Ich sag's dir, Sara, heirate nicht wieder, es bringt nichts. Die Kerle taugen alle nichts.«

Ich hatte nicht die Absicht, noch einmal zu heiraten. Tatsache ist, dass Scotts Roman »Diesseits vom Paradies« zwei Tage vor Zeldas Verlobungsanzeige im Verlag Scribner's erschienen war. Es war der Wendepunkt in Richter Sayres Entscheidung, Zeldas Drängen auf eine Heirat mit Scott nachzugeben. Im Januar hatte Scott Zelda eine diamantenbesetzte Platinuhr für sechshundert Dollar geschenkt, fast sein gesamtes Honorar für eine Geschichte, die er der Saturday Evening Post verkaufen konnte. Zelda hatte sie mir bei meinem Neujahrsbesuch mit den Worten »Ist sie nicht wunderschön und er nicht verrückt?« gezeigt. »Ich habe sie an die hundertmal hin- und her gewendet, um immer wieder die Gravur zu lesen: Für Zelda von Scott.« Die Uhr war wirklich wunderschön und Zelda überglücklich über Scotts Geschenk. Sie trug sie nur sieben Jahre, dann schenkte Scott sie einer blutjungen Schauspielerin in Hollywood, in die er sich verliebt hatte. Die Gravur hatte er zuvor entfernen lassen.

Aber ich greife vor. Denn Anfang 1920 wünschte Zelda nichts sehnlicher, als Scott zu heiraten. Ich weiß das, weil sie es mir gesagt hat, in glücklicher Verzweiflung. Es muss Februar gewesen sein; wir saßen vor dem Kamin in ihrem Zimmer, in dem leise das brennende Holz knisterte, der Regen schlug heftig gegen die Fensterscheiben. Zelda kaute auf ihrem Kaugummi herum und sagte: »Ich kann mir niemand anderen als Ehemann vorstellen als Scott. Ich liebe ihn wahnsinnig, Sara. Es war ein Auf und Ab im letzten Jahr, aber jetzt bin ich mir sicher, und wir werden einander treu sein. Er ist so süß und lieb und so klug, und er wird Erfolg haben. Stell dir vor, er hat jetzt für sehr viel Geld die Filmrechte für eine Erzählung verkauft. 2500 Dollar!« Sie nahm den Kaugummi aus dem Mund und drehte ihn zu einer Kugel. »Old Dick und Mama behaupten, das habe noch nichts zu bedeuten. Es könne eine Eintagsfliege sein, und dann wäre ich mit einem armen Poeten verheiratet. Mama legt mir schreckliche Geschichten von erfolglosen Schriftstellern aufs Kopfkissen. Sie wollen mir nicht ihren Segen geben, Scott zu heiraten, ehe nicht wenigstens ein Roman von ihm erschienen ist und er sich einen Namen als Autor gemacht hat.«

Zelda tat mir leid, aber ich war ein Jahr älter geworden und ein wenig verstand ich jetzt den Richter und Mrs. Sayre. Zelda war behütet und umsorgt aufgewachsen, eine junge Südstaatendame, die nie auch nur ihren Mantel aufhängen geschweige denn kochen oder putzen musste. Dafür gab es genügend Personal in Richter Sayres Haus. Natürlich machten sich Zeldas Eltern Sorgen um ihre jüngste Tochter. Heute würde ich sagen: Einen Pinguin setzt man nicht in der Wüste aus. Doch Zelda liebte, und Liebe ist bar jeder Vernunft. Und so verstand ich auch Zelda, als sie träumerisch zu mir sprach: »Weißt du, Sara, ohne Scott bin ich nichts. Ich würde sterben, wenn er stürbe. Nur bei ihm bin ich ich selbst, nicht das Püppchen, das Mama aus mir machen wollte. Und dann kann er auch besser für mich sorgen, als ich für mich. Er wird ein großartiger Schriftsteller werden, ich weiß das, und ich werde ihm dabei helfen. Scott meint, ich hätte Angst, ihn zu heiraten und zu ihm nach New York zu kommen, aber das ist nicht wahr. Ich habe noch nie vor irgend etwas Angst gehabt, außer meinen Eltern zu sagen, dass ich Scott heiraten werde. Scott und ich werden ein aufregendes Leben führen, und mit ihm wird es nie langweilig werden.«

Der Regen schlug monoton gegen die Scheiben. Zelda lag auf der rosé-seidenen Decke ihres großen Bettes, die Arme im Nacken verschränkt, die langen, bronzefarbenen Locken darunter ausgebreitet. Ich stand am Fenster, sah hinaus und wusste plötzlich, Zelda gehörte nach New York, wie Tallulah, die im Begriff war, dort ein Stern am Theaterhimmel zu werden. In New York würde Zelda die Welt zu Füßen liegen, dort wartete das Leben auf sie, nicht hier, in unserem verschlafenen Montgomery. In diesem Moment setzte sich Zelda mit einem Ruck auf und sagte mit Nachdruck: »Mit Scott wird das Leben immer verheißungsvoll sein. Sobald ich Old Dick überzeugt habe, werde ich Scott heiraten. Ich schaffe das. Ich schaffe immer alles, was ich will.«

Ich nickte heftig.

Zelda heiratete am 3. April 1920, vier Monate vor ihrem zwanzigsten Geburtstag. Scott hatte zuvor ernsthaft den 1. April als Hochzeitsdatum ins Auge gefasst. Die Idee passte zu Scott. Aus irgendeinem Grund verschob sich die Hochzeit jedoch um drei Tage, und so saß Zelda zusammen mit ihrer Schwester Marjorie am Vortag der Eheschließung im Zug von Montgomery nach Manhattan.

Sie sah wunderschön aus, ich sehe sie noch vor mir. Eine vor Glück strahlende Märchenprinzessin. Zelda war immer sehr hübsch, doch an diesem Tag schien mir, als hätte ich sie noch nie so schön gesehen. Wir hatten sie zum Zug gebracht und zum Abschied mit Blumen überschüttet, Marjorie musste helfen und einen Teil der Blumen tragen, so viele Sträuße waren es. Wir lachten viel am Bahnsteig, winkten ihr noch lange hinterher, als der Zug sich in Bewegung setzte, und trugen ihr Glück mit uns, als wir, ihre Freunde, uns schließlich voneinander verabschiedeten. Ich fuhr mit der Trambahn nach Hause, und während ich in den strahlenden Apriltag blickte, dachte ich, wie recht Zelda hatte, als sie sagte, sie schaffe immer alles, was sie wolle. In New York würde sie leben wie eine Königin. Scotts Roman hatte ich gleich nach seinem Erscheinen von meinem Taschengeld gekauft und in fast einem Atemzug durchgelesen; ich war begeistert und davon überzeugt, dass es ein Bestseller würde. Ich wusste nicht, dass er de facto bereits einer war. Nach nur drei Tagen waren von 5000 Exemplaren schon 3000 verkauft; die Literaturkritiker überschlugen sich vor Lob. Scotts Foto prangte auf so manchem Magazin. Er sah sehr gut aus, intelligent und sensibel dazu. Von all dem hatte ich damals noch keine Ahnung, aber ich wusste: Zeldas und Scotts Zukunft würde glänzend sein. Dass weder Zeldas noch Scotts Eltern an der Trauung teilnehmen würden, was tat es. Sie waren alt, mochten wohl all den Trubel nicht, den eine Hochzeit mit sich brachte, doch die zwei waren jung und liebten einander, und das Leben lag vor ihnen. So dachte ich.

Marjorie hatte meine Mutter und mich zum Tee geladen. Wir waren uns beim Kirchgang begegnet, ein paar Wochen nach Zeldas Hochzeit; seitdem hatte ich nichts wieder von ihr gehört. Ich hatte die Einladung freudig angenommen und gesagt, ich sei gespannt auf die Hochzeitsfotos, doch Marjorie warf mir einen seltsamen Blick zu, den ich nicht zu deuten verstand. Sie hatte sich schnell von mir verabschiedet und war zu ihrem Mann gegangen, der am Kirchenportal auf sie wartete.

Tage später saßen wir in Marjories Salon. Vor der Verandatür begann gerade der Mai; die Bäume im noch jungen Grün wiegten sich sanft im Frühlingswind. Hin und wieder bauschten sich die cremefarbenen Musselingardinen vor der Verandatür leicht auf. Marjorie schloss sacht das Fenster und schenkte uns Tee ein, den ein schwarzes Dienstmädchen auf einem großen silbernen Tablett serviert hatte. Wir plauderten lange über dies und das, doch als Marjorie keinerlei Anstalten machte, die Hochzeitsfotos zu zeigen, fragte ich sie unumwunden danach. Marjorie schwieg einen Moment und ihre Miene nahm wieder jenen seltsamen Ausdruck an wie schon in der Kirche. Dann sagte sie: »Gut, dass du fragst. Es gibt keine Fotos. Kein einziges.«

Ich verstand nicht gleich. »Sie sind nichts geworden?«, fragte ich bedauernd.

»Das ist es nicht. Es ist kein einziges aufgenommen worden. Scott hatte keinen Fotografen bestellt.«

Meine Mutter und ich warfen uns einen kurzen, verstohlenen Blick zu. Schließlich sagte Mutter: »Wie kann das sein? Man heiratet doch nur einmal im Leben.«

»So denken wir alle.« Marjorie stellte ihre Teetasse ab.

»Mrs. Mayfield, was ich Ihnen jetzt erzähle, ist nur für Sie und Sara bestimmt, denn Sara ist eine gute Freundin Zeldas. Deshalb glaube ich, hat sie das Recht zu erfahren, wie Zeldas Hochzeit verlaufen ist. Um es kurz zu machen: Es war eher eine Entführung als eine Hochzeit. Auf Clothilde und ihren Mann hat Scott nicht einmal gewartet. Er ließ die Trauung einfach eine halbe Stunde vorziehen.« Marjorie holte tief Luft, ehe sie weitersprach. »Zelda trug zu ihrem grauen Reisekostüm das Orchideenbukett, das Scott ihr ein paar Tage vor der Hochzeit nach Montgomery geschickt hatte. Frische Blumen hatte er nicht besorgt. Die kurze Zeremonie in der St. Patrick's Kathedrale verlief ohne jede Musik. Was für eine Hochzeit! Keine frischen Blumen, keine Musik, kein Fotograf. Danach gab es nicht einmal ein gemeinsames Essen für uns wenige Gäste. Rosalind, ich und unsere Ehemänner wurden nach der Trauung stehen gelassen wie ein paar alte Regenschirme. Es war eine Schande und wir waren alle froh, dass Mama und Papa dies nicht erleben mussten.«

»Und Zelda? Was sagte Zelda dazu?«, fragte ich mit belegter Stimme.

»Nichts. Zelda sagte nichts. Ich glaube, sie war viel zu schockiert, um etwas zu sagen.«

Ich konnte es nicht glauben. Zelda, die von allen umschwärmte Zelda, hatte eine erbärmliche Hochzeit erlebt. Nicht die Märchenhochzeit, die ihr zugestanden und die jeder für sie erwartet hätte. Ich dachte daran, wie Zelda mir erzählt hatte, Scott schriebe in seinen Briefen immerzu, am liebsten würde er sie als seine Prinzessin in einen Turm stecken, so dass sie nur für ihn da sei, nur zu seiner Wonne. Er hatte es so oft geschrieben, dass sie es nicht mehr hören konnte und ihm literarische Einfallslosigkeit vorwarf. Wir hatten beide darüber gelacht. Jetzt blieb mir das Lachen im Halse stecken, wenn ich daran zurückdachte. Eine Prinzessin im grauen Reisekostüm auf einer schmucklosen Hochzeit hatte Scott aus ihr gemacht.

»Schau nicht so erschrocken, Sara«, hörte ich Marjorie sagen. »Denn das muss ich fairerweise sagen: Zelda strahlte bereits wieder, als sie mit Scott von dannen zog. Sie sah glücklich und wunderschön aus. Und Scott sah aus wie jemand, der eine besonders große Beute erlegt hat. Stolz und unnahbar. Genauso hat er uns eilig verabschiedet, als sie zum Hotel Biltmore gingen, um dort ihre Flitterwochen zu verleben.«

»Hm«, sagte ich unsicher. »Aber sie lieben sich doch, und das ist das Wichtigste.«

Doch von da an ließ mich ein ungutes Gefühl nicht mehr los.

Als Zelda einunddreißig war, begann sie ihren ersten Roman. Sie beendete ihn unter den denkbar schlechtesten Bedingungen: in einer psychiatrischen Privatklinik in Baltimore. Und doch kann ich nicht leugnen, dass es paradoxerweise die besten Bedingungen überhaupt für Zelda waren. Ihre Ärztin, Mildred Squires, sorgte dafür, dass Zelda mehrere Stunden am Tage ungestört schreiben konnte. Und es war Frau Dr. Squires, die Zeldas umfangreiches Manuskript zum New Yorker Verlag Scribner's brachte, denn Zelda hatte keinerlei Möglichkeit, die Klinik zu verlassen.

Zeldas Roman »Save Me the Waltz« habe ich mehrmals gelesen, zu ihren Lebzeiten und nach ihrem frühen Tod 1948, und es gibt dort eine Schlüsselszene, die mich immer wieder aufs Neue berührt: *»Alabama lag im Zimmer Nummer 2109 des Biltmore Hotels und dachte, dass ihr Leben jetzt so völlig anders sein würde, nun, da ihre Eltern so weit weg waren. David David Knight Knight Knight zum Beispiel würde nicht darauf bestehen, das Licht zu löschen, ehe sie nicht den Tag beendet hatte. Keine Macht der Erde konnte sie jemals wieder zu irgendetwas zwingen, dachte sie erschrocken. Nur sie selbst.«* Zeldas erster Roman trägt deutlich autobiografische Züge. Die Heldin Alabama ist Zelda, der Held David Knight ist Scott. Mehr oder weniger lässt Zelda auf über dreihundert Seiten ihre Ehe mit Scott Revue passieren – und ich würde sagen: eher mehr als weniger. Ich sehe Zelda vor mir, wie sie daran schreibt, und wie sie nach über zehn Jahren Ehe mit Scott an ihre Flitterwochen im Biltmore Hotel zurückdenkt. Zu jener Zeit dachte sie, der Strenge des Richters entkommen zu sein und nun völlig frei tun und lassen zu können, was immer sie wollte. Es rührt mich, denn damals war sie ein Kind, ein gutgläubiges, lebenslustiges Kind. Und noch schien sie Scott zu vertrauen. Noch wusste sie nicht, dass er sie wenige Monate später mit Gewalt beim Handgelenk packen, zu einem Taxi zerren und in das Auto hineinstoßen würde, um bei einem Saufkumpanen weiter dem Alkohol zu frönen. Zelda hatte das abgelehnt und bereits eine Fahrkarte für die Heimfahrt nach Westport gelöst. Scott hat diese kleine Episode in seinem Roman »Die Schönen und Verdammten« erzählt, und genauso berichtete Zelda sie mir.

Noch in der Nacht hatten sie einen fürchterlichen Streit, und Zelda weigerte sich, neben Scott zu schlafen. Im Morgengrauen, nach einer schlaflosen Nacht, hatte sie weinend Scott geweckt, der nach Alkohol roch, sich an ihn gepresst und ihm unter Tränen gesagt, er wisse nicht, was er getan habe. Zelda war nicht nur gutgläubig, auf eine Weise war sie auch gutmütig. Sie war blutjung, und sie wollte an Scott und an die Liebe glauben. Und so war sie bereit, ihm die Gewalt, die er ihr zum ersten Mal angetan hatte, zu verzeihen. Scott hat das sehr weitsichtig in »Die Schönen und Verdammten« formuliert: »*Trotzdem war ihr schon in diesem Moment klar, dass sie mit der Zeit vergessen würde, und dass das Leben selten mit einem Schlag zerstört, sondern allmählich abträgt.*« Scotts Heldin heißt Gloria, aber Gloria klingt ebenso stolz und erhaben – und Zelda ist Gloria. Sie war unschwer wiederzuerkennen. Scott war immer stolz darauf, Zelda in seinen Romanen zur Ikone des Jazz Age gemacht zu haben.

Ich bin also sicher, Zelda hätte einen solchen Gewaltausbruch Scotts, der in ihre persönliche Freiheit eingriff, in den ersten Tagen ihrer Flitterwochen im Biltmore nicht für möglich gehalten. Ich sage bewusst Tage, weil nur die allerersten Tage ihres Lebens mit Scott ungetrübt waren. Zelda liebte Scotts Umarmungen, obwohl sie unvollkommen waren, weil sie Scott liebte; er raste über sie hinweg in stürmischer Leidenschaft, aber was machte das, sie waren einander nah, und danach lagen sie in vertrautem Gespräch bis tief in die Nacht. Nur die Nähe und die nicht enden wollenden Gespräche zählten. Sehr viel später hat Zelda mir anvertraut, dass sie bei Scott niemals zum Höhepunkt gekommen war und erst sieben Jahre nach der Hochzeit einen ersten erlebte – bei einem anderen Mann. Es war keine große Überraschung für mich, denn ich dachte sofort an das Gespräch mit Tallulah in ihrer Londoner Garderobe zurück. Jean war eine männererfahrene Frau, die für ihre unzähligen Affären bekannt war.

Ich bin keine Ehetherapeutin, aber ich meine, es war eine Mischung aus Unzufriedenheit und sexueller Enttäuschung, die Scott bereits wenige Tage nach der Entführungshochzeit ständig an Zelda herumnörgeln ließ. Da war ihre Unerfahrenheit, ja Unverdorbenheit, die ihn trotz der physischen Reize Zeldas bald langweilten. Scott hatte die Liebe – oder sollte ich besser sagen: den Sex – bereits bei anderen Frauen genossen, in schnellen, flüchtigen Begegnungen in Hotelzimmern, selbst in Taxis (Zelda stöhnte auf, als sie mir davon erzählte), und obwohl ihm natürlich bewusst war, dass er diese Frauen nicht geliebt hatte, so verglich er doch deren raffinierte Hingabe mit Zeldas noch von Unschuld geprägter. Zelda schnitt nicht gut dabei ab, und ihm fehlte es an Geduld, wie Zelda sagte.

Alles gab ihm einen Anlass zum Streit: Zeldas delikate Essgewohnheiten, ihre Unordnung, ihr Desinteresse, sich um die Schmutzwäsche zu kümmern, die sie, wie sie es von zu Hause gewohnt war, einfach in den Hotelschrank stopfte, im Glauben, das Zimmermädchen würde sich darum kümmern. Zelda zuckte mit den Schultern und malte ungerührt vor dem Spiegel ihre Lippen rot, als Scott sie wütend zur Rede stellte. Doch schon nach wenigen Tagen nahm sie seine Wutausbrüche nicht mehr mit

Gleichmut hin und schoss zurück, und blitzschnell hatten sie die Kräche ihrer Verlobungszeit wieder aufgenommen. Im Grunde hatte sich nichts geändert. Scott attackierte Zelda, und Zelda gab mit gleicher Münze zurück. Das konnte sie, mit sarkastischen Bemerkungen, denn das hatte sie zu Hause hinreichend geübt. Zelda ließ sich nichts gefallen.

Alex McKaig, ein Studienfreund Scotts, den ich auf einer New Yorker Party kennenlernte, als schon alle wussten, dass Zeldas und Scotts Ehe nur noch ein Scherbenhaufen war, sagte mir, er habe sich immer gewundert, dass diese Ehe überhaupt so lange gedauert hat. Nur neun Tage nach der Hochzeit habe er das junge Paar im Biltmore Hotel besucht, und die zwei hätten sich in seinem Beisein entsetzlich gestritten. Er habe vergessen, worum es ging, aber Zelda sei selbst im Streit wunderschön gewesen – eine wunderschöne kleine Furie, lachte McKaig. Scott explodierte fast vor Wut, sie seien kindisch in ihrer Streiterei gewesen, und McKaig habe das Biltmore in der festen Überzeugung verlassen, diese Ehe würde keine drei Monate bestehen. Er sagte, er sei einer der wenigen gewesen, die wussten, wie es um das in der Presse hochgejubelte Paar als Kinder des Glücks – hier der junge Erfolgsautor, da die Schöne aus dem Süden – wirklich gestanden habe. Und sie wurden hochgejubelt in diesem ersten Ehejahr in New York. In ihrem Erfolg entsprachen sie dem Bild der Zeit. Die Synthese von Zeldas Schönheit und Scotts Bestsellern steigerte die Auflagenzahl der Magazine. »Sie lieben sich wahnsinnig«, raunte es durch den Blätterwald. Alex lachte ungläubig, wenn er dergleichen las. Sie schrien einander wahnsinnig an, vor allen Gästen auf ihren wilden Partys, das hatte er erlebt, aber keine wahnsinnige Liebe. Und es gab immer dieselben Gründe dafür, sagte Alex: Zelda hatte nichts zu sagen, und Scott flirtete vor Zeldas Augen mit anderen Frauen, was Zelda rasend eifersüchtig machte. Im Juni hatte Alex in Westport, wo die beiden nach Wochen wilden Hotellebens ein Haus gemietet hatten, auf einer Party erlebt, wie Zelda Scott eine fürchterliche Szene machte, weil er unverhohlen mit Jean Bankhead verschwunden war.

Arme Zelda. Sie hatte geglaubt, mit der Hochzeit hätte Scott sich für immer für sie entschieden, doch nun musste sie erkennen, dass es so weiterzugehen schien wie auf dem Tanzboden des Country Clubs. Scott hatte sich nicht geändert. Schöne Frauen zogen ihn an wie das Licht die Motten. Der Alkohol tat sein Übriges. Um ihre Eifersucht zu betäuben, begann auch Zelda zu trinken, und obwohl sie nicht viel vertrug, war es dennoch zu viel. Sie begann nach Scott zu suchen und blieb er unauffindbar, versuchte sie, sich zu rächen und ließ zu, dass der ein oder andere Verehrer sie küsste – just in dem Moment, da Scott wieder auftauchte. Alex war Zeuge einer Szene, in der Scott mit alkoholgetränkter Stimme seine Frau eine Hure schimpfte und drohte, sie umzubringen, so dass Zelda hinter dem Mann, der sie eben noch geküsst hatte, in Deckung ging. Szenen wie im Kino, sagte Alex McKaig. Ich glaubte ihm aufs Wort.

Von all dem stand natürlich nichts in den Magazinen und Zeitungen. Man las von Scotts und Zeldas New Yorker Eskapaden, sie waren immer eine Schlagzeile wert, drangen bis nach Montgomery, und ich gebe zu, wir schüttelten die Köpfe darüber. In New York mochten die Leute das amüsant finden – in Montgomery avancierten die zwei zu enfants terribles. Meine Mutter sagte: »Wir nehmen auf keinen Fall Zeldas Einladung an, sie in Westport zu besuchen. Es ist unerhört, was sich die beiden in New York erlauben. Was wohl Richter Sayre dazu sagen mag!«

Und sie schlug ein Magazin auf, das ein Foto von Scott und Zelda zeigte, wie sie mit einem Taxi bei einer Party ankamen – mit Scott auf der Motorhaube, Zelda auf dem Dach des Taxis, beide in festlicher Abendkleidung. Empört schüttelte meine Mutter den Kopf. Ich unterließ es, ihr von Berichten aus anderen Illustrierten zu erzählen, die ich bei Livye gelesen hatte. Zelda war im Abendkleid in die Fontäne am Washington Square gesprungen, Scott in voller Bekleidung in die Pulitzer-Fontäne vor dem Plaza. In der Küche des Waldorf-Hotels tanzten sie mit Kochmützen und Kochlöffeln ausgerüstet auf dem Tisch, und Scott hatte sich im Scandals-Theater bis auf die Unterwäsche ausgezogen und seine Sachen auf einen Orchesterplatz geworfen, um die Stripper auf der Bühne zu übertreffen, bis man ihn mit Gewalt hinauszerrte. Ein andermal machte er einen Kopfstand in der Lobby des Biltmore-Hotels; ob er dabei nüchtern oder angetrunken war, ist schwer zu sagen. Scott liebte es, wenn die Presse über ihn berichtete und war unglücklich, wenn es eine Woche lang nicht geschah. Später erzählte mir Lawton Campbell, der Neffe meiner Schuldirektorin in Montgomery, Scott hätte behauptet, ein Hearst-Reporter folge ihm in New York auf Schritt und Tritt, und um ihn nicht zu enttäuschen, mache er verrückte Sachen. Wahrscheinlich hatte Scott im Biltmore den Hearst-Reporter entdeckt, was ihn zu jenem Kopfstand in der Lobby veranlasste. Keine gute Publicity für das vornehme Biltmore-Hotel. Nach wenigen Wochen warf man die beiden wegen des nächtlichen Lärms, der aus ihrem Zimmer drang, schließlich aus dem Hotel. Gäste hatten sich beschwert, und ich vermute sehr, dass es nicht nur alkoholische Feiern mit Scotts Freunden waren, die den Lärm verursachten, sondern auch jene lauten Streitereien zwischen Scott und Zelda, von denen Alex mir später erzählte und deren Zeuge er geworden war. Sie zogen in das Commodore-Hotel, nur zwei Häuser weiter in der 42. Straße, und Livye zeigte mir lachend das Foto einer sich bestens amüsierenden Zelda, wie sie mit Scott in der Drehtür des Commodore-Hotels Fangen spielte.

»Ist sie nicht großartig, unsere Zelda? Schau mal, wie schön sie aussieht, und was für ein tolles Kleid sie trägt«, sagte Livye strahlend. Ich fand das auch. Und doch beschlich mich wieder jenes ungute Gefühl, das erstmals in mir aufgekommen war, als Marjorie von der seltsamen Hochzeit der beiden erzählte.

Zelda war gekommen. Wie ein Lauffeuer ging es durch unsere Straße. Katharine Elsberry Steiner, Zeldas beste Schulfreundin, fuhr gerade ihr Neugeborenes im Kinderwagen durch die Pleasant Avenue, als sie Zelda hastig aus einem Auto steigen und in weißen Knickerbockers die weißen Stufen zu ihrem Elternhaus hinaufeilen sah. Scott folgte ihr langsam, fast bedächtig; Katharine sagte, so bedächtig habe sie Scott noch nie gesehen. Zelda klingelte Sturm, doch als das schwarze Mädchen öffnete, sprach sie nur kurz mit ihm und wandte sich gleich darauf zum Gehen, um auf halber Treppe Scott zu treffen. Sie sagte etwas zu ihm, was Scott mit gleichgültiger Miene aufnahm. In diesem Moment schaute Zelda nach unten zur Straße und entdeckte Katharine mit dem Kinderwagen. Sie stieß einen kleinen Freudenschrei aus und rannte auf Katharine zu, die sich an der Stange des Kinderwagens festhielt und Zelda schon von weitem zulächelte.

»Katharine!«, rief Zelda atemlos und umarmte die Freundin. »Wie schön, dich zu sehen! Und dein Baby ist da! Lass mal sehen. Was ist es geworden?«

Katharine schob die Decke im Kinderwagen etwas zurück, so dass Zelda den rosigen Winzling sehen konnte. »Ein Junge. Sieben Pfund war er schwer. Es war harte Arbeit«, lachte sie.

»Schau mal, Scott. Ist er nicht süß?« Zelda sah Scott fragend an.

Er warf einen flüchtigen Blick in den Kinderwagen und nickte zerstreut. »Und was wird nun?«, sagte er, statt Katherines Baby zu bewundern.

»Ich weiß nicht.« Zelda hob die Schultern. »Es ist niemand da. Mama und der Richter sind für einen Tag verreist.«

»Aber Zelda«, sagte Katharine, »ihr seid doch nicht einfach so aufs Geratewohl losgefahren?«

»Doch«, gab Zelda zu. »Wir halten nichts von Planung, weißt du.«

Und so saßen wir am Abend in Katharines Garten, atmeten den schweren Duft der Kamelien und Rosen und lachten und erzählten. Katharine hatte Zeldas Schulfreundinnen eingeladen, dazu Livye und mich, und alle waren wir begierig, von Zeldas neuem Leben zu hören. Scott saß missmutig in einer Ecke und trank an seinem Cocktail; von Zeit zu Zeit wechselte er ein paar Worte mit Katharines Ehemann. Mehr Männer gab es nicht in der Runde. Es war Zelda, die im Mittelpunkt stand, nicht er, und Scott machte keinen Hehl daraus, wie sehr ihm das missfiel. Er schnitt eine übellaunige Grimasse, als wir Zeldas weiße Knickerbockers bewunderten und ihren Mut, sie zu tragen. Keine Frau trug Hosen im Montgomery von 1920. Zelda war Zelda geblieben, sie hatte immer getan, was sie wollte, und sie würde es immer tun. Scotts weiße Knickerbockers bewunderte niemand.

Zelda und Scott blieben zwei Wochen in Montgomery, ehe sie wieder nach Westport aufbrachen, und ich bekam eine Ahnung, wie sehr ich mich täuschte, wenn ich glaubte, Zelda sei ganz und gar die alte, die alles erreiche, was immer sie nur wolle. Wir hatten uns alle getäuscht. Natürlich, Zelda geisterte an der Seite ihres berühmten Mannes durch die New Yorker Gazetten, bewundernswert schön und vor Lebensfreude sprühend. Wir wussten, dies war durchaus im Sinne Zeldas, doch wir wussten auch, dass ihr Ehrgeiz größer war, um nur als Anhängsel Scotts erwähnt zu werden.

Tallulah hatte es in New York geschafft. Zelda war nur Scotts Ehefrau, schön anzusehen auf den Fotos, mehr nicht. Ein bloßes schönes Aushängeschild ihres Mannes. Ich war nicht überrascht, als Zelda mir offenbarte, wie gerne sie zum Film ginge oder zur Bühne wie Tallulah. Und ich war auch nicht überrascht, als sie sagte, Scott erlaube das nicht. »Es ließe sich alles prima arrangieren«, seufzte sie. »Wir sind mit einem einflussreichen Theaterkritiker befreundet, der alles für mich tun würde. Nicht nur, weil er mich verehrt und mir witzige Zettelchen zusteckt, auf denen er mir seine Zuneigung bekundet und mich fragt, ob meine Liebe zu ihm erkaltet sei, weil ich ihn im Theater versetzt habe. Er nennt mich seine feenhafte Madonna«, kicherte Zelda und fuhr mit den Fingerspitzen kokett durch ihre Locken. »Die Zettel zeige ich Scott, und es macht ihn rasend eifersüchtig, was lächerlich ist, denn George ist gut zwanzig Jahre älter als ich und ein großer Frauenheld, wie jeder in New York weiß. Also, dieser George ist von meinem Talent überzeugt, und er würde mir sofort helfen. Aber Scott kennt einige Schauspielerinnen und hält sie alle für leichte Mädchen. Er will nicht, dass ich Schauspielerin werde. Außerdem meint er, einen Mann zu lieben sei genug Arbeit für eine Frau. Er sagt, sie soll das Haus in Ordnung halten und hübsch aussehen, wenn der Mann abends nach Hause kommt, und sie soll ihn bei seiner Arbeit unterstützen.«

»Zelda, du wolltest immer etwas Besonderes werden und ein außergewöhnliches Leben führen«, sagte ich. »Weißt du noch, wie wir zusammen Johnsons Buch ›Der Salamander‹ gelesen haben? Und wie beeindruckt wir von seiner Heldin waren, weil sie unbedingt nach New York und dort eine glanzvolle Karriere machen wollte? Nun bist du ganz nah bei New York. Tu es einfach.«

»Ich kann nicht«, sagte Zelda leise. »Scott sagt, dann verlässt er mich. Aber ich liebe ihn doch so. Und dann, Sara«, Zelda schlug die Augen nieder, »ich habe manchmal schreckliches Heimweh. Auf der Fahrt nach Montgomery habe ich geweint und geweint, je näher wir der Stadt kamen. Alles war wie immer und doch anders. Ich hätte das nicht gedacht, als ich ging. Am liebsten bekäme ich ein Baby wie Katharine und würde hier in Montgomery mit Scott ein Haus kaufen.«

»Ja, wenn das so ist«, murmelte ich, einigermaßen verwirrt.

Meine Mutter kam mit verstörenden Neuigkeiten nach Hause. Ich weiß bis heute nicht, weshalb sie mir erzählte, was Mrs. Sayre ihr unter dem Siegel der Verschwiegenheit anvertraut hatte. Vielleicht nahm sie an, es könne eine Warnung für mich sein, eine Warnung, niemals einen Mann wie Scott zu heiraten. Genützt hat es nichts.

Was Mrs. Sayre trieb, meiner Mutter von jenem schrecklichen Besuch bei Zelda und Scott zu erzählen, kann ich nur vermuten. Ich denke, sie brauchte jemanden, dem sie ihr Herz ausschütten konnte. Niemand war mehr zu Hause, jedes ihrer Kinder lebte sein Leben anderswo. Der Richter saß des Abends über Akten, am Schachbrett oder las in der Bibliothek. Ohnehin war der Richter niemand, dem man sein Herz ausschütten konnte. Er hatte immer für seine große Familie gesorgt, pflichtbewusst, und er liebte sie zweifellos auf seine Weise, doch noch mehr liebte er seine Ruhe.

Anfang August waren die Sayres zu Tochter und Schwiegersohn nach Westport, Connecticut, gefahren, fünfzig Meilen von New York entfernt, wo Scott am Compo Beach ein zweistöckiges, grauschindeliges Sommerhaus mit einem Stück privatem Strand gemietet hatte. Er hatte es sowohl für sich selbst getan, weil er hoffte, dort die nötige Abgeschiedenheit zum Schreiben zu finden, aber auch für Zelda, die für ihr Leben gern schwamm und tauchte. »Wenn Zelda nicht schwimmen kann, fühlt sie sich miserabel und nörgelt herum, also mussten wir dieses Haus hier für den Sommer mieten«, sagte Scott zu seiner Schwiegermutter. Das immerhin fand Mrs. Sayre rührend von Scott.

Der Besuch hatte bereits ungut begonnen. Als Zelda gemeinsam mit Scott die Eltern in New York abholte, um mit ihnen nach Westport zu fahren, hatte sie ganze zwei Dollar bei sich, Scott angeblich nicht einen Cent. Sie war erleichtert, als der Richter darauf bestand, das Taxi selbst zu bezahlen, das Scott generös herangewinkt hatte, ohne in der Lage zu sein, den Chauffeur zu bezahlen, wie Zelda später ihrer Mutter offenbarte. Aber es sollte noch schlimmer kommen. Im Garten ihres Sommerhauses fanden sie bei der Ankunft zwei Männer schlafend in der Hollywoodschaukel vor, von denen Scott murmelte, es seien seine Freunde. Als sie aufwachten, gingen die Männer ins Haus, wo Zelda, Scott und die Sayres zu Tisch saßen, tanzten trunken um sie herum und forderten alle auf, mitzutanzen. Der Richter saß in eisigem Schweigen, Zelda ging mit ihrer Mutter in die Küche und bat sie um zwanzig Dollar, um die unliebsamen Gäste wegschicken zu können. Zwanzig Dollar! Marjorie hatte mir erzählt, dass Zelda mit einem Bündel voller Geldscheine ins Plaza kam, wo sie mit Rosalind zum Essen verabredet war, und dass Zelda auf Rosalinds verblüffte Frage, warum in aller Welt sie so viel Geld mit sich trage, antwortete: »Hat Scott mir gegeben, als ich gehen wollte. Was sollte ich in der Eile tun, als es schnell einzustecken.« Und jetzt bat sie Scott um zwanzig Dollar! Ich kann nicht anders, als darin eine geschickte Inszenierung Scotts zu sehen. Seine Dramaturgie ging voll im gewünschten Desaster auf. Es hätte nicht besser laufen können für Scott. Denn die unliebsamen Gäste kamen um drei Uhr morgens wieder, Scott servierte ihnen in der Küche Gin und Tomatensaft und trank vor allem vom Gin tüchtig mit. Mrs. Sayre und der Richter wachten auf von dem Lärm, sie hörten jemanden die Treppe hinuntergehen, dann einen klirrenden Knall, als berste eine Flasche, ein dumpfes Geräusch und lautes Geschrei. Mrs. Sayre flehte den Richter an, sich anzuziehen und nach unten zu gehen, um nach dem Rechten zu schauen, doch er lehnte ihre Bitte rigoros mit den Worten ab, dass es ihn nichts anginge und Zeldas ureigenste Angelegenheit sei. Sie habe diesen Mann unbedingt heiraten wollen, sei erwachsen (mein Gott, denke ich heute, Zelda war einen Monat zuvor zwanzig geworden!), und nun müsse sie für ihre Entscheidung geradestehen. Außerdem denke er in seiner Eigenschaft als Amtsperson, die gegen Verstöße gegen das Prohibitionsgesetz zu Gericht sitze, nicht im Entferntesten daran, sich um randalierende Alkoholiker zu kümmern. Er drehte sich um und schlief wieder ein, nachdem es unten etwas stiller geworden war. Mrs. Sayre lag wach bis zum Morgengrauen, bis die Geräusche aus der Küche verstummt waren.

Außer dem Tod eines ihrer Babys, so Mrs. Sayre zu meiner Muttter, sei das gemeinsame Frühstück am Vormittag das Schrecklichste gewesen, was sie je erlebt habe.

Zelda hatte eine dicke Schicht Make-up aufgetragen, um die Verwüstung in ihrem Gesicht zu verdecken, aber das machte es noch schlimmer. Ihre Nase war geschwollen, unter dem Auge schimmerte durch das Make-up ein tiefblauer, ebenfalls angeschwollener Fleck hervor. Die Küche trug noch immer Spuren der vorangegangenen Nacht: Reste von Tomatensaft und Gin bildeten kleine Lachen auf dem Fußboden, die Aschenbecher waren ungeleert, es roch nach abgestandener Kneipenluft. Wieder saß der Richter in eisigem Schweigen.

»Wir blieben nur ein paar Tage statt der geplanten zwei Wochen«, hatte Mrs. Sayre zu meiner Mutter gesagt. »Zelda war sehr traurig, aber was sollte ich tun. Mein Mann wollte in diesem Haus nicht länger bleiben.«

»Ist das nicht furchtbar? Die arme Zelda! Schriftsteller hin, Schriftsteller her – wie konnte sie nur diesen Trunkenbold heiraten!« Meine Mutter schüttelte entsetzt den Kopf. »Richter Sayre will die beiden nie wieder besuchen.« Ich dachte: Scott hat sein Ziel erreicht. Diese Inszenierung war ihm gelungen.

Mitte September stand Zelda kurz nach Mitternacht vor Alex McKaigs Wohnungstür in Manhattan. Sie läutete Sturm, denn Alex schlief tief und wachte erst nach langem Klingeln auf. Zelda muss verzweifelt genug gewesen sein, um so lange zu läuten.

Als Alex schlaftrunken zur Tür wankte und Zelda hereinbat, brach sie noch im Korridor in Tränen aus. Ihre Haare waren wild zerzaust, die Schuhe schlammbeschmutzt, die Bluse wies einen kleinen Riss an der Vorderseite auf und sie roch leicht nach Alkohol. Alex sagte, im ersten Moment zwischen Schlaf und Erwachen hätte er gemeint, all das zu träumen, doch Zeldas lautes Schluchzen machte ihm klar, dass er wach war. Zelda lief, so wie sie war, mit den schmutzigen Schuhen auf seinen besten Teppich ins Wohnzimmer, warf sich in den Sessel und weinte hemmungslos weiter. Was passiert sei, wollte der schockierte McKaig wissen, und Zelda begann, von Weinkrämpfen geschüttelt, zu erzählen.

»Ich verlasse Scott, ich kann nicht mehr. Ich mag ihn schrecklich gern, aber es macht mich rasend, mit ihm zu leben. Da war diese Party gestern Abend, eigentlich war es keine richtige Party, mehr ein Saufabend mit Scotts Freunden, diesem Biggs, du weißt schon, und ein paar anderen Burschen. Sie haben getrunken und getrunken, und dann hat mich dieser Zwei-Meter-Mann Biggs in die Höhe gehoben und mich lange Zeit einfach nicht wieder runtergelassen. Scott hat nichts getan, um mir zu helfen.« McKaig reichte ihr sein Taschentuch, Zelda schneuzte sich kräftig und fuhr fort: »Irgendwann ließ Biggs mich dann doch herunter, ich war wütend und ging nach oben ins Schlafzimmer. Sollten sie doch allein weitersaufen. Und plötzlich stand Biggs in der Tür und starrte mich an. Es war unheimlich. Ich habe schnell Geld aus der Schublade des Nachtschrankes genommen, bin aus dem Fenster auf die Veranda geklettert und von dort in den Garten gesprungen. Dann bin ich die Gleise entlang zum Zug gelaufen, Scott immer hinter mir her. Im Zug wollte der Schaffner ihn hinauswerfen, Scott hatte kein Geld dabei, und ich weigerte mich, ihm welches zu geben. In New York bin ich in ein Taxi gestürzt, ich war schneller als er, und jetzt bin ich hier. Alex, ich weiß nicht mehr weiter.«

McKaig sagte, dass er ihr wünsche, sie könne in einer Villa leben wie eine Prinzessin, die sie für ihn auch sei, mit einem liebevollen Prinzen, aber sie sei nun einmal mit Scott verheiratet, und mehr, als sie für nur eine Nacht zu beherbergen, könne er nicht tun. »Ich weiß«, sagte Zelda langsam und schien gefasster. »Und ich liebe Scott auch. Aber diese Leute, die er ständig einlädt, um mit ihnen zu trinken, beschmutzen alles, einfach alles, auch unsere Liebe. Im Grunde weiß ich, dass ich ohne ihn nicht leben kann, auch wenn er mich hassen würde, mit einer anderen Frau durchbrennen, mich schlagen würde oder mich verhungern ließe. Ich würde ihn sogar lieben, wenn er mit Wunden bedeckt wäre wie ein Leprakranker.«

Alex erzählte mir, Zeldas Geständnis habe ihn stark berührt, und wie sehr er sich in diesem Moment gewünscht habe, ein Mädchen möge ihn so lieben wie Zelda ihren Ehemann Scott. Verdient habe Scott Zeldas Liebe zweifelsohne nur dann, wenn er nüchtern sei, sagte Alex. Denn nur dann war Scott ein feiner Kerl, hilfsbereit und einfühlsam, sogar charmant, jeder wusste das, und jeder sah ihm deshalb seine Trinkereien nach. Aber Zeldas Geständnis habe ihn auch erschreckt. Was würde mit Zelda geschehen, sollte Scott sie eines Tages nicht mehr lieben?

Er hatte den Gedanken noch nicht zu Ende gedacht, als es von Neuem Sturm läutete. Diesmal stand Scott vor der Tür.

Nach jener Nacht, die mit einem gemeinsamen Frühstück am nächsten Morgen endete, sah Alex McKaig Zelda und Scott häufiger. Im Herbst war ihr Mietvertrag in Westport ausgelaufen, und Scott mietete ein Apartement in der 59. Straße in New York, in der Nähe des Plaza Hotels. Das war praktisch gedacht, denn von dort bestellten sie die Mahlzeiten ins Haus. Alex besuchte die beiden in ihrem neuen möblierten Zuhause, sie gingen zusammen in die New Yorker Flüsterkneipen und ins Theater, wo Zelda einmal vor Lachen vom Sitz fiel und wegen dieser Eskapade aus dem Theater gewiesen wurde, was Zelda wütend machte. Es schien, als sei alles wieder in Ordnung. Scott und Zelda sprachen von einem Baby, das sie sich wünschten, und Scott scherzte, es gäbe zwei mögliche Babys: das bessere hätte Zeldas Körper und Intelligenz, seine Augen und seinen Verstand, das schlechtere seinen Körper, Zeldas Veranlagung und seine Unentschlossenheit. Zelda sagte, es sei egal, sie würde jedes Baby lieben, das sie von Scott bekäme.

Doch unter der Oberfläche brodelte es weiter, die Wochen nach Zeldas Flucht aus dem Westporter Sommerhaus und ihrer Versöhnung bei Alex waren nur der ruhige Altweibersommer vor den Herbststürmen. Im November war alles wieder wie immer. Scott schrieb an seinem neuen Roman, Zelda langweilte sich, und Scott beauftragte Alex, sich um Zelda zu kümmern. Das mag erstaunen bei einem neurotisch eifersüchtigen Mann wie Scott, der einerseits zuließ, dass ein angetrunkener Freund seiner Frau nachstellte, andererseits nervös wurde und nicht schreiben konnte, wenn Zelda zu lange in der Stadt unterwegs war. Doch Alex war keine Gefahr für Scott. Als ich ihn auf jener Party kennenlernte, hatte er, obwohl schon Mitte dreißig, noch immer ein rundes Babygesicht, eine große fleischige Nase und krauses, schwarzes Haar. Er war kein schöner Mann, und Scott vertraute ihm Zelda bedenkenlos an.

Als Zelda Alex in einem Taxi bat, sie zu küssen, muss sie verzweifelt gewesen sein. Und einsam. Zelda hatte im Montgomery ihrer Jugend immer nur schöne Männer geküsst. Wieder hatte Zelda an seiner Tür geklingelt, unter ihrem Auge leuchtete ein dicker blauer Bluterguss, und sie raste wie eine Furie direkt in Alex' Wohnzimmer. Nach einem Streit mit Scott hatte sie sich im Badezimmer eingeschlossen, Scott hatte die Tür aufgedrückt, und Zelda bekam sie ins Gesicht geschlagen. So zumindest erzählte sie die Geschichte. Irgendwie war es ihr gelungen, Scott davonzulaufen und die Wohnung zu verlassen. Bald darauf rief Scott Alex an und fragte nach Zelda; Alex versprach, sie zurückzubringen, wenn sie endlich aufhören würden, sich zu streiten.

»Weißt du«, sagte Alex zu mir, »es war verrückt: Da saß die schönste und begehrenswerteste junge Frau, in die ich heimlich verliebt war, neben mir im Taxi, bat mich, sie zu küssen, und ich konnte nicht. Ich musste an Scott denken. Er tat mir leid, in all seiner Durchgeknalltheit. Die Dollarnoten als Zigarettenanzünder, die immensen Trinkgelder, die er gab, seine Partyflirts, sein Alkoholismus. Er war im Grunde ein bedauernswerter Kerl, und ich konnte ihm doch nicht die Frau wegnehmen.«

»Das war sehr edel von dir«, erwiderte ich. »Aber vielleicht hätte es Zelda gerettet.«

»Ach nein«, sagte Alex und lächelte schwach. »Ich wusste doch, dass sie mich nicht liebte. Und wenn er noch so durchgeknallt war, sie liebte nur Scott.«

Meine Mutter hielt mir den Hörer hin und sah mich bedeutungsvoll an. »Zelda ist am Apparat.«

Ich verstand nicht gleich. Zelda hatte mich, seit sie in New York lebte, noch nie angerufen, nur ein paar dichtbekritzelte Ansichtskarten geschickt, auf denen sie witzige Episoden ihres neuen Lebens erzählte. Ich nahm den Hörer entgegen und sagte: »Zelda? Was ist passiert in New York?«

»Ich bin nicht in New York. Ich bin hier, in Montgomery, bei meinen Eltern. Allein, ohne Scott.«

»Aha«, machte ich und wartete auf eine Erklärung.

Zelda erklärte nichts. Ihre Stimme klang bedrückt, als sie sagte: »Kannst du rüberkommen? Ich brauche jemanden, mit dem ich reden kann.«

Da wusste ich, etwas war passiert.

Als ich klingelte, öffnete sie die Tür selbst. Von einer leichten Blässe abgesehen, schien sie sich auf den ersten Blick nicht verändert zu haben, sie war schön wie immer, in New Yorker Chic gekleidet. Doch obwohl sie mich freundlich anlächelte, sah ich, was anders an ihr geworden war: Ihre eindrucksvollen Augen strahlten nicht. Wir saßen in ihrem Mädchenzimmer, auch hier hatte sich kaum etwas verändert; fast war es wie vor genau einem Jahr, als der Februarregen gegen die Fenster schlug und Zeldas Kaminfeuer ein warmes Licht auf ihr bronzegoldenes Haar warf. Damals war sie glücklich und unglücklich zugleich gewesen – glücklich, weil sie liebte, und unglücklich, weil sie die Liebe ihres Lebens nicht heiraten konnte. Jetzt schien sie nur noch unglücklich. »Ich bekomme ein Kind, Sara«, sagte sie mit leiser Stimme. »Und ich werde Scott verlassen.«

Ich hatte viel erwartet, aber nicht das.

»Scott ist ein wunderbarer Mensch, wenn er nüchtern ist. Dann liebe ich ihn und werde ihn immer lieben. Aber wenn er getrunken hat, ist er unberechenbar, und er trinkt immer öfter. Dann macht er mir Angst, ich habe auch schon ein blaues Auge davongetragen.«

Ich verriet nicht, dass ich davon wusste.

»Weißt du, es ist nicht, dass er mich bewusst schlägt. Es passiert einfach, es sind die Drinks. Er ist dann nicht Scott, sondern jemand anderes. Wie in der Geschichte von Dr. Jekyll und Mr. Hyde.« Ich nickte.

»Und dann sind da seine Frauengeschichten, die mich rasend eifersüchtig machen. Auf Partys flirtet er wie verrückt mit anderen Frauen, mit Schauspielerinnen oder Journalistinnen, Frauen, denen ich nicht das Wasser reichen kann, weil sie etwas darstellen und großartig aussehen. Ich flirte dann auch auf Teufel komm raus, um Scott eifersüchtig zu machen, damit er sieht, was er mir antut. Es funktioniert nicht. Ein paar Mal ist er jetzt erst im Morgengrauen nach Hause gekommen, als ich die Party nach einer Szene mit ihm einfach verlassen habe.« Zelda drehte nachdenklich an ihren Locken. »Vielleicht könnte ich das ja noch verkraften. Aber ich habe Angst vor ihm, wenn er getrunken hat und zuschlägt. Ich muss mein Kind schützen.«

Ich schluckte. So also platzte der Traum von einer großen Liebe. Wie die Seifenblasen, von denen Zelda einmal gesprochen hatte, als sie meinte, ihr Leben mit Scott werde wie Seifenblasen sein – wenn eine platze, würden sie sofort neue blasen. Jetzt, schien es, würde es keine einzige mehr geben.

»Und der Richter? Was sagt der Richter dazu?«, fragte ich.

»Nichts. Er sitzt über seinen Akten und schweigt. Mama sagt, ich solle es noch einmal mit Scott versuchen und an das Kind denken, das einen Vater braucht.«

Ich wusste nicht, was ich sagen sollte. Ich hatte auch keine Lösung. Ich war erst sechzehn.

Drei Wochen später verabschiedete Zelda sich von mir. Strahlend. Scott war gekommen, um sie zu holen. »Er hat versprochen, dass jetzt alles anders wird. Nicht mehr so viele Leute, nicht mehr so viele Partys. Wir gehen nach England, für ein paar Jahre, dort wird er in Ruhe schreiben können. Und ich werde in London Tallulah besuchen. Vielleicht kann sie etwas für meine Bühnenkarriere tun, nachdem das Kleine geboren sein wird. Scott hat nichts mehr dagegen, dass ich Schauspielerin werde.«

Zeldas Kind sollte im Oktober zur Welt kommen. Im Mai traten Scott und Zelda die Schiffsreise nach Europa an, blieben in England, Italien und Frankreich. Zelda war bis zur Hochzeit mit Scott kaum aus Montgomery herausgekommen, abgesehen von den Familienurlauben in den Blue Ridge, und ich denke, sie sah dem neuen Leben auf dem alten Kontinent mit Abenteuerlust entgegen. Woran Zelda – typischerweise, möchte ich sagen – nicht gedacht hatte, war der Umstand, dass andere

Umstände mit Übelkeit verbunden sein können. Eine Karte aus England, die sie mir gleich nach der Ankunft in ihrem üblich witzigen Stil schrieb, verriet dies. »Liebe Sara«, schrieb Zelda, »was für ein Glück, dass wir endlich wieder auf festem Boden sind. Ich hätte gern gewusst, ob ich mich wegen des Winzlings in mir oder wegen der Seekrankheit so viel übergeben musste. Ich werde es nur erfahren, wenn ich im nichtschwangeren Zustand die Schiffsreise wiederhole. Aber das soll frühestens in ein paar Jahren passieren. PS: Tallulah haben wir besucht, sie will sehen, was sie für mich tun kann.«

Auch die nächste Ansichtskarte, die den Pariser Eiffelturm zeigte, atmete noch Zeldas Witz. »Paris ist wunderbar, aber das Hotelpersonal ist unfreundlich, daher hat Scott Eiscreme an die großen Fenster der Lobby geschmiert. Mir ist ständig übel, vor allem beim Stehen, und so habe ich den Lift mit meinem Gürtel festgezurrt, damit ich nicht immer so lange auf ihn warten muss. Danach mussten wir das Hotel verlassen.«

Aus Italien kamen nahezu deprimierte Zeilen. Zelda schrieb, im Hotel seien Flöhe, ihr sei noch immer schlecht, und sie möchte gerne nach Hause. Auch Scott sei der Meinung, Europa sei nur von antiquarischem Interesse. Das Einzige, was Spaß gemacht habe, sei eine Gondelfahrt gewesen, bei der sie und Scott sich wie ein italienisches Schmuselied fühlten.

Wieder einmal war alles anders gekommen als erhofft. Bei ihrer Ankunft Anfang Juli im Hafen von New York erzählte Scott den Reportern, er hätte eine miserable Zeit in Europa gehabt, und der Kontinent sei ein gewaltig überschätzter Ort. Ich konnte es nicht glauben, als ich in einem literarischen Magazin jenes Interview mit ihm las. Ich selbst konnte kaum erwarten, Europa zu sehen, und es sollte noch über ein Jahr dauern, ehe mein Wunsch in Erfüllung ging. Etwas musste schief gegangen sein zwischen ihm und Zelda, was die Reise verdorben hatte – und ich war sicher, es lag nicht allein an Zeldas Schwangerschaft. Scott blieb Scott, wo immer er auch hinfuhr.

Der Brief war klein, roséfarben und zeigte auf der Vorderseite einen Storch, der ein in ein Tuch gewickeltes Baby im Schnabel trug. Endlich! Ungeduldig riss ich den Umschlag auf, der Zeldas energische, kräftige Handschrift trug.

»Liebe Sara«, schrieb sie. »Wir freuen uns, Dir mitteilen zu können, dass am 26. Oktober 1921 nach neun Monaten ein kleines Mädchen seine dunkle Behausung verlassen hat und nunmehr unser Leben teilen wird. Es ist eine ziemliche Schinderei, ein Kind auf die Welt zu bringen (ich war lange betrunken von dem Lachgas, das sie mir gegeben hatten). Aber die Kleine ist entzückend, und Scott und ich sind überglücklich und sehr stolz, ein hübsches Baby produziert zu haben. Wir haben noch keinen Namen für sie, denn wir haben fest mit einem Jungen gerechnet und uns nur Jungennamen überlegt.

Ich hätte das Baby ja lieber in Montgomery zur Welt gebracht. Du weißt, wie gern ich das wollte, und auch, wie gern ich dort ein Haus für uns drei gekauft hätte. Dann hätte ich auch Mama und Marjorie um mich gehabt, und Du hättest die Kleine ausfahren dürfen, im sonnigen Montgomery. Aber Scott hat sich verändert. Er mag den Süden, den er einst sein Paradies nannte, nicht mehr und wollte so schnell wie möglich zurück nach St. Paul. Bei unserer raschen Abreise aus Montgomery Anfang August habe ich es nicht einmal mehr geschafft, mich von Dir zu verabschieden, was mir sehr leid tut.

Mama hätte sich bestimmt auch mehr um mich gekümmert als Scotts Mutter. Ich hatte keine Ahnung, was man für ein Baby alles besorgen muss! Kurz vor der Niederkunft ist eine Schulfreundin Scotts, Xandra Kalman, mit mir einkaufen gegangen und hat mich auch in einem Krankenhaus angemeldet. Dort war man erschrocken, dass ich die ganze Schwangerschaft über kein einziges Mal bei einem Arzt gewesen bin, aber ich wusste nicht, dass man das tun sollte. Jetzt habe ich eine Säuglingsschwester für die Kleine, die mir hilft. Ich hätte nicht gedacht, dass ein Baby so viel Arbeit macht.

Ansonsten ist es furchtbar kalt hier oben in Minnesota, es sind achtzehn Grad unter Null, und ich bin froh, letztes Jahr in New York einen Pelzmantel bei Scott erbettelt zu haben. Dass ich schon wieder ziemlich Heimweh nach Montgomery habe, brauche ich Dir wohl nicht zu sagen.

Scott arbeitet an einem Bühnenstück. Er sagt, es ist sehr gut und wird uns reich machen. Tagsüber schreibt er, und ich verbringe die Zeit mit dem Baby und der Säuglingsschwester. Abends bin ich dann schrecklich müde (ich weiß nicht, wann ich das letzte Mal durchgeschlafen habe, die Kleine schreit viel). Scott kennt hier viele Leute, die ihn abends besuchen. Sie machen viel Lärm und ich sagen ihnen, dass sie nicht kommen sollen, weil sie mit ihrem Lärm das Baby wecken und ich dann auch nicht schlafen kann. Aber Scott sagt ihnen, ich würde das nicht so meinen, und sie sollen trotzdem kommen, denn ich brauche angeblich Zerstreuung. Die hätte ich wirklich gern, aber lieber in New Yorks glitzerndem Nachtleben. Ich vermisse diese Stadt; je länger ich hier am langweiligsten Ort der Welt dicht am arktischen Polarkreis sitze, desto mehr.

Ach, Sara, ich wünschte, wir beide säßen jetzt in Montgomery in meinem Haus, Scott schriebe in seinem Arbeitszimmer an seinem Stück, und Du und ich würden vor dem prasselnden Kaminfeuer Tee aus einem silbernen Service trinken und quatschen. Wie früher. Weißt Du noch? Deine Zelda.«

Im Frühjahr 1922 hatte ich die High School beendet. Ich war jetzt siebzehn, die Welt lag verheißungsvoll vor mir. Meine Eltern schenkten mir zum Schulabschluss die lang ersehnte Europareise. Florenz, Venedig, Rom, Paris und London – ich konnte es kaum erwarten. Ich trat die Reise an einem strahlenden Apriltag an, der schöner nicht hätte sein können. Als die Aquitania im Hafen von New York ablegte, winkte die weißgrüne Freiheitsstatue mir und der Begleiterin, die meine Eltern für mich angestellt hatten, freundlich nach.

Im September war ich zurück, randvoll mit neuen Eindrücken und Erlebnissen. Und voller Unverständnis gegenüber Scotts vernichtendem Urteil in jenem Magazin-Interview. Ich selbst hatte den beiden begeisterte Ansichtskarten geschrieben. Wahrscheinlich hatte Scott darüber gelacht.

Ehe ich nach Montgomery zurückfuhr, blieb ich noch ein paar Tage in New York, wo Scott und Zelda im Plaza-Hotel logierten. Scottie – so nannte Scott seine Tochter, während Zelda noch lange von Patricia sprach, bis sie es aufgab, um das Kind nicht zu verwirren – hatten sie in St. Paul bei dem Kindermädchen zurückgelassen, um in New York nach einem passenden Haus zu suchen, bis sie schließlich mit John Dos Passos' Hilfe ein »schickes kleines Spießerheim«, wie Zelda es nannte, auf Long Island fanden. Great Neck hieß der Ort – eine Art New Yorker Künstlervorort, der von Leuten aus dem Show-Business bevorzugt wurde.

Zelda und ich hatten uns zum Tee im Palm Court des Plaza verabredet. Ich brannte darauf, ihr von »meinem« Europa zu erzählen und war begierig, Neues von ihr, Scott und Scottie zu hören. Ich saß bereits eine Weile in meinem Korbsessel unter einer breitgefächerten Palme, als Zelda endlich den dicken Teppich entlangschritt. Pünktlichkeit war noch nie ihre größte Tugend gewesen. Freudestrahlend kam sie auf mich zu; der gerade zurückliegende Sommer hatte sie wie immer verschönt, ihre Haut war sonnengebräunt, und sie sah erholt und gesund aus. Sie trug ein elegantes Kostüm, einen kleinen koketten Hut und sehr schicke dunkle Pumps. »Sara«, sagte sie atemlos, als sie mich herzlich umarmte, »wie schön, dich zu sehen.«

Der Kellner kam, Zelda bestellte einen Tee für sich und für mich eine heiße Schokolade. »Du bist zu jung für einen Cocktail«, lachte sie und erzählte mir, Scott und sie seien jetzt Abstinenzler. »Theoretisch – was immer das heißt.« Ich gab ihr Lachen zurück und erwiderte, dass ich mit Tallulah in London bereits meinen ersten Cocktail getrunken hätte. Und dass Tallulah mir erzählt hatte, sie wolle sehen, was sie für Zeldas Bühnenkarriere tun könne.

Zelda rührte gedankenverloren den Zucker in ihrem Tee und sagte nach einer Weile: »Es wird keine geben, Sara. Scott hat seine Meinung wieder geändert. Hollywood hat uns die Verfilmung von ›Diesseits vom Paradies‹ angeboten, mit Scott und mir in den Hauptrollen. Ich hätte es wahnsinnig gern getan, aber Scott will nicht. Er sagt, es würde seinem Ruf als ernstzunehmender Autor schaden. Sein Lektor habe ihm abgeraten.«

Ich sagte, dass es mir sehr leid täte für sie, und ob sie denn gar keine Chance sehe, Scott zu überzeugen, dass es immer ihr Lebenstraum gewesen sei, Primaballerina oder Schauspielerin zu werden. Zelda schüttelte den Kopf. »Keine.« Wieder schwieg sie einen Moment. »Weißt du, ich hatte im März eine Abtreibung, aus zweierlei Gründen. Erstens wollte ich so kurz nach Scotties Geburt nicht schon wieder schwanger sein, und zweitens dachte ich, dann ist es ganz aus mit einer Schauspielkarriere. Ironie des Schicksals – das ist es jetzt ohnehin. Scott hat entschieden, und ich habe mich für ihn entschieden.«

Ich fand das schade. Aber wenn Zelda ihren Traum für die Familie aufgegeben hatte, so war dies in Ordnung. Es war ihr Leben. Es tat mir auch leid um die Abtreibung, aber auch das war ihr Leben.

Wir tauschten uns noch eine Weile über unsere Europaerlebnisse aus, dann kam Scott. Er blieb vor uns stehen, griente verschwörerisch und machte einen kleinen Freudensprung, bevor er zu sprechen begann. Sam Harris hatte sein Stück angenommen, nachdem andere Produzenten es abgelehnt hatten, und Scott schien überglücklich. »Das wird ein großer Geldmacher werden«, prahlte er. »Ich werde nie wieder Scribner's um einen Vorschuss bitten müssen. Wir werden reich sein, Zelda!«

Zelda strahlte unter ihrem mediterranen Teint, und für einen Augenblick schienen mir die beiden wieder das amerikanische Traumpaar unserer Zeit, das die Illustrierten besangen. Zumindest wollte ich es gerne glauben.

Scotts Bühnenstück war mit Pauken und Trompeten beim Publikum durchgefallen. Nur eine knappe Woche wurde es in Atlantic City gespielt, dann gaben Scott und Harris auf. Aus der Traum von einem rauschenden Erfolg in New York. Zelda schrieb mir, Scotts Stück floppte wie einer von Tante Jeminas berühmten Eierkuchen in der Pfanne. Scott und Harris wären schrecklich enttäuscht und sie nicht minder, denn sie habe bereits die ersten New Yorker wöchentlichen Tantiemen für ein Kleid ausgegeben, das sie zur Eröffnung hatte tragen wollen und nun nicht umtauschen könne. Das Schlimmste aber sei gewesen, dass Scott den Flop nicht habe ertragen können und auf Sauftour gegangen sei, so dass sie ihn tagelang nicht gesehen habe und in großer Sorge um ihn war. Als er endlich mit einem halb kaputten Rolls-Royce, den er mit der Aussicht auf viel Geld für sein Bühnenstück gekauft hatte, in Great Neck wieder auftauchte, habe es einen fürchterlichen Streit gegeben.

Ich bedauerte Scotts Misserfolg, teils für ihn, teils aber auch für Zelda, die darunter leiden musste. Scott trank mehr denn je, und Zelda berichtete in ihren Briefen von verrückten Wochenendpartys in Great Neck, die im

Morgengrauen endeten und am Nachmittag fortgesetzt wurden, von Leuten, die kamen und gingen, wie es ihnen passte. »Ich liebe Partys«, schrieb Zelda, »aber es sind immer zu viele Leute hier, die nicht wieder gehen wollen und bis zum Montagmorgen bleiben. Und Scott trinkt so viel, dass auch ich trinken muss. Am nächsten Tag entschuldige ich mich dann bei allen Gästen, auch für Scott.«

Ich glaubte ihr aufs Wort. Dazu bedurfte es nicht der Schlagzeile »Fitzgerald schlägt Polizeibeamten jenseits des Paradieses nieder«, die mir an einem Kiosk ins Auge gesprungen war. Scott hatte den Mann niedergeschlagen, weil er Zelda zum Tanz aufgefordert hatte. Ich konnte mir die Szene lebhaft vorstellen. »Sara«, hatte Zelda geschrieben, »wenn Scott betrunken ist, macht er mir immer wieder große Angst. Neulich hat er gedroht, mich und Anita Loos umzubringen, weil wir mit dem Essen nicht auf ihn gewartet haben. Er kam zu spät und wir hatten Hunger, also begannen wir schon, was ihn wahnsinnig wütend machte. Er griff nach dem schweren Kerzenständer auf unserem Tisch und drohte, uns damit zu erschlagen. Der Butler griff ein, um uns zu schützen, wobei Scott mit der freien Hand das Tischtuch herunterzog, so dass Geschirr, Gläser und die Silberbestecke auf den Boden fielen. Anita und ich sind voller Angst um unser Leben zu Lardners, unseren Nachbarn, gerannt.«

Ich sprach mit Majorie, was man tun könne, doch sie sagte: »Nichts. Das muss Zelda allein entscheiden. Sie ist dreiundzwanzig.« Immerhin, Rosalind hatte Zelda in Great Neck besucht, wo sie auf einem der Anwesen auf eine Party geraten war, die sich bis zum Morgen hinzog und die Zelda wütend ohne Scott verließ, weil er prahlte, er könne eine ganze Orangenschale auf einmal verschlucken, wahrscheinlich, um Helen Buck zu beeindrucken, mit der er ab Mitternacht hemmungslos flirtete. Zelda versuchte, ihm die Orangenschale wegzunehmen, aber Scott sei zu betrunken gewesen, um auf sie zu hören. Rosalind verließ zusammen mit Zelda die Party, und auf dem Weg nach Hause, die Sonne ging gerade in atemberaubender Schönheit auf, sagte Zelda leise: »*Ich wollte Scott eigentlich nie heiraten.*« Rosalind habe gesagt, dies sei das erste Mal gewesen, dass Zelda sich ihr gegenüber kritisch über ihren Mann äußerte. »Immerhin« – Marjorie legte fragend den Kopf schief – »es ist ein Anfang.«

Ein Anfang wofür, fragte ich mich. Was sollte Zelda tun, wenn niemand ihr half?

Und dann gab es dieses Interview in der Baltimore Sun. Es erschien im Herbst 1923, ich war frisch verliebt in John Sellers und sah die Welt entsprechend rosarot und in helleren Farben als je zuvor. Ich war zum ersten Mal verliebt, und ich muss Sellers wohl geliebt haben, sonst hätte ich ihn nicht ein Jahr später geheiratet – glückselig, gerade neunzehn Jahre alt, und mit nichts für das Leben ausgerüstet als einem High School-Abschluss. Ich sah mein Lebensziel an der Seite eines blendend aussehenden, vermögenden jungen Mannes, der mir Villa, Auto, Sommerreisen und zwei oder drei Kinder garantierte. So war ich erzogen, das muss ich zu meiner Entschuldigung sagen. Katharine hatte es so gemacht, Livye und Zelda; nur Tallulah, deren Mutter kurz nach ihrer Geburt gestorben war, war ausgebrochen aus unserer behüteten Südstaatenwelt.

Aber ich denke, ich wollte nicht allein deshalb heiraten, weil ich dazu erzogen war, sondern weil ich Sellers liebte. Und ich verhehle nicht: Es war anfangs wunderbar, ein eigenes Heim zu haben, in einer großzügigen Villa in bester Gegend Montgomerys, die Johns Vater seinem Sohn geschenkt hatte. Deshalb erstaunte mich das Interview mit Zelda und Scott in der Baltimore Sun, das Sara Haardt mir schickte, die jetzt mit dem Literaturkritiker Henry Mencken in Baltimore lebte und für verschiedene Magazine schrieb. Scott hatte den Reporter nach ein paar Fragen unterbrochen, um Zelda mit seinen Fragen zu bombardieren. Er befragte Zelda, wie sie sich die Zukunft ihrer Tochter vorstelle (Zelda sagte, Scottie möge reich, glücklich und künstlerisch werden statt berühmt, ernst und ungastlich), ob sie ehrgeizig sei (»*nicht besonders, aber ich erhoffe mir viel; ich möchte einfach ich selbst sein und das Leben genießen*«), ob Geld glücklich mache (»*nicht unbedingt, aber das richtige Parfüm, schicke Schuhe, das macht eine Frau glücklich. Solche Dinge sind ein großer Trost für die weibliche Seele.*«). Und dann kam Scotts letzte Frage, die mich umwarf. Er fragte seine Frau, was sie tun würde, wenn sie ihren Lebensunterhalt selbst verdienen müsste. Und Zelda antwortete: »*Ich hatte früher Ballettunterricht. Ich würde mich bei den Follies bewerben. Oder beim Film. Wenn ich keinen Erfolg hätte, würde ich Bücher schreiben.*«

Ich verstand das nicht. Wie konnte ausgerechnet Scott eine solche Frage stellen, knapp drei Jahre nach der Hochzeit, Scottie noch nicht einmal zwei Jahre alt? Und hatte er nicht alles getan, um Zelda die erträumte Bühnenkarriere auszureden, indem er mit Trennung drohte?

Dem Zeitungsausschnitt hatte Sara Haardt ein paar Zeilen an mich beigefügt. »*Ich würde jeder Frau empfehlen, mit dem Heiraten zu warten.* Auch dir, kleine Sara. *Es gibt so viel im Leben – so viel für eine Frau zu sehen und zu tun ... Eine Ehe ist eine Karriere, aber es ist nicht das Leben, es ist nicht alles.*«

Saras Zeilen ärgerten mich. Sie war sieben Jahre älter als ich, schien aber nichts von der Liebe zu wissen, auch wenn sie in eheloser Gemeinschaft mit dem sehr viel älteren Mencken zusammenlebte. Ich nahm mir vor, nichts davon meiner Mutter zu erzählen.

»Zelda hat in den letzten beiden Jahren zwei sehr gute Kurzgeschichten, eine Rezension und ein paar Artikel verkaufen können«, schrieb Sara Haardt weiter. »Auf diesem Weg sollte sie fortfahren. Sie kann wirklich schreiben, und ich meine, nicht schlechter als Scott.«

Ich hatte die Kurzgeschichten gelesen und fand das auch. Als ich 1925, zwei Jahre später nach Sara Haardts Brief, in der O'Briens Auswahl der besten Kurzgeschichten des Jahres »Our Own Movie Queen« las, erkannte ich darin Zeldas Stil und ihr Wesen sofort wieder. Die Geschichte hatte zwei Sterne in jenem Wettbewerb gewonnen. Scotts Name stand darunter.

»Wir bekommen das doppelte Honorar, wenn Scott der Autor ist«, erklärte Zelda mir später. »Scott hat ein paar lächerlich kleine Korrekturen gemacht, auf die er sich etwas einbildet und ohne die es ebenso gut gegangen wäre. Er hat nur meinem Stil den seinen übergestülpt. Scott will jeden redigieren, selbst Hemingway. Aber es ist vollständig meine Geschichte. Ich habe sie geschrieben.«

Vor einigen Jahren habe ich im Archiv der Universitätsbibliothek Princeton recherchiert, die den literarischen Nachlass ihres einst geschassten Studenten Francis Scott Fitzgerald verwaltet. Zelda wollte Scotts Nachlass bereits 1942 der Princeton-Universität verkaufen, weil sie nicht einsah, dass die Motten das Zeugnis ihrer Generation zerfressen sollten, wie sie mir sagte, aber Scottie wehrte sich so heftig dagegen, dass es zum Streit zwischen Mutter und Tochter kam. »Gott sagt: ›*Geh und verkaufe alles und folge mir. Ihr sollt euch nicht Schätze sammeln auf Erden.*‹« Das war Zeldas Ansicht, und Scottie, die 1938 darum gekämpft hatte, ihr Vater möge endlich seine Zustimmung geben, die Mutter aus der Psychiatrie zu entlassen, zweifelte nun doch an Zeldas Verstand, vor allem, als sie hörte, ihre Mutter habe angeordnet, dass Scotts gesamte nichtliterarische Habe bis auf das alte Familiensilber verkauft und der Erlös den Armen gespendet werden solle.

Princeton hatte Zelda einen symbolischen Preis von eintausend Dollar geboten, mit dem Zelda einverstanden war; die Hälfte des Geldes wollte sie Scottie geben. Scotts Freund und Nachlassverwalter John Biggs stand in Verhandlungen mit der Universität und trieb die Summe sogar auf zweitausend Dollar. Scottie lehnte ab. Zweitausend Dollar kostete damals ein glamouröses Abendkleid. (Darin glich Scottie der jungen Zelda – auch sie liebte glamouröse Roben.) Es kam nie zu dem Verkauf. Möglich, dass Scottie der symbolische Preis in Höhe eines Abendkleides zu wenig war. Erst 1950, zwei Jahre nach Zeldas Flammentod, schenkte Scottie plötzlich all die Bücher, Manuskripte, Notizen und Briefe literarischer Zeitgenossen aus dem Nachlass ihres Vaters in einem feierlichen Akt der Universität – Blitzlichtgewitter der Zeitungen inklusive.

Als ich im Archiv der Universitätsbibliothek Princeton »Our Own Movie Queen« aufschlug, war es, als spräche Zelda zu mir. Sie hatte Scotts Namen unter der Kurzgeschichte durchgestrichen und in dicken schwarzen Versalien ZELDA darunter geschrieben.

Seltsam berührt strich ich sanft über die fünf großen Lettern.

Im Juni 1924 war ich sehr glücklich. Ich steckte mitten in den Vorbereitungen für meine Hochzeit mit Sellers, die Mitte Juli mit großem Pomp in Montgomery stattfinden sollte. Die Zeit der Hochzeitsvorbereitungen scheint immer die schönste zu sein. Ich war neunzehn, blutjung also, einigermaßen naiv und sehr verliebt. Das Nähen des Brautkleides dauerte den ganzen Juni an; meine Mutter hatte die beste Schneiderin Montgomerys beauftragt, die sehr sorgfältig arbeitete, und ich lief nahezu jede Woche zweimal zur Anprobe. Das Brautkleid war wunderschön, aus schneeweißer, perlenverzierter Seide. Ich schwebte auf Wolke sieben. Ich würde nicht wie Zelda in einem rauchblauen Reisekostüm heiraten – ohne Schleier, ohne Rosenbukett. Meine Hochzeit würde ein rauschendes Fest werden, mit Hunderten von Gästen, kleinen Blumenmädchen, die vor dem Kirchenportal zarte rosa Blüten streuten, mit Tanz und Hummer und besten Weinen am Abend. Und es würde Fotos über

Fotos geben, die ein auf immer und ewig glückstrahlendes Paar zeigten.

Die Hochzeitsanzeigen waren gedruckt: Auf cremefarbenem Büttenpapier prangte eine goldene Kutsche, der ein junges Paar entstieg. Eine davon hatte ich Zelda an die Côte d'Azur geschickt, wo sie mit ihrer Familie den Sommer verbrachte, nachdem sie im Mai zurück nach Paris gegangen waren. Die Entscheidung der Fitzgeralds, wieder nach Frankreich zu gehen, hatte mich nicht überrascht. Zelda hatte sich in langen Briefen an mich – sie war eine leidenschaftliche Briefeschreiberin – immer wieder über die zu vielen Partys und Besucher in ihrem Haus auf Long Island beklagt, die Scott vom Schreiben abhielten. In Paris und St. Raphael, so Zelda, hoffe er, die nötige Ruhe zu finden, um seinen neuen Roman zu vollenden. Sie werde es wie auch sein letztes Manuskript durchsehen und Scott wieder Vorschläge machen, hatte Zelda mir geschrieben.

Wieder einmal waren die beiden aus ihrer lauten, unordentlichen Welt in eine vermeintlich leisere, ordentlichere geflüchtet. Zumindest hoffte ich das für die zwei, auch wenn ich zu ahnen begann, dass es für Scott nie eine leise Welt geben würde, in der er ungestört schreiben könnte. Zelda sagte, auch wenn es ihr nicht gefalle, er formuliere besser, wenn er etwas getrunken habe. Dies sei Fakt. Und obwohl ich noch recht jung war, so fühlte auch ich, Scott würde der Antrieb zum Schreiben fehlen, lebte er in einer leisen, geordneten Welt.

Inmitten meiner Flitterwochen erreichte mich ein Brief Zeldas. Er schlug ein wie eine Bombe.

»Sara«, schrieb Zelda, »ich bin verzweifelt. Scott hat mich eingesperrt, hier in der Villa Marie in Valescure. Seit drei Wochen habe ich das Haus nicht verlassen. Ich sehe nur Scott, der mir die Mahlzeiten bringt. Scottie und dem Personal hat er gesagt, ich sei krank. Die Köchin muss etwas ahnen, sie stellte sich gestern an die Tür und klopfte lange, als Scott kurz das Haus verlassen hatte. Aber sie spricht kein Englisch und ich kaum Französisch. Das englische Kindermädchen scheint auch etwas zu ahnen, aber Lillian Meadow kann das nur recht sein, denn sie hat eine Affäre mit Scott und will ihn haben. Ich glaube nicht, dass er ihr die Wahrheit gesagt hat.

Ich hoffe, der Köchin verständlich gemacht zu haben, dass sie diesen Brief hier aufgibt.

Sara, wenn ich Dir innerhalb von zwei Wochen – solange wird der Brief über den Atlantik brauchen – nicht von meiner Freilassung telegrafiere, so wende Dich an meine Eltern oder noch besser an meine Schwester Rosalind, damit sie mir helfen können.

Die Situation ist unerträglich, obwohl ich mir klarmache, dass auch ich einen Teil der Schuld daran trage. Aber was heißt Schuld, wenn man unglücklich ist. Hinter mir liegen schreckliche und wunderschöne Wochen zugleich. Wir sind im Mai hierher gekommen, nach Valescure in der Nähe von St. Raphael, fanden Köchin, Gärtner und ein Kindermädchen für Scottie. Ich wollte es nicht einstellen, denn es ist ausnehmend hübsch – und Du kennst ja Scott. Er bestand darauf, und es kam, wie es kommen musste. Ich habe sie in flagranti ertappt, als ich früher als erwartet vom Schwimmen zurückkam, und ihm eine riesige hysterische Szene gemacht. All unseren Bekannten hier, mit denen wir faule Tage am Strand oder im Tanzcasino verbringen, habe ich nichts davon erzählt. Natürlich nicht. Ich will nicht als die Verliererin dastehen, die ihrem treulosen Mann hinterherläuft. Und in meinem tiefsten Herzen weiß ich auch, dass Scott mich trotz all seiner Affären, die er für sein Ego zu brauchen scheint, immer lieben wird. Aber es mindert niemals meine Eifersucht, die er immer wieder schürt, seit ich ihn kenne.

Diesmal ist es ganz furchtbar. Du musst Dir das vorstellen: Die Affäre wohnt mit im Haus, erzieht dein Kind, nörgelt an deiner Haushaltsführung herum und versucht, dir den Mann abspenstig zu machen. Scott hält nie zu mir, wenn die Meadow mich verächtlich macht. Du weißt ja, dass ich lieber lese, schreibe, tanze oder male, als mich um Töpfe oder Pfannen zu kümmern. (Scott sagt, ich wäre faul.)

Es gab immer nur Streit wegen des Kindermädchens, und ich wollte, dass sie geht. Ich war sehr einsam, und dann passierte, was passieren musste: Ich habe mich verliebt. Nicht aus Rache wegen Scotts Affäre. Man kann sich nicht aus Rache verlieben. Es passiert, wenn man einsam ist. Edouard ist fünfundzwanzig, Franzose, und in Fréjus als Flieger stationiert. Er sieht aus wie ein griechischer Gott, ist wundervoll, charmant und witzig. Er hat mir seinen Kamm gereicht, als ich mit nassem Haar aus dem Wasser stieg, und als ich zögerte, sagte er, er habe keine Keime darauf hinterlassen. So fing es an. Ich schwebte den ganzen Juni im siebenten Himmel. Wir waren zusammen schwimmen am Strand, haben Ausflüge gemacht, und bei einem Ball im Casino von Monte Carlo war ich an seiner Seite glücklich wie seit langem nicht. Ich legte beim Tanz meinen Kopf auf seine Schulter und küsste seine Halsbeuge. Es war mir egal, ob Scott es sah. Ich war glücklich.

Edouard bat mich in sein Appartement, aber ich zögerte. Ehebruch ist Ehebruch.

Am 13. Juli habe ich Scott um die Scheidung gebeten. Er rastete aus, zog mich mit Gewalt in dieses Zimmer hier und schloss es hinter sich ab. Weißt Du noch, wie er in unserer Verlobungszeit immer sagte, am liebsten wolle er mich wie eine Prinzessin im Elfenbeinturm halten, nur zu seiner eigenen Wonne? Wäre es nicht so bitter, man könnte lachen: Dieses Haus hier hat einen turmartigen Vorbau, im klassizistischen Stil, elfenbeinfarben die Fassade. In einem der Zimmer der Villa Marie sitze ich jetzt, ganz oben, hinter verschlossener Tür, eine Prinzessin, die den ganzen Tag nur liest oder schreibt (Scott achtet sorgsam darauf, dass ich Mama und den Schwestern den üblichen wöchentlichen Brief schreibe, den er kontrolliert, ehe er ihn aufgeben lässt). Doch für Scotts Wonne sorgt jetzt eine andere. Ich könnte schreien vor Wut und war auch schon dicht daran, wäre da nicht Scottie, die ich nicht erschrecken möchte, sie ist doch erst drei. Mein Hals und Nacken sind gerötet und jucken, wahrscheinlich, weil alles zum sprichwörtlichen Aus-der-Haut-fahren ist.

Scott hat Edouard zum Duell aufgefordert, der einen solchen Unfug natürlich ablehnt. Wir sind nicht in Puschkins Russland. Als Scott gestern das Essen brachte, sagte er mir, Edouard habe sich in die Provence versetzen lassen, die anderen Flieger hätten es ihm erzählt. Ich glaube nicht, dass er Angst vor Scott hat – Scott ist ein Hänfling gegen Edouard –, aber offensichtlich war ihm all das so unangenehm, dass er es vorzog zu flüchten.

Ich hoffe, die Köchin hat mich verstanden und nimmt diesen Brief hier entgegen, den ich durch die Tür schieben will, wenn sie dreimal klopft.

Mach Dir keine zu großen Sorgen um mich und erzähl niemandem von diesem Brief. Scott wird mich sicher bald wieder freilassen. Ich schreibe Dir nur, weil ich mit jemandem reden muss – und für den schlimmsten aller Fälle. Aber er wird nicht eintreten. Deine Zelda.«

Ich hatte eine schlaflose Nacht nach diesem Brief. Ihr wäre eine zweite gefolgt, hätte ich nicht am nächsten Tag Zeldas Telegramm erhalten: Alles wieder in Ordnung. Zelda.

Die fünf dürren Worte beruhigten mich fürs Erste. Ich schlief tief und traumlos in der folgenden Nacht. Doch als ich am nächsten Vormittag die Augen öffnete und in die bereits hochstehende Sonne Floridas blickte, sah ich Zelda vor mir, wie sie am Strand von Cap d'Antibes ausdauernd schwamm, mit ihrem bronzegoldenen, nassen Haar und dem sonnengebräunten Körper. Ohne Edouard, mit dem sie so glücklich gewesen war.

Ich seufzte und drehte mich meinem Mann zu, der gerade erwachte und mich zu sich herüberzog. Aber ich dachte die ganze Zeit dabei an Zelda.

Dass für Zelda nichts in Ordnung war im August 1924, erfuhr ich Anfang der Dreißiger in New York von Gilbert Seldes. Ich war zu dieser Zeit Reporterin der New

York Times und machte ein Interview mit ihm zu seiner Broadway-Produktion »Lysistrata«. Zelda befand sich seit Monaten in einer Privatklinik für Geisteskranke in der Schweiz, eine Nachricht, die die meisten bestürzt und verwirrt hatte, die Zelda kannten. Nicht so Seldes.

»Sara«, sagte er, »ich wusste schon im August 1924, dass mit Zelda etwas nicht stimmt. Meine Frau und ich verbrachten damals die Flitterwochen in Europa, und wir haben die Fitzgeralds an der Côte d'Azur besucht. Ich hatte seinen Roman ›Die Schönen und Verdammten‹ begeistert rezensiert und als bahnbrechend für die amerikanische Literatur eingeschätzt. Daraus war eine Freundschaft zu Scott entstanden, die viele Jahre anhielt, bis er völlig im Alkohol versank und man ihn nur noch bedauern konnte. Ich nehme an, er hat den Wahnsinn seiner Frau nicht verkraftet. Aber was ich Ihnen erzählen wollte: In jenem August damals fuhren wir mit den Fitzgeralds zum Strand, und genau an der Stelle, wo die Straße sich in einer gefährlichen Kurve verengt, wandte sich Zelda an Scott und bat um eine Zigarette. Scott nahm eine Hand vom Lenkrad seines Renault, fummelte in der Hosentasche herum, fand eine und reichte sie Zelda. Meine Frau und ich hielten den Atem an. Es hat nicht viel gefehlt, und Scott hätte uns alle in den Abgrund gefahren, der tiefblau unter uns lag. Die Einladung, uns zum Strand zu fahren, nahmen meine Frau und ich kein zweites Mal an.«

Ich sagte Seldes nicht, was ich dachte. Er hätte es nicht verstanden. Aber ich wusste: Zelda hatte das Schicksal herausfordern wollen, ohne Rücksicht auf andere, weil sie verzweifelt war. Sie hatte Edouard verloren und war mit einem Verrückten verheiratet, der sie vier lange Wochen eingesperrt hatte. Ein Autounfall hätte die ganze Misere beendet. Und Scott schien ebenso zu denken – im August 1924.

Ich habe alle Briefe Zeldas aufgehoben, weil sie ein Zeugnis unserer Verbundenheit sind. Auch jenen vom Oktober 1924. Darin schrieb Zelda, Scott und sie seien sich wieder sehr nahe. Scott habe das Kindermädchen entlassen und ein neues eingestellt, und Edouard sei nach Indochina gegangen. Eine Fliegerfrau habe ihr heimlich einen Brief Edouards mit einem Foto zugesteckt, aber sie habe alles gleich nach dem Lesen zerrissen, auch wenn es ihr fast das Herz brach. Sie habe sich für Scott entschieden, der gedroht hatte, sie zu verlassen, wenn sie noch einmal den französischen Flieger treffe. Und wozu sein Foto aufheben, wenn sie an einen Neuanfang mit Scott glaube, der jetzt kaum noch trinke und soeben seinen neuen Roman »Der große Gatsby« beendet habe, auf den sein Verleger Perkins schon ungeduldig warte. Sie, Zelda, habe fleißig Korrektur gelesen und sei sehr zufrieden mit Scotts neuestem Werk, das sie für wunderbar gelungen halte.

Ganz im Gegensatz zu Ring Lardner, der Scott und sie im September besucht habe, meist betrunken gewesen sei und nach der Lektüre von Scotts Manuskript kein Sterbenswörtchen dazu geäußert habe. »Etwas ist geschehen zwischen Ring und mir, das nicht wieder gutzumachen ist«, habe Scott danach gesagt. »Wie kann man eine solche Gleichgültigkeit auch verzeihen«, schrieb Zelda. Und dass ich mir keine Sorgen mehr um sie machen solle, es sei alles wieder gut mit Scott, der, wenn er nicht trinke, ein lieber Mensch sei.

Ich atmete tief durch, nachdem ich Zeldas Brief gelesen hatte. Der letzte Satz hatte mich erschreckt: »Wir arbeiten jetzt an einem Geschwisterchen für Scottie, zum Zeichen unserer Versöhnung.«

Ich hielt das für keine gute Idee.

Ich sollte Recht behalten. Zeldas Weihnachtsgruß aus Rom war zwar noch in ihrem gewohnt originellen Ton. Sie schrieb, sie wohnten im Hotel des Princes zu Füßen der Spanischen Treppe, lebten von Bel Paese-Käse und Corvo-Wein, die Leintücher seien stets klamm, und nachts hörten sie das Schnarchen der Leute aus dem Nebenzimmer, aber es würde sie nicht stören, denn sie könnten immer die Treppen zur Via Sistina hinabgehen. Scott und sie hätten beim Anblick des Papstes geweint, und Carmel Myers, der weibliche Star des Abenteuerfilms »Ben Hur«, der gerade in Rom gedreht werde, zeige ihnen die Stadt, die im Übrigen feucht und kalt sei. Scott sei furchtbar wütend geworden, als der Maître d'hôtel sie bat, ihren Tisch einem römischen Aristokraten zu überlassen und habe ihn schrecklich beschimpft; sie hoffe nur, dass er nicht alles verstanden habe. Pasta hänge ihnen allmählich zum Halse heraus. Scottie freue sich schon sehr auf Santa Claus und dessen Geschenke.

Doch Mitte Februar kam ein Brief, der meine schlimmsten Befürchtungen bestätigte. Zelda hatte eine Eileiterschwangerschaft durchlitten und war zur Operation im Krankenhaus gewesen, nach der es Komplikationen gegeben hatte, eine Eileiterentzündung mit anschließender Bauchfellentzündung. Der Briefton klang verzweifelt; sie schrieb, es ginge ihr sehr schlecht, sie habe noch immer große Schmerzen, und Scott gehe seiner Wege und kümmere sich nicht groß um sie. Im Krankenhaus habe er sie nur ein einziges Mal besucht; sie hatte geglaubt, er sei tot, und sie habe ihm gesagt, sie sei fertig mit ihm, als er sie endlich besuchte und lange wie zur Abbitte vor ihrem Bett niederkniete – zerzaust, ungepflegt und nach Alkohol riechend. Als er gegangen war, habe sie aufgehört, ihn zu hassen und Mitleid mit ihm verspürt. Letzten Endes laufe es immer wieder darauf hinaus, dass sie Mitleid für ihn empfinde. Jetzt aber sei sie nicht einmal dazu fähig, so furchtbar matt sei sie, und Scotties Kindermädchen müsse jetzt zwei Kinder versorgen, denn so fühle sie sich: wie ein krankes Kind.

»Sara«, schrieb Zelda, »ich wäre jetzt gern zu Hause, in Mamas Obhut, zumindest solange ich so sehr krank bin. Es wäre schön, jetzt in meinem kleinen Mädchenzimmer zu liegen, Mama brächte mir in der bauchigen kleinen Kanne den Tee ans Bett und trocknete meine nasse Stirn. Ich habe immer wieder etwas Fieber. Rom war also kein Erfolg für uns, auch wenn Scott die Korrekturen am ›Großen Gatsby‹ fast beendet hat. Rom hat auch unserer Ehe kein Glück gebracht. Es fing an mit Scotts Begeisterung für Carmel Myers (ich verließ die Weihnachtsparty, zu der uns die Filmgesellschaft eingeladen hatte, weil er heftig mit ihr flirtete) und endete damit, dass ich Scott mit Hilfe des amerikanischen Konsulats und einer Kaution von einhundert Dollar aus dem Gefängnis holen musste, weil er einen Taxifahrer und einen Polizisten zusammengeschlagen hatte. Am Tag darauf musste ich mit wahnsinnigen Schmerzen und starken Blutungen ins Krankenhaus.

Den ganzen Dezember hat Scott mir immer wieder vorgehalten, dass ich ihn wegen Edouard verlassen wollte. Er scheint nicht darüber hinwegzukommen, obwohl ich mich letzten Endes für ihn entschieden habe. Aber er läuft Carmel Myers nach und sagt, sie sei das hübscheste Ding, das er je getroffen habe (was ist mit mir?), und ebenso nett wie schön.

Sowie es mir besser geht, wollen wir nach Capri aufbrechen. Rom ist noch immer nasskalt und sonnenlos, und ich hoffe, in der Wärme des Südens gesund zu werden.«

Ich sagte mir, dass Zelda dieses zweite Kind mit Scott nicht hatte haben sollen. Es war besser so für sie. Sie war jung und kräftig und würde mit der Zeit genesen. Ich war froh, als nach Wochen eine Ansichtskarte aus Capri eintraf, auf der Zelda mitteilte, dass es etwas besser gehe und sie angefangen habe, Kunstunterricht zu nehmen bei Malern, die Scott und sie auf Capri getroffen hatten. An den Kartenrand hatte Zelda ein PS gesetzt: Scotts neuer Roman solle am 10. April erscheinen, und er bekämpfe seine Angst, das Buch könne durchfallen, mit derart viel Alkohol, dass er gestern nicht mehr gewusst habe, wo er sei. Ich dachte noch einmal: Gut, dass es mit einem zweiten Kind nicht geklappt hatte. Und wenn Zelda klug war, würde sie es bei Scottie belassen. Mit Scott sollte man besser nicht zwei Kinder haben.

Zelda kränkelte noch über ein Jahr, die Eierstockentzündung flammte immer wieder auf. Im Mai schrieb sie mir aus Paris mutlose Briefe, in denen sie klagte, dass sie krank im Bett liege, während Scott ständig unterwegs sei und mit Hemingway und all den Amerikanern, von denen die Stadt übervoll sei, in Bars herumsitze und trinke. Oft käme er erst im Morgengrauen volltrunken nach Hause. Einmal, sie lag noch wach, habe der Lärm sie ans Fenster gezogen und sie hörte, wie Scott sich in seiner Trunkenheit hartnäckig weigerte, hinaufzugehen und die drei Männer flehentlich bat, ihn wieder mitzunehmen. Schließlich hatten die drei Scott regelrecht in den fünften Stock hinaufgeschleppt.

»Ich weiß, dass er völlig betrunken war und nicht mehr wusste, was er tat«, schrieb Zelda, »aber es war so demütigend für mich. Ich weiß, dass ich Scott nicht anschreien sollte, wenn er in diesem Zustand nach Hause kommt. Aber ich kann einfach nicht anders. Schlimm ist auch, dass ich oft keinen Schlaf finde, den ich so dringend brauche, um gesund zu werden. Aber wie soll ich schlafen, wenn Scott nachts nicht zu Hause ist – ich mache mir Sorgen um ihn und frage mich, ob er wieder im Gefängnis sitzt oder vielleicht in die Seine gefallen ist. Ich habe angefangen, Luminal zu nehmen, um schlafen zu können. Der Doktor sagt, ich solle es nicht so oft nehmen, und ich merke auch, dass es mir nicht gut tut. Man schläft ein, als fiele man in Ohnmacht, und am nächsten Tag sieht man die Welt noch lange wie durch einen Nebel.

Scotts ›Gatsby‹ verkauft sich nicht allzu gut. Die Kritiker loben seinen neuen Roman sehr, aber was nützt das, wenn das Geld, das er einbringt, gerade ausreicht, um den Vorschuss an Scribner's zurückzuzahlen. Und so tut Scott, was er immer tut, wenn er enttäuscht ist – er trinkt.«

Immerhin, schrieb Zelda, gäbe es seit gestern einen Lichtblick in der ganzen Misere. Ein Bühnenautor habe sein Interesse an den dramaturgischen Rechten zu »Der große Gatsby« bekundet. Und dass sie im Moment nur zwei Wünsche habe: wieder gesund zu werden – und dass Scott die dramaturgischen Rechte würde verkaufen können.

Es gab nichts, was ich ihr lieber wünschte.

Bis zum Sommer hörte ich nichts von Zelda. Ich dachte hin und wieder flüchtig an sie, doch ich hatte genug mit mir selbst zu tun. Meine Ehe war zur qualvollen Hölle geworden; ich durchlitt schreckliche Wochen, bis ich nach Sellers bekannt gewordener Gesetzesübertretung endlich meine Koffer packen und zu meinen Eltern zurückkehren konnte. Als ich Sellers' Villa verließ, gab mir das Dienstmädchen verschämt lächelnd zum Abschied die Post. Ich riss sie ihr förmlich aus der Hand – das Bewusstsein, es würden die letzten Briefe sein, die mich in diesem Hause erreichten, machte mich unendlich froh. Ich eilte die Stufen hinab zum Taxi, das unten auf mich wartete, die Koffer hatte der Chauffeur bereits verstaut, und warf im Gehen einen Blick auf die beiden Briefe und eine Ansichtskarte. Sie war von Zelda. Im Laufen überflog ich die Karte, froh darüber zu lesen, dass es Zelda wieder gut ging und sich alle samt Scotties neuer Nanny im Hôtel du Cap in Antibes erholten. Am Privatstrand der Murphys, mit denen sie seit über einem Jahr befreundet waren, habe sie Picassos Frau Olga

Koklova kennengelernt, einst zweite Ballerina bei den Ballets Russes in Paris. »Ich werde unbedingt wieder Ballettunterricht aufnehmen, sobald wir im September nach Paris zurückkehren«, schrieb Zelda. Das Wort »unbedingt« hatte sie doppelt unterstrichen. »Weißt Du noch, wie der Montgomery Advertiser der Meinung war, ich könne eine zweite Pawlowa werden? Es ist noch nicht zu spät. Ich bin erst 25.«

Sehr gut, Zelda, dachte ich befreit, als ich ins Taxi stieg. Wir waren den Illusionen der Liebe aufgesessen, aber jetzt befanden wir uns auf dem richtigen Weg.

Ich sollte mehr Glück haben als Zelda. Meine Familie stand hinter mir; ich war kinderlos aus der Ehe gegangen, und ich war nicht künstlerisch begabt. Meine Passion war das journalistische Schreiben. Nach der Trennung von Sellers setzte ich im Frühjahr 1926 nach Europa über, um an der Pariser Sorbonne zu studieren. Ich war einundzwanzig, ehrgeizig und fest entschlossen, mich nie wieder von einem Mann abhängig zu machen.

Von Zelda hatte ich das letzte Mal zum Jahreswechsel gehört. Ihren Wünschen für das neue Jahr hatte sie ein Foto beigelegt, das sie und ihre Familie unter dem Weihnachtsbaum zeigte. Sie machten den Eindruck einer glücklichen kleinen Familie, fröhlich in die Kamera lächelnd, an den Händen gefasst, in tänzerischer Pose ein jeder das rechte Bein leicht nach vorn gestreckt. Der große Weihnachtsbaum war reich geschmückt, darunter lagen viele Geschenke. Scottie trug ein helles kurzes Kleidchen und dunkle Lackschuhe, eine Schleife zierte ihr Haar. Ein Foto zum Herzerwärmen, und niemand, der die Fitzgeralds nicht näher kannte, wäre auf die Idee gekommen, die Familie sei nicht intakt. Dennoch freute mich das Foto. Ich wollte, dass Zelda glücklich war, und an diesem Weihnachtsabend schien sie es gewesen zu sein.

Doch bald gab es auch wieder Grund zur Besorgnis. Ihre Eierstockentzündung sei nach Weihnachten wieder aufgeflammt und der Doktor habe ihr eine Kur in Salies-de-Béarn in den französischen Pyrenäen verordnet, schrieb Zelda. In den nächsten Tagen würde die ganze Familie dorthin aufbrechen, und ich solle ihr die Daumen drücken, dass die Kur endlich helfen und das missliche letzte Jahr beenden würde. »Ich will tanzen, Sara«, schrieb Zelda, »und dazu muss ich richtig gesund werden. Scott geht wieder seiner Wege, er sitzt fast jeden Abend mit Hemingway in den Bars von Montparnasse. Der Mann ist durch und durch falsch – pumpt Scott ständig an, obwohl seine Frau ein gesichertes kleines Einkommen hat, das für Miete und Essen reicht. Er übertreibt mit seiner Armut, um Mitleid und somit Geld zu erheischen. Mir hat er sehr aufdringlich den Hof gemacht, ich ließ ihn natürlich abblitzen und jetzt hasst er mich. Ich kann ihn ebenfalls nicht mehr ausstehen (anfangs fand ich ihn noch nett und habe ihn und seine Frau Hadley sogar mit einem selbst zubereiteten Truthahn bewirtet). Scott will den Roman, an dem Hemingway gerade schreibt, seinem Verlag Scribner's empfehlen, obwohl er noch keine Zeile davon gelesen hat. (Er war von ›Die Sturmfluten des Frühlings‹ so begeistert, dass er meint, Ernests neuer Roman müsse genauso gut sein. Ich fand Hemingways Satire sehr gemein, denn er macht darin seinen literarischen Förderer Anderson lächerlich. Aber es passt zu Hemingway.) Mit seinem eigenen Roman, den er seit Mai letzten Jahres plant, kommt Scott nicht voran. Er will über das Leben der Expatriierten in Paris schreiben, aber vor lauter Bars und Ernest-Abenden geht es nicht voran. Zumindest einen Titel hat er schon: ›The World's Fair‹.

Scott lässt mich also viel allein und es gibt ständig Streit darüber. Hadley hat mir gesagt, dass er tief in der Nacht angetrunken bei ihnen klingelt. Sie lassen ihn aber nicht herauf, weil er – einmal bei ihnen – nicht wieder gehen will. Hadley ist sehr verärgert, weil Scott mit seiner ausdauernden Klingelei ihren Schlaf stört und das Baby weckt. Sie ist froh, dass wir jetzt für ein paar Wochen Paris verlassen – und ich nicht minder. In Salies-de-Béarn haben wir nur uns. Es wird uns gut tun.« Hoffentlich, dachte ich, und legte Zeldas Brief zu all den anderen.

Scott stand wie immer unter Alkohol. Es war später Juninachmittag; ich saß in geselliger Runde mit René Herrera, dem Sohn des spanischen Botschafters in den Vereinigten Staaten, in der Damenbar des Pariser Ritz. Wir nippten an unseren Cocktails, als die große Flügeltür sich öffnete und Scott zwei grotesk geschminkte Westport-Mädchen und ein halbes Dutzend Princeton-Jungs in die Bar führte. Als er mich entdeckte, grinste er koboldhaft herüber, unschlüssig, ob er seine Anhängerschar für einen Moment stehen lassen sollte, um mich zu begrüßen. Die Entscheidung schien zu fallen, als er Michael Arlen neben mir sitzen sah, jenen Autor, der soeben literarische Furore mit seinem Roman »Der grüne Hut« gemacht hatte. Es war ein Bestseller, der sich weitaus besser verkaufte als »Der große Gatsby«. Scott ließ seine Truppe stehen und kam auf uns zu, erfreut, Arlens Bekanntschaft zu machen, dem er euphorisch zu seinem Erfolg gratulierte. Arlen lobte höflich Scotts »Gatsby«, und die Unterhaltung wäre in diesem freundlichen Ton fortgeschritten, hätte Scott nicht begonnen, enthusiastisch Hemingways »In unserer Zeit« zu loben. Arlen, ein Pariser Salonlöwe mit exzellenten Manieren, schloss sich zu Scotts Verdruss freundlich, aber bestimmt Scotts Heldenverehrung nicht an. Daraufhin begann Scott, Arlen mit Beschimpfungen zu attackieren: Er sei nur ein Schreiber zweiter Klasse und neidisch auf den zukünftigen First-Class-Schreiber Hemingway. René, ganz Diplomatensohn, versuchte, die Situation zu entspannen, indem er mir vorschlug zu gehen, doch Scott bestand laut und unnachgiebig darauf, ich sollte mit ihm kommen und Zelda besuchen, die nach einer Blinddarmoperation, wie Scott es euphemistisch umschrieb, in Neuilly im Amerikanischen Krankenhaus lag. Es würde sie aufmuntern, jemanden von zu Hause zu sehen. Er wurde immer lauter, ich fürchtete eine unangenehme Szene und verabschiedete mich lieber von meinen Freunden. Wenn Scott unter Alkohol stand, gab es nur zwei Möglichkeiten: entweder man fügte sich oder man ging ihm aus dem Weg. In meiner kurzen Ehe mit Sellers hatte ich zur Genüge gelernt, wie man sich Alkoholikern gegenüber zu verhalten hat. Zum Gehen war es jetzt zu spät. Ich erhob mich und folgte Scott, der tänzelnd hinüber zu seiner Truppe voranging, die inzwischen an einem großen Tisch Platz genommen hatte und bereits an ihren Hors d'œuvres saßen. Die beiden Mädchen warfen mir kritische, die Jungs neugierig interessierte Blicke zu, als Scott mich ihnen vorstellte. Dann forderte er sie auf, schnell die Hors d'œuvres zu verspeisen, er wolle alle in das Le Vert Galant zum Essen einladen, ehe er mit mir Zelda im Krankenhaus besuche.

Scotts Anhängerschar stimmte widerspruchslos zu, und nachdem Scott ihren Imbiss bezahlt hatte, brachen wir auf. Im Gehen wandte ich mich noch einmal um, meinen Freunden ein entschuldigendes Lächeln zuwerfend; sie registrierten es teils mitleidig, teils mit gespieltem Desinteresse. Zweifellos waren sie froh, Scott losgeworden zu sein.

Ich hatte gedacht, wir würden sofort zum Le Vert Galant gehen, doch Scott war wie immer für eine Überraschung gut. Unterwegs fiel ihm ein, er müsse unbedingt in Harry's New York Bar vorbeischauen, um einen der Auslandskorrespondenten zu sprechen, die dort herumzuhängen pflegten. Doch Scott warf nur einen kurzen Blick in die rauchgeschwängerte Bar und machte dann auf dem Absatz wieder kehrt.

»Was ist?«, fragte ich erstaunt.

»Hab es mir anders überlegt«, grinste Scott. Da ging mir auf, dass er in Wahrheit wohl sehen wollte, ob Hemingway, der zum Stierkampf nach Pamplona gefahren war, wie Scott erzählt hatte, schon zurück in Paris war. Ich selbst hatte gelegentlich Hemingway in Harry's New York Bar sitzen sehen.

Vor der Bar war kein Taxi zu entdecken; wir standen noch eine Weile herum, dann beschloss Scott, einen Fiaker aufzutreiben. Eine halbe Stunde später kam er zurück – auf dem Kutscherbock eines Leichenwagens, in der Hand eine Flasche billigen Brandy, neben sich unverkennbar zwei Edelhuren, die offensichtlich vom Begräbnis übrig geblieben und nun in Partystimmung waren. Wir protestierten entsetzt, doch das nützte bei Scott nichts – er schob uns geradezu den Leichenwagen hinauf. Es war ein offener französischer Wagen, mit schwarzen Federbüschen und düsteren Verkleidungen aus geschnitztem Ebenholz an den Seiten. Scott kletterte als letzter hinauf und wies den Kutscher an, zuerst zur Rue de Tilsitt zu fahren.

»Scott, warum das in aller Welt?«, fragte ich ihn.

»Ich muss ein paar Bücher holen, die ich Zelda versprochen habe.« Und so stieg die ganze Gesellschaft samt der Edelhuren im Eckhaus an der Rue de Tilsitt / Avenue de Wagram die Treppen zur Wohnung der Fitzgeralds hinauf, die hoch oben im fünften Stock lag. Der Gestank der schmutzigen Kneipe im Erdgeschoss durchzog das ganze Treppenhaus. Im Durcheinander seiner unaufgeräumten Wohnung suchte Scott nach den Büchern, die er Zelda ins Krankenhaus bringen wollte. Inzwischen war er betrunken – die Flasche Brandy hatte er so gut wie allein geleert – und begann einen Streit mit den beiden Huren, die er jetzt bei ihren Namen nannte (ich hatte ohnehin vermutet, dass er sie nicht zum ersten Mal sah). Die Edelhuren maulten, Bücher suchen sei keine Party und rauschten beleidigt davon, ihre Absätze hallten mit empörtem Nachdruck im Treppenhaus nach; die Westport-Mädchen folgten gleich darauf. Ich blieb mit den Princeton-Burschen zurück, die Scott irgendwann zurück zum Leichenwagen steuerten, in der Hoffnung, im Le Vert Galant dem Hors d'œuvre das versprochene Hauptgericht folgen zu lassen. Jetzt stritt Scott mit ihnen herum, er müsse zuvor Zelda die Bücher bringen. »Scott«, protestierte ich, »schau auf die Uhr! Es ist zu spät, wir können Zelda um diese Zeit nicht mehr im Krankenhaus besuchen, sie wird schon schlafen. Wir können sie nicht wecken, es würde sie nur aufregen.«

Scotts Alkoholatem schlug mir entgegen, als er nach Gegenargumenten suchte. Schließlich brach er ab und sagte mit leicht holpriger Zunge: »Vielleicht hast du recht. Ich werde Zelda sagen, dass du uns in Juan-les-Pins besuchen wirst, sobald wir dort sind.« Ich atmete auf. Bei Scott wusste man nie; er brachte es fertig und zog einen mit Gewalt auf den Leichenwagen. Doch zu meiner Überraschung war es nicht Scott, der mich energisch zurück auf die Kutsche hob, als wir wieder auf der Rue de Tilsitt standen; die Princeton-Burschen riefen etwas von Hunger und Le Vert Galant und hievten erst mich und dann Scott auf den Wagen. Inzwischen war es kurz vor Mitternacht – zu spät, um noch im Le Vert Galant speisen zu können. »Scott!«, rief ich, »lass mich an der Avenue Hoche raus, ich möchte nach Hause!«

Scott tat, als hätte er nicht gehört. »Scott!« rief ich noch einmal und schaute in Richtung Kutscherbock, wo er neben dem Kutscher saß. Da sah ich, wie er mit seinem Spazierstock den alten Kutscher in die Seite piekte und hörte ihn gleich darauf ein lautes »*Plus vite, plus vite, du Hurensohn!*« rufen.

»Mais où? Mais où?« fragte der Kutscher erstaunt, während der Leichenwagen die Champs-Élysées in atemberaubenden Tempo hinabschlingerte.

»Mais où, mais où, du Hurensohn«, äffte Scott ihn nach. »Wo es was zu essen gibt, du Idiot! In die Halles, aber dalli!«

Les Halles war ein Markt hinter dem Louvre, dessen kleine Bistros die ganze Nacht für alle Marktleute und Gemüsehändler geöffnet hatten. Das Essen dort war gut und billig, besonders auch Weißwein und Calvados, weshalb die Bistros von Les Halles nicht nur von Marktleuten, sondern auch von vielen Expatriierten gern frequentiert wurden.

Die Aussicht auf eine köstliche Zwiebelsuppe stimmte die Princeton-Burschen fröhlich, sie begannen lauthals ein freches Lied zu singen, bis Scott sie unterbrach und einen sentimentalen Singsang anstimmte: *»Die Würmer krauchen herein, heraus, und: sie krauchen über Kinn und Mund.«* Im Takt dazu schwang er seinen Spazierstock, sein grauer eleganter Hut saß ihm schief auf dem Kopf. Es war die groteskeste Szene, die ich je in meinem Leben erlebt habe.

In der Markthalle angekommen, bestellte Scott für uns alle dunkle, schwere Zwiebelsuppe, mit weltmännischer Geste, als befänden wir uns im Ritz oder im Le Vert Galant. Doch ehe er auch nur einen Löffel davon hatte nehmen können, war er eingeschlafen. Seine Freunde zogen ihn zurück zum Leichenwagen, aßen ihre Suppe auf und brachten mich in einem Taxi nach Hause.

Arme Zelda, dachte ich, als ich endlich in meinem Bett lag. Dann schlief ich erschöpft ein.

Der Sommer lag heiß über Paris, als ich Mitte August die Stadt in Richtung Côte d'Azur verließ. Ich freute mich auf zwei Ferienwochen in Antibes; im Hôtel du Cap hatte ich ein Zimmer reservieren lassen, mein Bruder würde aus den Staaten kommen, um mich zu sehen, und ich würde Zelda treffen, die sich seit März mit Mann und Tochter in Juan-les-Pins aufhielt und nur zur Operation, von der ich noch immer nichts Genaues wusste, nach Paris gegangen war, was mir jene unvergesslich irre Nacht mit Scott und seiner Anhängerschar beschert hatte.

Ich freute mich auch darauf, Zelda zu sehen, mit ihr am Strand im weichen, weißen Sand, unter einem azurblauen Himmel zu liegen. Zeldas goldbraune Haut würde wieder in der Sonne glänzen und ihr Haar in strenger Nässe ihr schönes Gesicht umrahmen. Wir würden wieder zusammen lachen – wenn auch nicht so unbeschwert wie einst als junge Mädchen. Das Leben hatte angefangen, uns seine Lektionen zu erteilen – dennoch würde Platz für ein Lachen bleiben, dachte ich. Sonst wäre das Leben sinnlos.

Natürlich kam wieder alles anders als erhofft. Als die beiden mich vom Hôtel du Cap abholten, um mit mir nach Juan-les-Pins zu fahren, lag die übliche Spannung zwischen Zelda und Scott. Noch im Auto kam es zum Streit; Zelda erzählte, dass Hemingway in Juan-les-Pins die kleinere Villa neben der ihren gemietet hatte, wo jetzt Hadley allein mit ihrem Sohn saß, da Hemingway Hadley verlassen und mit seiner Geliebten Pauline nach Paris gegangen war, in eine Wohnung, die die Murphys den beiden zur Verfügung gestellt hatten. Pauline sei Sara Murphys beste Freundin, plauderte Zelda drauflos, und da sie Hemingways »Sturmfluten des Frühlings« enthusiastisch rezensiert habe, sei es nur eine Frage der Zeit gewesen, dass Pauline seine Geliebte würde, nachdem er sie bei einer Party der Murphys kennengelernt hatte. Scott unterbrach Zelda unwirsch und brachte das Gespräch auf Hemingways neuen Roman, den dieser in Manuskriptform nach Juan-les-Pins mitgebracht und den Fitzgeralds zu lesen gegeben hatte.

»Worum geht es in dem Roman?«, fragte ich.

Zelda wandte sich mir zu und verzog das Gesicht »*Um Stierkampf, Stierkotze und Stierscheiße.*«

»Zelda!« Scott nahm für einen kurzen Augenblick eine Hand vom Lenkrad, um Zelda in die Schulter zu boxen. »*Nimm nicht solche Wörter in den Mund!*«

»*Warum nicht? Wenn du lauter obszöne Wörter an Häuserwänden entlang schreiben kannst?!*«, sagte Zelda gelassen.

Später erzählte sie mir, was vorgefallen war. Scott, seine Saufkumpane Charlie MacArthur und Ben Finney hatten einen Film gedreht – »Allein der Titel«, verdrehte Zelda die Augen, »›Der Liebesbetrug oder eine einfache Geschichte von Inzest‹«, – die obszönen Untertitel mit Kreide an die Hauswand von Grace Moores Villa geschrieben und das Ganze dann gefilmt. Ich schüttelte resigniert den Kopf, wie ich auch bei ihren Streitereien über Hemingway den Kopf geschüttelt hatte. Ein gemeiner Kerl sei er, schimpfte Zelda, ein gemeiner Kerl, der sie verleumde und im gleichen Atemzug Geld von Scott borge. »Er ist ein falscher Hund, und du weißt es«, empörte sich Zelda.

»*Sag, was du willst, aber lass Ernest aus dem Spiel*«, sagte Scott wütend.

»*Ich mache, was ich will*«, gab Zelda scharf zurück.

Ich war froh, als Scotts Renault endlich vor ihrer Mietvilla hielt und wir unbeschadet ausstiegen. Die Villa St. Louis lag inmitten einer Idylle von Orangen- und Zitronenbäumen; pinkfarbener Oleander, purpurrote Clematis und dunkelrote Drillingsblumen blühten in verzaubernder Fülle im Garten vor dem Haus. Dahinter führte ein gewundener schmaler Sandweg hinab zu den jadegrünen Untiefen des Golfes von Juan, wie ich entdeckte, als wir auf die Terrasse hinaustraten. Unter einem Sonnenschirm saß ein kleines Mädchen mit einer älteren Frau. Als es uns erblickte , sprang es auf und lief seinem Vater entgegen, der es in die Höhe hob und herumwirbelte, bis Zelda mahnend einschritt, Scottie würde schwindlig werden.

Es war das erste Mal, dass ich Zeldas und Scotts Tochter sah; bisher kannte ich sie nur von Fotos, die Zelda mir geschickt hatte. Die Kleine war jetzt fast fünf – so alt wie ich, als ich Zelda das erste Mal begegnet war. Sie war blond wie Zelda, hatte die eisblauen Augen ihres Vaters und ein rundes Kindergesicht. »Rund wie ein Vollmond«, sagte Zelda liebevoll, während Scottie mich schüchtern musterte. Die Hausangestellte brachte Limonade, sie war süß, wie ich zu meiner Befriedigung feststellte, und ich dachte an meine erste Begegnung mit Zelda in ihrem Elternhaus.

Scottie fasste Zutrauen, nachdem ich sie in eine kleine Unterhaltung verwickelt hatte, nahm mich bei der Hand und führte mich zum Steingarten der Villa. »Das hat Mami für mich gemacht«, sagte die Kleine und wies mit der Hand auf eine Vielzahl kleiner Figuren in einem

Schloss aus Pappmaché. Da gab es Ritter mit Schwertern, eine Prinzessin mit langem blonden Haar, die sich aus dem Schlossturm lehnte, eine böse dreinschauende Hexe, sogar einen Burggraben entdeckte ich, auf dem kleine Spielzeugenten schwammen. Zelda musste Tage gebraucht haben, um all diese Figuren zu gestalten und Kleider für sie zu nähen.

»Wir geben morgen eine Kinderparty«, sagte Zelda, während ich die kleine Zauberwelt bewunderte. »Die Kinder dürfen damit spielen.«

Scottie nickte mit ernstem Stolz, bis Zelda sich zu ihr hinabbeugte und ihre Tochter kurz auf den Arm nahm. Da sah ich Zelda zum ersten Mal wieder lachen.

Ich lernte Sara Murphy an ihrem Privatstrand Plage de la Garoupe am Cap d'Antibes kennen. Zelda und Scott hatten mich eines Nachmittags auf Einladung der Murphys dorthin mitgenommen; die Murphys liebten es, viele Leute um sich zu versammeln – auf Partys in ihrem Pariser Haus, auf ihren Vernissagen, am Strand de la Garoupe. Je mehr, desto lustiger, wie sie zu sagen pflegten. An jenem Nachmittag lagen wir zu acht im Schatten der bunt gestreiften großen Sonnenschirme, die Gerald, Saras Mann, aufgestellt hatte. Alle Gäste außer mir waren Künstler, auch Sara und Gerald, die dank großer Vermögen unbeschwert ihre künstlerischen Interessen ausleben konnten. Mit den Murphys befreundet zu sein, war das Nonplusultra eines jeden arrivierten Pariser Künstlers. Picasso gehörte zu ihrem Freundeskreis, auch Miró, Léger und Braque, der Komponist Strawinsky und Sergej Djagilew, Impressario der Ballets Russes in Paris, für den Sara Bühnenbilder angefertigt hatte. Dos Passos war der ihm suspekt dünkenden jovialen Art der Murphys vorsichtig begegnet, wie ich von Zelda erfuhr; dafür hatte Hemingway – wie üblich – Geralds und Saras Generosität ausgiebig in Anspruch genommen. Und ich hatte für einen Nachmittag ebenfalls nichts dagegen. Der Himmel lag in einem wundervoll durchscheinendem zarten Blau über mir, der Sand war fein und nahezu weiß, das Mittelmeer breitete sich weit vor uns aus. Sara reichte Cocktails, die ein Angestellter soeben frisch zubereitet an den Strand gebracht hatte; die Gespräche drehten sich um Kubismus und Hemingways neuesten Roman. Hin und wieder wurden wir von einem der drei Murphy-Kinder unterbrochen. Dann nahm Sara sich einen Moment Zeit, ehe sie Honoria, Baoth oder Patrick wieder zu deren Nanny schickte. In meiner Erinnerung habe ich den Nachmittag sehr genossen – bis zu dem Moment, da Sara mich bat, mit ihr am Wasser entlangzuspazieren.

Vom Ufer aus sah ich Zelda mit Scottie im Wasser herumtollen, Scott war für eine Weile ohne ein Wort spurlos verschwunden. Ich setzte meinen Sonnenhut auf und willigte ein. Sara ging voran und bestimmte die Richtung. Eine Weile gingen wir schweigend nebeneinander her, dann setzte Sara unvermittelt an: »Sara«, sagte sie und lachte ein wenig darüber, dass ich den gleichen Namen trug, ehe sie wieder ernst wurde. »Wir machen uns Sorgen. Um Scott, vor allem aber auch um Zelda. Wir mögen die beiden sehr, obwohl ich zugeben muss, dass Scott allein nicht zu ertragen wäre. Tatsächlich ist es Zelda, wenn ich ehrlich sein soll, die wir vorziehen.«

Ich nickte stumm.

»Wir machen uns also Sorgen um die beiden. Diesen Sommer sind schreckliche Dinge passiert. Scott flirtet auf Teufel komm raus mit allen Frauen, die ihm gefallen – er hat es auch bei mir versucht, aber das nur nebenbei –, und dann macht Zelda vor lauter Eifersucht verrückte Dinge. Sie hat sich eine steinerne Treppe hinabgestürzt, als Scott sich in einem Restaurant vor Isadora Duncan kniete und sie ihm mit der Hand durchs Haar fuhr. Diese aufgetakelte Schachtel macht auf jugendlich, aber sie ist über fünfzehn Jahre älter als Scott.«

Wieder nickte ich zustimmend.

»Scott macht ebenso verrückte Dinge. Wir wissen, dass er betrunken ist, wenn sie passieren, doch es ändert nichts an der Tatsache, dass sie geschehen. Alles begann Anfang Juni, nachdem Scott erstmals Ernests Manuskript ›Fiesta‹ gelesen hatte. Der Roman wird demnächst in Scotts Verlag erscheinen, Scott hat Ernest dort lanciert. Sein eigener Roman über die Expatriierten in Paris dagegen kommt nicht voran, wie Zelda sagt. Wir halten Ernest für einen sehr guten Autor und gaben ihm zu Ehren eine Begrüßungsparty im Casino von Juan-les-Pins. Scott, der immer im Mittelpunkt stehen will, benahm sich unmöglich, denn es war Ernest, dem diesmal die Aufmerksamkeit galt. Alle waren gekommen, um ihn kennenzulernen. Das hat Scott nicht gepasst. Er beleidigte die Gäste, kritisierte lauthals den Champagner und den Kaviar und warf Aschenbecher von Tisch zu Tisch. Als niemand darauf reagierte, steckte er der Prinzessin de Poix eine Feige in den Rückenausschnitt ihres Abendkleides. Sie verzog keine Miene und setzte ihre

Unterhaltung fort. Scott griff nach einer neuen Feige, und als einer unserer Gäste ihn aufforderte, sich zu benehmen, versetzte Scott ihm einen Kinnhaken und schmetterte anschließend meine wertvollste Vase zu Boden. Zelda stand wütend auf, um zu gehen. Gerald und einige unserer Gäste warfen Scott schließlich mit Gewalt hinaus. Er bekam drei Wochen Hausverbot für unsere Villa.«

Wir gingen durch das seichte Uferwasser, das sanft unsere Füße umspülte, und plötzlich schien mir der Himmel nicht mehr von federleichtem Blau. Die Kinder tobten im Wasser, aus der Ferne drang Zeldas Lachen an mein Ohr.

»Und jetzt kommt das Schrecklichste«, sagte Sara und holte tief Luft. »Scott scheint völlig durchgedreht zu sein, denn er hat versucht, Hemingway und sich umzubringen. Archibald Mac Leish hätte es als Unbeteiligten auch getroffen. Wir haben die Szene vom Strand aus beobachtet, es war grauenvoll. Scott stand vor unserer Villa oberhalb des Strandes und hörte nicht auf zu winken und nach Ernest und Archibald zu rufen, bis die beiden schließlich nachgaben und zu ihm hinaufgingen, ohne zu wissen, was er wollte. Wir sahen, wie die zwei in Scotts kleinen Renault stiegen, Scott fuhr die Straße zu unserer Villa hinauf und begann plötzlich, auf dem schmalen runden Kiesweg zu wenden, was sehr gefährlich aussah. Dann fuhr er in wahnsinnigem Tempo auf die Felsklippen dort oben zu.« Sara wies mit der Hand nach oben zur Villa America, die sich stolz wie ein Schloss über dem Plage de la Garoupe erhob. »Kurz vor dem Abgrund kam der Renault zum Stehen, wir sahen

Scott herausspringen, Archibald und Ernest folgten ihm langsam, und dann hüpfte Scott wie Rumpelstilzchen um die beiden herum, ein irres, unkontrolliertes Lachen ausstoßend. Archibald sagte mir später, er hätte geglaubt, sein letztes Stündlein habe geschlagen. Scott hatte erst im allerletzten Moment scharf auf die Bremse getreten. Und als Scott wie ein Irrer um ihn und den kreidebleichen Ernest herumsprang, nicht aufhörte zu lachen und zu rufen: ›Ihr habt Angst gehabt, ihr habt Angst gehabt!‹, da habe er sich zum ersten Mal gefragt, ob Scott noch richtig im Kopf sei.«

»Hat Zelda es auch gesehen?«

»Ja. Und sie schimpfte fürchterlich mit Scott, als er wieder unten am Strand war. Ernest, noch immer weiß wie die Wand, nahm bald darauf seine Sachen und ging. Kurz zuvor hatte er noch zu Zelda gesagt, sie sei verrückt, weil sie behauptet hatte, Al Jolson sei wie Jesus. Dabei hat sie recht. Al Jolson hat auf seine Gage für den Film ›Der Jazzsänger‹ verzichtet, weil Warner Brothers vor dem finanziellen Ruin stand. Jetzt kann Ernest sich fragen, wer von den beiden hier wirklich verrückt ist. Scott hat noch mehr angestellt – so etwas spricht sich herum am Cap d'Antibes. Mit ein paar Saufkumpanen hat er zwei Kellner eines Cafés gekidnappt, beide zusammengefesselt, zu einer Klippe gezerrt und gedroht, sie hinabzustoßen. Einmal hat Zelda beherzt die Situation gerettet, als Scott mit seinen Kumpanen einen Barkeeper auf zwei Stühlen ausgestreckt, gefesselt und gedroht hatten, ihn in der Mitte durchzusägen. Zelda sagte, es wären nur zerbrochene Untertassen, Bleistiftreste und zerrissene Speisekarten darin, da gaben sie Ruhe.«

»Das klingt verrückt, aber wenn es hilft. Zelda ist eine kluge und vernünftige Frau«, erwiderte ich.

»Ja und nein. Eines Nachts am Strand hat sie Scott zum Wettspringen ins Meer aufgefordert, von den höchsten Felsklippen, was nicht ungefährlich ist. Ich habe gesehen, wie Scott buchstäblich zitterte vor Angst, aber er nahm die Herausforderung an und sprang. Wir haben den Atem angehalten.« Sara schüttelte, noch immer entsetzt, den Kopf. »Ein anderes Mal haben Zelda die vielen Toasts, die auf der Terrasse des Eden Rock Hotels für die Ehrengäste ausgesprochen wurden, wohl so gelangweilt, dass sie plötzlich aufstand und sprach: ›*Ich bin tief beeindruckt von all den freundlichen Worten, aber was sind Worte? Niemand hat unseren Helden bisher Geschenke angeboten. Ich fange an.*‹ Dann zog sie hurtig unter dem Rock ihren schwarzen Spitzenslip aus und warf ihn zwei Männern zu, die sich um Zeldas Slip balgten. Der Sieger sprang voll bekleidet vom Felsen unterhalb der Terrasse ins Meer, wobei er triumphierend Zeldas Spitzenslip schwenkte; der Verlierer im Zweikampf versuchte seinen Gegner zu übertreffen, zog sich splitternackt aus und sprang hinterher. Anschließend ging er, ein fetter kleiner Buddha, nur einen Strohhut auf dem Kopf und eine Zigarette im Mund, vollkommen nackt zur Rezeption, ließ sich den Zimmerschlüssel aushändigen und lief würdevoll wie nur irgendeine Amtsperson durch die Hotellobby zum Fahrstuhl.«

»O je«, entfuhr es mir, wobei ich nicht wusste, ob es sich auf Zelda oder jenen Verlierer beziehen sollte. »Trotzdem«, sagte ich schließlich nach einer Weile, »ich glaube fest, dass Zelda die Vernünftigere von beiden ist.

Die Geschichte mit dem Slip hat sie sich bei Tallulah abgeschaut, die das auf ihren wilden Partys zu tun pflegt. Scott fand das toll. Er findet auch Tallulah toll.«

»Ach so«, sagte Sara und wiegte leicht den Kopf. Nach einer Weile fuhr sie fort: »Natürlich ist Zelda die Vernünftigere von beiden. Sie hat auch verstanden, dass es so nicht weitergehen kann. Sie nimmt Ballettstunden in der Schweiz, um den Unterricht fortzusetzen, den sie im Winter in Paris begonnen hat. Zwei Stunden Fahrt hin, sieben Stunden Training, zwei Stunden zurück. Zelda ist sehr ehrgeizig, sie will unbedingt zu den Ballets Russes. Irgendwie wird sie ihr eigenes Geld verdienen müssen. Einmal habe ich beobachtet, wie Scott nachts ihre Koffer vor die Tür gestellt hat. Darauf saß Zelda stundenlang, bis Scott sie wieder hineinließ.«

»Sie hätten sie zu sich holen müssen«, murmelte ich.

»O nein. Zelda ist sehr stolz. Das hätte sie weit mehr gedemütigt, als Scott sie mit dem Rauswurf gedemütigt hat. Sie spricht nie über ihre unglückliche Ehe.«

»Mit mir spricht sie darüber. Und mit ihrer Schwester Rosalind«, erwiderte ich.

»Das habe ich vermutet. Sie sind ihre beste Freundin, noch aus Kindertagen, und Sie haben eine Scheidung geschafft, wie Zelda mir erzählt hat. Reden Sie mit ihr. Sie sollte sich von Scott trennen, ehe es zu spät ist.«

»Ich weiß. Aber wo soll sie hin mit ihrer kleinen Tochter, ohne Geld und ohne Wohnung?«

»Zurück nach Montgomery. Zu ihren Eltern.«

»Das hat Zelda schon einmal versucht, kein Jahr nach der Hochzeit«, sagte ich mutlos. »Sie haben sie weggeschickt oder Scott hat sie geholt. Alles blieb, wie es war.«

Zelda war aus dem Wasser gekommen, hatte die noch immer prustende Scottie mit einem Küsschen der Gouvernante übergeben und sich neben mich unter einen der Sonnenschirme gesetzt, wo ich abseits der anderen in einem Buch las. Ich legte das Buch beiseite und sah Zelda an, während sie sorgfältig ihr dichtes Haar kämmte. Ihre Züge waren noch immer von klassischer Schönheit, doch ihre wunderbaren Augen funkelten nicht mehr vor Lebensfreude. In Momenten, da sie sich unbeobachtet glaubte, kaute sie auf ihrer Unterlippe und knetete nervös die Hände. Das war nicht mehr die fröhliche und entspannte Zelda, von der ich zwei Jahre zuvor, kurz vor ihrer Überfahrt nach Europa, in New York Abschied genommen hatte.

»Zelda«, sagte ich leise. »Wir müssen reden. Ich sehe doch, was los ist. Es ist nicht besser geworden mit Scott.«

»Nein.« Zelda kaute heftig auf ihrer Unterlippe, als wäre die ein Kaugummi.

»Ich nehme jetzt Ballettstunden in der Schweiz, Sara. Ich will unbedingt Primaballerina bei den Ballets Russes werden. Nicht mal im Sommer gönne ich mir eine Pause. Ich muss mein eigenes Geld verdienen. Irgendwann werde ich Scott verlassen müssen.«

Ich nickte. »Was war im Krankenhaus von Neuilly, Zelda?«

Zelda fuhr langsam mit dem Zeigefinger durch den Sand. »Genau das, was du denkst. Ein Schwangerschaftsabbruch.«

»Gut«, sagte ich und blätterte wieder in meinem Buch. Ein Schatten fiel plötzlich auf die Seiten, ich sah auf. Scott stand vor uns. Über der Badehose lag sein rundlich gewordener Bauch. Er war braungebrannt, hatte jedoch seine jugendliche Reklamefrische verloren. Sein Atem roch nach Gin, als er sich zu uns herabbeugte.

»Na, ihr Mädels, kommt ihr mit ins Wasser?«

Zelda schüttelte den Kopf. »Ich war schon schwimmen, Scott.«

Scott insistierte hartnäckig, doch Zelda gab nicht nach. Schließlich trollte er sich beleidigt davon. Seine Badehose akzentuierte den langen Oberkörper, die kurzen Beine und den beginnenden Bauchansatz. Zelda holte tief Luft. »Noch mal gutgegangen. Wenn er getrunken hat und man tut nicht, was er will, kann er sehr ungemütlich werden. Offensichtlich war er am Auto, um einen Schluck aus der Flasche zu nehmen. *Schon zwei Drinks versetzen ihn in einen absolut manischen Zustand*«, sagte Zelda sichtlich verängstigt. »*Dann will er sich mit jedem schlagen, sogar mit mir. Er wird sich noch zu Tode trinken.*«

»Ja, er begeht Selbstmord auf Raten«, stimmte ich zu. Ehrlich gesagt, hatte ich Scott noch nie völlig nüchtern gesehen. Zelda sah Scott, der jetzt bis zum Knie im Wasser stand, mit einer Mischung aus Mitleid und Verachtung hinterher. »Ich wünschte, ich wäre katholisch und könnte ihm die Absolution erteilen.«

Scott schien es sich anders überlegt zu haben und trottete langsam aus dem Wasser zurück. Er warf sich neben uns in den Sand. Unter dem Stimulus des Gins kehrte etwas von seiner früheren Fröhlichkeit zurück und er erzählte uns mit theatralischen Gesten den neuesten Klatsch über New Yorker Celebrities. Hin und wieder trommelte er dabei mit seinen nikotingelben Fingern nervös auf dem Deckel meines Buches herum. Nach einer Weile ließ die Wirkung des Gins nach und er begann, an Zelda herumzunörgeln.

»Zelda ist so krankhaft eifersüchtig. *Sie denkt, ich bin in jede Frau verliebt, für die ich einen Cocktail mixe.* Aber sie flirtet ganz offen mit George Jean Nathan oder mit Edouard Jozan oder mit wem auch immer. Und für mich soll es der Kick sein, sie dabei zu beobachten.«

Scott, dachte ich, selbst wenn sie flirtet, ich weiß, weshalb sie das tut. Hör auf zu flirten und Affären zu haben, dann hört Zelda auf, sich zu rächen.

Aber hatte sie das nicht bereits? Eine Frau, die sich vor Eifersucht die Treppe hinabstürzt, sucht keine Rache, sondern Selbstzerstörung.

Als ich die beiden am nächsten Vormittag verließ, stritten sie wieder um Scotts Affären. Zelda zählte mir auf, mit wem Scott alles eine Affäre hatte. Scott wies ihre Anschuldigungen jedes Mal lautstark zurück und bezichtigte Zelda der neurotischen Eifersucht.

Ich konnte es nicht mehr ertragen und ließ mir ein Taxi kommen, das mich von der lauten Villa St. Louis zurück in mein ruhiges Hotelzimmer am Cap d'Antibes brachte. Schließlich wollte ich mich erholen.

Bis zum Frühjahr nächsten Jahres sollte ich nichts mehr von den beiden hören. Ich hatte mit meinem eigenen Leben zu tun; neben dem Studium an der Universität Chicago hatte ich angefangen, für verschiedene Zeitungen zu schreiben. Es machte mir große Freude, und ich war sicher: Dies würde mein Beruf werden. Und nie wieder ein Mann in meinem Leben, auch das stand für mich fest. Zelda meldete sich nicht. Nicht einmal zu Weihnachten. Ich nahm an, sie war verärgert über mich, weil ich Hals über Kopf aus der Villa St. Louis geflohen war.

Im Frühjahr 1927 wechselte ich an das Goucher College Baltimore, einer privaten Studieneinrichtung. Es blieb genügend Zeit, um meine alte Freundin Sara Haardt aus Montgomery zu treffen. Sara war gerade aus Hollywood zurückgekehrt, wo sie eine Zeitlang als Drehbuchautorin gearbeitet hatte, und war jetzt, nach einigem Hin und Her, wieder mit Mencken zusammen. Ich verbrachte einen Abend mit den beiden. Sara bewirtete mich fürstlich und unterhielt mich mit ihrem unnachahmlich trockenen Humor mit den neuesten Hollywood-Klatschgeschichten. Die verrücktesten – wer hätte es anders erwartet – gab es über die Fitzgeralds. Im Dezember hatten Scott und Zelda Europa verlassen, um Weihnachten in Montgomery zu verbringen und schließlich in den ersten Januartagen nach Hollywood zu gehen. Scott hatte von United Artists das Angebot bekommen, ein Drehbuch für eine Flapper-Komödie mit Constance Talmadge zu schreiben. Sie brachten Scottie und deren Nanny zu Scotts Eltern, die jetzt in Washington lebten. Dann brachen Zelda und Scott hoffnungsvoll nach Kalifornien auf. Natürlich ging es schief. Auf Partys fiel Scott unangenehm auf, vor allem, als er wertvolle Ringe, Armbänder und Uhren der Gäste unter dem Vorwand einsammelte, sie für ein Spiel zu benötigen, und den Schmuck anschließend in der Küche in einer Tomatensuppe kochte. Ende Februar verkrachte er sich mit Constance Talmadge, was wesentlich dazu beitrug, dass sein Drehbuch abgelehnt wurde. Ehe die Fitzgeralds ihr prachtvolles Appartement im Ambassador Hotel verließen, räumte Scott alle Möbel, die er nur schieben konnte, auf den Etagenkorridor und legte seine unbezahlten Rechnungen obenauf.

»Ich habe selbst erlebt, wie er auf einer Party die Gastgeberin beleidigt hat«, sagte Sara Haardt. »Als sie ihn hinauswerfen wollte, legte er sich trotzig wie ein Kind auf den Fußboden, mit dem Gesicht nach unten.«

»Oh, mein Gott«, machte Mencken.

»Nun ja, er war mal wieder betrunken. Wenn Scott nüchtern ist, ist er ein sehr netter, sensibler Mensch. Er trinkt, weil er soziale Minderwertigkeitskomplexe hat, es ist eine Art Schutzmechanismus bei ihm. Das habe ich auch einem Drehbuchautor gesagt, der Scott hart kritisiert hat. Er meinte darauf: ›*Aber Scott ist nie nüchtern.* Und er ist ein großer Snob, der nur nach den Reichen schaut. *Vielleicht ist er sogar ein so guter Autor, wie er behauptet, aber das gibt ihm nicht das Recht, arrogant und grob zu anderen Leuten zu sein.* Er ist ein Hundesohn.‹«

Mencken lachte. »Vor allem ist er meschugge. Wer nach Hollywood geht, ist schon per se meschugge.«

Auf diese Bemerkung hin entbrannte ein Streit zwischen Sara und Mencken, ich verabschiedete mich bald, und im Gehen sagte ich mir einmal mehr: kein Mann, kein Streit.

Nur ein paar Tage später sollte ich Zelda treffen. Mencken hatte mir gesagt, dass er mit den Fitzgeralds verabredet war, die auf ihrem Weg nach Washington in Baltimore Station machen würden. Mencken war Herausgeber des Mercury, und Scott wollte ihm Hemingway empfehlen. Sara gab mir die Adresse des Hotels, in dem

Zelda und Scott wohnen würden. Ich musste Zelda wiedersehen; all die Monate hatte ich gedacht, sie wäre mir böse, weil ich Hals über Kopf vor ihren lautstarken Streitereien davongelaufen war, ohne Partei für sie zu ergreifen. Doch nach Saras Bericht fragte ich mich, ob Zelda nicht einfach nur zu überfordert war von ihrem Leben mit Scott, um sich nach meinem Befinden zu erkundigen.

So oder so, eine musste den Anfang machen, und das würde ich sein. Ich ging zum genannten Hotel und hinterließ an der Rezeption eine Nachricht für Zelda.

Wir trafen uns im besten Café Baltimores. Zelda umarmte mich herzlich, als wäre nichts vorgefallen, als lägen nicht all die Monate des Schweigens zwischen uns. Sie war blass und hatte dunkle Ringe unter ihren Augen. Sie nahm meinen prüfenden Blick wahr und sagte seufzend: »Ach, Sara, Kleine, schau nicht so vernichtend. Ich weiß, ich sehe nicht besonders attraktiv aus. Aber wenn du wüsstest, was für grässliche zwei Monate hinter mir liegen.«

»Und da heißt es immer, Hollywood wäre traumhaft.«

»Auf eine Weise ist es das auch. Am Anfang zumindest. Es ist warm, die Landschaft wunderschön, und wir haben im größten und schönsten Hotel gewohnt, das ich je gesehen habe. Aber dann merkt man bald, dass dies nur die schöne Oberfläche ist und man selbst ein Dekorationsobjekt darin. Ich war sehr viel allein in Hollywood, Sara. Ich bekam zwar Einladungen, aber die musste ich ausschlagen – Scott hat mir nicht erlaubt, mit irgendjemandem auszugehen. Nicht einmal mit Carl van Vechten und seiner Frau. Er hat all meine Abendkleider, die ich selbst entworfen hatte, in der Badewanne verbrannt, damit ich nicht ausgehen konnte. Ich gebe zu, er war betrunken, als er das tat.« Zelda seufzte gequält. »Ich ging viel schwimmen, nahm Black-Bottom-Stunden, und manchmal gingen wir auf Partys, auf denen Scott sich so danebenbenahm, dass uns schließlich niemand mehr einlud. Scottie hat mir schrecklich gefehlt. Ich habe ihr fast täglich geschrieben, mit selbstgemalten Bildchen dazu, aber unser kleines Vollmondgesicht hat mir in der ganzen Zeit nur zweimal geantwortet. Das hat mich traurig gemacht. Ich habe in Hollywood oft von ihr geträumt.«

»Ja«, sagte ich und nickte.

»Ich habe genug vom Herumzigeunern, Sara. Ich möchte schrecklich gern ein Haus kaufen für uns drei, ein Haus, in dem wir uns niederlassen können. Ich sehne mich so sehr nach einem Haus, in dem Scottie ihr eigenes Zimmer hat. Ein kleines japanisches, weißt du, mit pinkfarbenen Kirschblüten auf der Tapete.«

Eine Weile schwiegen wir und rührten in unserem Tee. Dann sagte Zelda unvermittelt: »Scott war ständig hinter der Schauspielerin Lois Moran her. Und sie hinter ihm. Gestern habe ich Scott eine Riesenszene gemacht.« Zelda holte tief Luft. »Sie hat Scott ein Briefchen geschrieben, nur an ihn adressiert. Ich habe es trotzdem aufgemacht. Wäre ja noch schöner! Und weißt du, was sie schrieb? ›Scott, Liebling, ich vermisse dich enorm. Das Leben hier ohne dich ist schrecklich langweilig.‹«

»Ach, Scott und seine Affären«, sagte ich. »Ohne Alkohol und Affären scheint er nicht leben zu können.«

Zelda geriet in Fahrt. »Und sie ist noch ein Kind, gerade mal achtzehn. Freilich eines, das genau weiß, was es will. Zum Beispiel Scott als Partner in ihrem neuen Film. Scott war begeistert. Leider fiel er bei Probeaufnahmen für diese Rolle durch. Und jetzt pass auf.« Zelda stellte die Teetasse ab und begann sich in Rage zu reden. »Das Famous Players Studio hat sein Angebot erneuert, Scott und ich sollten die Rosalind und den Amory aus seinem Roman ›Diesseits vom Paradies‹ spielen. Ich war Feuer und Flamme – und Scott hat zum zweiten Mal das Angebot ausgeschlagen. Angeblich schadet es seinem Ruf als Autor und seiner literarischen Reputation. Dabei ist er nach Hollywood gegangen, weil er fürchtet, nicht mehr schreiben zu können. Sein neuer Roman kommt kein bisschen voran, und von irgendwas müssen wir ja leben. Aber mit Lois Moran in einem Film mitzuspielen, das hätte seiner Reputation nicht geschadet!« Zelda war wütend. Eine dicke Zornesfalte stand auf ihrer Stirn.

»Wie gemein von Scott. Du wärest eine wunderbare Rosalind gewesen.«

»Und was für eine. Vor allem eine mit viel Make-up«, gab Zelda mit bitterem Lächeln zurück. »Vielleicht war das der Grund, dass ich keine Filmrolle in Hollywood bekommen konnte. Ich habe Probeaufnahmen dort gemacht, in der Hoffnung auf eine Solokarriere. Es hat nicht geklappt. Danach habe ich mich sehr dumm und talentlos gefühlt.«

»Aber Zelda.« Instinktiv griff ich nach ihrer Hand. »Das ist doch Unsinn. Du kannst so viel. Tanzen und malen und schreiben. Und wenn du ausgeschlafen bist, bist du auch wieder hübsch.«

»Weißt du, was ich mir bei unserer Abreise aus Hollywood geschworen habe?«

»Nein?« Fragend hob ich die Brauen.

»Nie wieder ein Kino oder irgendwelche Schauspieler zu besuchen.«

Soviel ich weiß, hat Zelda dies – bis auf ein einziges Mal – eingehalten.

Scott hatte ein Haus gefunden. Es war riesig, mit dreißig Zimmern, aber natürlich gab es kein kleines japanisches Zimmer für Scottie darin, mit Kirschblüten auf der Tapete. Auch ein Arbeitszimmer für Zelda gab es nicht, die wieder angefangen hatte, Artikel für Zeitschriften zu verfassen. Zelda beschrieb mir das Haus in einem langen Brief, den sie mir im Spätherbst sandte.

»Ich mag das Haus nicht, es ist viel zu groß, besonders für ein Kind. Scottie erzählt überall, ihre Eltern seien sehr reich; abends, wenn sie in ihrem Bettchen liegt und ich ihr einen Gutenachtkuss gebe, kreisen ihre Gedanken darum, wie reich andere Leute sind oder ob sie reicher sind als wir. Sie versteht noch nicht, dass wir das Haus nur gemietet haben, vorerst für zwei Jahre, und dass die Miete recht preiswert ist, wahrscheinlich, weil niemand sonst das Riesenhaus wollte. Ellerslie ist ein Landhaus im neogriechischen Stil des neunzehnten Jahrhunderts, mit vier großen dorischen Säulen im Portikus; es liegt so abgeschieden bei Wilmington am Ufer des Delaware, dass Scotts Lektor Perkins – er hat uns das Haus empfohlen – wohl glaubte, hier gäbe es keinerlei Ablenkungen für Scott, so dass endlich der Roman fertig würde, für den Scribner's bereits einige Vorschüsse gezahlt und den er Perkins zum Sommer versprochen hatte. Perkins hat sich geirrt. Was fertig ist, ist der Titel.

Scotts neuer Roman soll nicht mehr ›The World's Fair‹ heißen, sondern ›The Boy Who Killed his Mother‹ Ich habe Scott gesagt: ›Dieser Titel geht nicht – was soll deine Mutter denken.‹ Er hat recht, wenn er sagt, sie sei schrecklich – aber das rechtfertigt nicht diesen Titel.

Was Scott geschrieben hat, ist eine Story für die ›Post‹. Dreimal darfst du raten – die Geschichte mit dem zweideutigen Titel ›Jacob's Ladder‹ handelt von Lois Moran. In seiner Story ist sie eine sechzehnjährige Verkäuferin, die ein kultivierter Mittdreißiger zum Filmstar und zu seiner Geliebten macht und die ihn, auf dem Höhepunkt ihres Ruhms, verlässt. Die alte Pygmalion-Geschichte. (Tatsächlich hat er ihr eine Liste lesenswerter Autoren gegeben, wie die Moran in einem Interview bekannt hat. Und dass Scott einer ihrer Lieblingsautoren wäre ...) Scott behauptet, es wäre alles nur eine Wahnvorstellung, er hätte keine Affäre mit Lois. Aber auch das ist eine alte Geschichte: *Wenn ich etwas sehe, was ich deiner Meinung nach nicht sehen soll, ist das immer eine Wahnvorstellung.* Jedenfalls war ich im Juni fest entschlossen, Scott zu verlassen. Erinnerst du dich noch an die diamantenbesetzte Platinuhr, die Scott mir geschenkt hatte, als er um mich warb? In Hollywood war sie plötzlich verschwunden. Ich war traurig, nicht wegen des materiellen Wertes, so etwas lässt sich ersetzen. Die Uhr verkörperte für mich die Erinnerung an unsere gute Zeit, als wir noch unschuldig an die ewige Liebe glaubten und glücklich waren. Bei unserer Einweihungsparty im Mai tauchte die Uhr wieder auf – an der Hand von Lois Moran, die Scott eingeladen hatte. Ich war sofort sicher, dass es meine Uhr war, aber wie hätte ich das beweisen sollen? Scott ist klug genug, um die Gravur entfernen zu lassen. Ich hatte noch die Kraft, die Uhr zu bewundern – Lois sagte, sie sammle Armbanduhren, und diese sei ihre schönste –, doch nicht Kraft genug für den Skandal, den eine offene Anschuldigung Scotts vor allen Partygästen hervorgerufen hätte. Also schwieg ich und suchte Trost in der Flasche. Als die Party vorangeschritten war, kam es dann doch zum Skandal. Ich habe Scott und die Moran in einem der vielen Zimmer ertappt, in das sie sich zurückgezogen hatten. Sie küssten sich leidenschaftlich. Danach geriet die Situation außer Kontrolle, weil ich mich nicht mehr unter Kontrolle hatte. Die Gäste flüchteten bald nach meinem hysterischen Geschrei. Das war unsere Einweihungsparty. Ein Desaster.

Im Juni ging Scotts Techtelmechtel mit Lois Moran weiter, er fuhr ständig nach New York, um sie zu treffen. Ich war einsam und habe Richard Knight besucht, den ich auf unserer Einweihungsparty kennengelernt hatte. Richard ist kein schöner Mann, aber ich fand Trost bei ihm. Scott war außer sich vor Wut, als er einen Brief entdeckte, den Richard mir geschrieben hatte. (Um die Wahrheit zu sagen: den Brief entdeckte Scott nicht zufällig ... Du kennst mich ja). Er sagte, er würde Richard umbringen, sollte ich ihn noch einmal wiedersehen. Dann hörte Scott plötzlich auf, nach New York zu fahren, um Lois Moran zu treffen. Ich glaube nicht, dass er wegen mir auf sie verzichtet hat. Etwas muss zwischen den beiden geschehen sein, das Lois das Verhältnis zu Scott beenden ließ. Kluges Kind. Denn je länger man mit Scott zusammen ist, desto schwerer fällt die Trennung. Wenn er nicht betrunken ist, besitzt er Witz und Charme.

Ich wollte Scott ebenfalls nicht mehr. Wir hatten miteinander geschlafen, und er sagte mir, dabei habe er nur an Lois gedacht. Ich sagte ihm, dies sei das Ende und meinte es völlig ernst. Scott weinte fürchterlich und wollte mich nicht gehen lassen. Anfang Juli brachte er mir eine neue Platinuhr, zur Versöhnung. Danach habe ich angefangen, das Haus wohnlich zu machen. Es war nicht das Haus, das ich gewollt hatte, aber es war ein Heim – unser Heim. In all den Jahren des Herumzigeunerns hatte ich mich immer danach gesehnt. Ich habe die Gartenstühle mit französischen Landkarten bemalt, weiße Heckenrosen gepflanzt und gelbe Kletterrosen am Zaun gezogen. Die Wände in Scotties riesigem Zimmer habe ich mit Märchenszenen bemalt, ihr Bett mit roten und weißen Streifen, den Lampenschirm mit einem »Alice im Wunderland«-Motiv. Alles ist sehr schön geworden.

Außerdem habe ich begonnen, wieder Ballettunterricht zu nehmen. Dreimal die Woche fahre ich mit Scottie nach Philadelphia zum Opernballett, um Stunden bei der Direktorin Catherine Littlefield zu nehmen. Sie ist eine ehemalige Schülerin von Madame Ljubow Jegorowa, bei der ich bereits in Paris etwas Unterricht hatte. Scottie ist nicht so begeistert bei der Sache wie ich, hält bis jetzt aber tapfer durch in ihrem Kinderballett. Und ich muss eine Karriere als Primaballerina schaffen. Für mich selbst, aber auch, um es Scott zu zeigen. Er hat gesagt, Lois Moran sei eine Persönlichkeit, die etwas aus ihrem Talent gemacht habe, nachdem sie mit fünfzehn bereits Tänzerin an der Pariser Nationaloper war und in ›La galerie des monstres‹ mitgespielt hat. (Diesen Film haben wir in Paris gesehen!) Und ich hätte nichts aus meinem Talent gemacht ... Ich übe also sehr fleißig zu Hause, damit Scott sieht, dass es mir ernst ist. Neulich habe ich Biggs (Scotts Freund, den ich ohnehin verabscheue) und seine ihm frisch angetraute Frau brüskiert, als ich während ihres Besuches einfach weitertrainiert und mich nicht um sie gekümmert habe. Ich sah keinen Grund dafür. Ich käme zu nichts, würde ich mich nur um Scotts Gäste kümmern, die hier herumschwirren wie die Motten um das Licht. Ich kümmere mich um den Familienbesuch, den wir während des Sommers reichlich hatten, weil alle unser riesiges Haus sehen wollten, aber nicht um Scotts Gäste.

Letzte Woche habe ich in Philadelphia einen großen Spiegel gekauft, vor dem ich an der Ballettstange übe. Scott hat ihn ›Zeldas Bordellspiegel‹ genannt. Er regt sich über meine Ballettstunden auf; ich vermute, weil er sieht, dass es mich glücklich macht. Neben Scottie ist es das einzige Glück, das ich jetzt habe. Ich kümmere mich nicht mehr um die Führung dieses riesigen Haushalts hier; ohnehin hat Scott mir längst das Heft aus der Hand genommen und gibt die Anweisungen für Personal und Gouvernante. (Nanny hielt es nicht mehr aus bei uns und kündigte; jetzt haben wir Mademoiselle Delplangue, die wir alle drei nicht mögen – aber wer will schon zu uns.) Das Ergebnis ist, dass das Personal macht, was es will, weil es Scott nicht ernst nimmt. Jedenfalls holt Scott wie üblich Leute zu einer Party nach der anderen heran, auf der es nichts außer schwarz gebranntem Alkohol gibt. Die Gäste sind schließlich nach Wilmington gefahren, um sich ein Sandwich zu kaufen. Mein alter

Freund John Dos Passos hat sich bei mir beklagt, als er mir zufällig im Haus über den Weg lief. Es war mir egal. Ich brauche meine Kraft für die Ballettstunden; auch mit Kunstunterricht habe ich im September wieder angefangen. Es ist schrecklich, nach einem anstrengenden Tag nach Hause zu kommen und all diese angetrunkenen Leute vorzufinden, die Scott um sich schart, weil Ellerslie ihm zu einsam ist. Perkins tauchte hier im September auf, um Scott ins Gewissen zu reden (er wartet auf das versprochene Buch), und er hat Scott ermahnt, erstens auf nikotinfreie Zigaretten umzusteigen (er raucht schrecklich viel) und zweitens mit dem Trinken aufzuhören. Scott ging es ziemlich schlecht im September, er klagte über Herzbeschwerden und Schlafstörungen. Perkins war bei Scotts Anblick entsetzt; als wir einen Moment allein waren, sagte er, er fürchte, Scott stünde vor einem Nervenzusammenbruch. Mir ging es auch nicht gut. Es gab viel Streit, um alles und nichts, ein paar Wochen im Oktober war ich nur noch erschöpft, der Arzt musste kommen und mir Beruhigungsspritzen geben. Ich hatte mich fürchterlich über Scotts Trinkerei und sein Nichtstun aufgeregt, er schlug mir ins Gesicht, wonach ich sehr hysterisch wurde. Mein Luminalkonsum stieg wieder. Dann brach auch mein Ekzem im Gesicht wieder aus. Kurz, es war eine miserable Zeit. Jetzt geht es auf Weihnachten zu. Ich bastle seit Wochen an einem Puppenhaus für Scottie, das sie zu Weihnachten bekommen soll, auch das Inventar stelle ich selbst her. Eine große Anzahl von Gouache-Puppen, in historischen Kostümen, die man wechseln kann, habe ich seit dem Sommer ebenfalls angefertigt. Ich hoffe, Scottie freut sich darüber. Es soll ein schönes Weihnachten werden für sie. Was schwer genug werden wird. Scott und ich sind einander so fern wie nie. Es ist, als hätte allein ein seltsamer Zufall uns zusammen in dieses Riesenhaus hier gebracht. Gemeinsame Interessen gibt es nicht. Und für Scottie haben wir nicht mehr Bedeutung als der Weihnachtsmann, der nette Überraschungen bringt, oder als die Verwünschungen ihrer Gouvernante. Wir sind keine Konstante in ihrem Leben. Trotz aller Mühe, die ich mir gebe.

Dies also war ›unser‹ Jahr. Ich wünsche Dir, dass Deines ein besseres war. Deine Zelda.«

Ich war erschüttert über Zeldas Brief. Wegen der Schläge, wegen der Sache mit der Uhr, vor allem aber auch: Wie konnte Scott es wagen, Zeldas Ballettspiegel einen Bordellspiegel zu nennen?

Als Zelda sich im April 1934 nach ihrem zweiten Zusammenbruch in einer New Yorker Nervenklinik befand, erschien Scotts Roman »Zärtlich ist die Nacht«. Er hatte Zelda zur geisteskranken Nicole umgeformt und Lois Moran zu Rosemary Hoyt. Ich las Scotts Roman sofort nach seinem Erscheinen, fand ihn schlecht und unlogisch und typisch für Scott. Ein Satz darin entsetzte mich noch stärker als Zeldas Weihnachtsbrief aus Ellerslie sieben Jahre zuvor: *»Alle drei hatten das Zeug zu guten Kurtisanen ebenso wie zu guten Ehefrauen, wobei entscheidend nicht der Zufall ihrer Herkunft war, sondern der weit wichtigere Zufall, den richtigen Mann zu finden.«* Scotts Prosa war immer sehr persönlich, und Zelda hatte mir genug aus ihrer Ehe erzählt – mir, Rosalind und ihrer Ärztin Mildred Squires in der Phipps-Klinik. Genug, dass mir an dieser Stelle des Romans klar wurde: Hinter diesem Satz stand er selbst. Scott hatte mir immer leid getan, aber jetzt widerte er mich an.

Ein paar Wochen nach Zeldas Brief traf ich auf Rosalind. Es war Februar, der Tag nasskalt und regnerisch, als wir in New York zufällig aufeinander stießen. In solchen etwas surrealen Momenten wundert man sich, wie es möglich ist, dass in einer Millionenstadt ausgerechnet im gleichen Augenblick, an der gleichen Stelle, zwei Menschen aufeinander treffen, die beide in ein und derselben Stadt aufgewachsen sind. Und man ist in seiner Überraschung geneigt, dies für einen Wink des Schicksals zu halten. Rosalind stand also vor mir, sie lächelte erfreut und wir schüttelten einander lange die Hand. Rosalind war viele Jahre älter als ich, eine gepflegte, selbstbewusste Dame von Ende Dreißig; soweit man wusste, glücklich verheiratet. Ich war ihr nur ein paarmal begegnet, doch ich mochte Rosalind. Nicht allein deshalb, weil sie Zeldas Lieblingsschwester war. Man musste sie einfach mögen, in ihrer aufrichtigen, zupackenden Art. Rosalind war die Sorte Mensch, an der Anstürmende scheiterten und Gescheiterte ihren Rettungsanker fanden. An jenem Februarnachmittag in New York wurde mir das zum ersten Mal bewusst.

Wir hatten beide eine Stunde Zeit zur Verfügung, und so schlug Rosalind vor, in ein Café zu gehen. Ich ahnte, dass Zelda irgendetwas widerfahren war und Rosalind einen Menschen brauchte, dem sie ihr Herz ausschütten konnte. Rosalind war elf bei der Geburt ihrer jüngsten

Schwester; sie hing an Zelda wie Zelda an ihr, und sie trug schwer am Schicksal ihrer Schwester.

Dann saßen wir uns im Café gegenüber; nachdem wir unsere Bestellungen aufgegeben hatten, hörte Rosalind auf zu lächeln. »Sara«, sagte sie und zog ihre sorgfältig gezupften Brauen nach oben, so dass kleine Falten auf ihrer ebenmäßigen Stirn erschienen, »wir machen uns große Sorgen um Zelda. Ihre Ehe ist furchtbar. Doch mein Mann und ich sind machtlos. Von uns nimmt sie weder Rat noch Hilfe an. Aber vielleicht können Sie mit ihr reden.«

»Hat er sie wieder geschlagen?«

»Ja. Brutal ins Gesicht. Ihre Nase hat geblutet.«

Ich seufzte resigniert.

»Zelda hatte uns während Scotts Abwesenheit für ein paar Tage eingeladen. Sie wissen ja, mein Mann und ich sind nicht erpicht darauf, Scott zu sehen oder seine Gäste zu sein. Scott war gebeten worden, an seiner ehemaligen Universität vor den Mitgliedern des Cottage Clubs einen Vortrag zu halten. Mein Mann erfuhr von einem Bekannten, der zufällig dort anwesend war, dass Scott sich furchtbar blamiert hatte. Vor lauter Nervosität, vor den Professoren zu sprechen, die ihn einst geschasst hatten, trank er vor seiner Rede mehr, als ihm gut tat. Das Ergebnis war, dass er nur einige kurze nervöse Sätze zustande brachte und sich zur Verblüffung aller dann einfach hinsetzte. Ein Desaster. Jedenfalls kam er eher nach Hause als erwartet. Zelda saß mit uns bei etwas Champagner, wir plauderten angenehm, als Scott plötzlich betrunken und aggressiv den Salon betrat.«

Ich nickte.

»Scott sah die Champagnerflasche auf dem Couchtisch vor uns und beschuldigte Zelda, sie unerlaubt geöffnet zu haben und sich zu betrinken. Stellen Sie sich das vor, Sara!« Rosalinds sorgfältig ondulierte Locken wippten bei einer empörten Bewegung. »Wir waren Zeldas Gäste, wir tranken maßvoll etwas Champagner, und ein Betrunkener will uns das verbieten. Mein Mann wollte sofort aufbrechen und das ungastliche Haus verlassen, aber ich wollte Zelda nicht im Stich lassen. Scott war so betrunken, ich hatte Angst um sie. Dann ging alles so schnell, dass wir nicht einmal einschreiten konnten. Scott schrie Zelda an, sie solle sofort zu Bett gehen, weil sie betrunken sei – was nicht stimmte –, und Zelda schrie zurück, er sei nichts weiter als ein irischer Polizist, genau wie sein Vater. Scott holte aus und schlug Zelda ins Gesicht, ihre Nase blutete sofort heftig. Newman sprang auf und wollte Zelda zu Hilfe eilen, da ließ Scott von ihr ab, ging zum Kamin, nahm eine der wertvollen Vasen und warf sie in tausend Scherben auf den Marmorboden. Ich kümmerte mich um Zelda, nachdem Scott wie ein Irrer hinausgerannt war.«

Rosalind sah mich verzweifelt an. »Am nächsten Morgen, kurz vor unserer verfrühten Abfahrt, haben wir mit Zelda geredet. Sie muss sich scheiden lassen! Doch sie sagt, so wäre eben ihre Ehe. Wenn Scott nicht betrunken sei, wäre er ein lieber Kerl. Und er sei der Vater ihrer Tochter, die ihn über alles liebe. Überhaupt sei Scottie mehr seine Tochter als ihre, weil er größeren Einfluss auf das Kind habe als sie.« »Ich verstehe«, sagte ich. »Genau das ist Zeldas Problem. Sie liebt Scottie, und bei einer Scheidung würde sie ihre Tochter verlieren. Gegen ihren

Mann hat Zelda keine Chance, er würde Scottie niemals herausgeben. Und Scottie ist noch zu klein, um sich für ein Elternteil zu entscheiden. Sie ist doch erst sechs. Es ist eine schlimme Situation.«

»Ja«, seufzte Rosalind. »Aber wenn Zelda dabei draufgeht, dann hat sie nur eine Wahl: auf Scottie zu verzichten. Es gibt Personal und Gouvernanten, die sich um sie kümmern.«

»Mrs. Smith«, sagte ich, »könnten Sie auf eines Ihrer Kinder verzichten?«

Rosalind schüttelte langsam den Kopf.

Ende August 1928 war ich wieder in Paris. Ich hatte meinen Abschluss am Goucher College gemacht und begann, für verschiedene französische und amerikanische Zeitungen als Korrespondentin zu arbeiten. Ich mietete ein Zimmer in einem kleinen plüschigen Hotel und war glücklich, wieder in Paris zu sein. Zelda hatte mich eingeladen, sie in ihrer möblierten Wohnung in der Rue de Vaugirard zu besuchen, am besten in Scotts Abwesenheit, für einen Frauennachmittag, wie sie am Telefon sagte. Und dass es keine großen Schwierigkeiten machen würde, einen solchen Nachmittag zu finden, da Scott ohnehin kaum zu Hause sei. Nachmittags pflege er entweder im Sportsaal um die Ecke bei irgendwelchen dubiosen Leuten Boxunterricht zu nehmen oder in Bars mit fremden Menschen zu trinken, die er einfach anspreche und zu einem Drink einlade. In diesem Moment klang Zeldas Stimme traurig und ironisch zugleich.

Ich klingelte freudig, nachdem ich die fünf Treppen zu ihrer Wohnung emporgestiegen war. Es war Hochsommer, als wir uns das letzte Mal gesehen hatten – erst wenig Zeit war seitdem vergangen, doch ich sah Zelda immer gern. Im Café Les Deux Magots hatten wir über Sellers gesprochen, und Zelda hatte sich fast betrunken in der Erinnerung an ihn und das, was er ihr angetan hatte. Jetzt war es Anfang September, die Hitze lastete nicht mehr schwer über der Stadt – nur das Treppenhaus atmete noch die Schwüle des Sommers.

Zelda öffnete selbst, und ich erschrak bei ihrem Anblick. Sie war sehr blass, unter ihren Augen lagen noch dunklere Ringe als bei unserem letzten Treffen. Die Wangenknochen traten scharf hervor, so dass ihr einst so schönes Gesicht fast hager wirkte. In den letzten Wochen schien sie noch dünner geworden zu sein. Sie lächelte verlegen.

»Zelda«, sagte ich und schloss sie kurz in die Arme. »Was ist passiert?«

»Ich habe kaum geschlafen heute Nacht. Scotts Brieftasche ist gestern in einem Nachtclub gestohlen worden. Zumindest behauptet er das.« Sie hakte mich unter und zog mich schnell in ein düsteres Wohnzimmer.

»Es war sehr viel Geld darin. Wir sind jetzt fast blank. Die Geschichten, die er für die ›Post‹ schreibt, werden sehr gut bezahlt, aber da Scotts Agent das Geld bereits als Vorschuss leistet, hinkt Scott mit dem Schreiben stets hinterher. Der Vorschuss ist weg, ehe die Geschichte verkauft ist. Mit seinem Verleger Perkins macht er es nicht anders – achttausend Dollar Vorschuss für einen Roman, der seit drei Jahren nicht von der Stelle kommt. Perkins hält er mit einzelnen Kapiteln hin, die er ihm von Zeit zu Zeit schickt, mit großartigen Ausflüchten übrigens.

Ich weiß nicht, zum wievielten Mal er Perkins versprochen hat, den Roman bald zu beenden.«

Zelda hantierte mit einem kleinen Tablett, auf das sie eine Flasche Martini und Gläser stellte. Ich dachte an Rosalies Bericht über Scotts Verhalten bei ihrem Besuch in Ellerslie und lehnte dankend ab. Sollte Scott hier überraschend auftauchen – ich mochte keine Szene mit ihm. Man konnte nur verlieren. Ich bat um ein Glas Wasser, in der Hoffnung, Zelda würde allein nicht trinken wollen und den Martini wieder wegstellen. Sie tat es nicht. Den Martini stürzte sie hinunter, als sei sie am Verdursten.

»Wann geht ihr zurück nach Ellerslie?«, fragte ich, um Zelda auf andere Gedanken zu bringen.

»Anfang Oktober.«

»Hast du bei Madame Jegorowa seit dem Frühjahr Fortschritte gemacht? Du musst unglaublich viel trainiert haben, so dünn, wie du geworden bist. Oder hast du aufgehört zu essen?«

Zelda lachte, plötzlich aufgemuntert. »Oh, nein, ich esse alles, was ich kriegen kann. Aber es ist schnell wieder weg, wenn man acht bis zehn Stunden am Tag trainiert. Madame verlangt das. Sie nimmt nur die besten in ihre Ballettschule auf, weißt du. Sie will Djagilew nicht enttäuschen und ich will sie nicht enttäuschen. Sie hat mir versprochen, dass ich eine Rolle in Djagilews Ballets Russes bekomme, wenn ich die Beste bin. Ich will gut tanzen. Sie soll stolz auf mich sein.«

Mit ihrem typischen Galgenhumor wies Zelda auf ihren flachen Bauch. »Schau mal, *mein Bauch ist so flach, er kommt hinten bald wieder heraus.«*

Sie goss sich einen zweiten Martini ein. Dann begann sie nach und nach, von den letzten Monaten mit Scott zu erzählen. Ich lehnte mich im Sessel zurück und ließ sie erzählen, ohne zu unterbrechen.

Zelda sagte, sie wisse, dass Rosalind mir erzählt habe, was bei deren Besuch in Ellerslie vorgefallen sei. »Sara, Scott schlägt nur zu, wenn er betrunken ist. Meist kann ich ihm entkommen, aber an jenem Abend ging es zu schnell, und ich hätte auch nicht gedacht, dass er es wagen würde, mich vor meiner Schwester und meinem Schwager zu schlagen. Ich habe Rosalind gesagt, ich ließe mich nicht scheiden, es sei meine Angelegenheit. Ich empfand es in jenem Moment als Einmischung. Aber ich müsste lügen, wenn ich sagen würde, ich hätte noch nie an die Möglichkeit einer Scheidung gedacht. Nicht endgültig, es ist ein ständiges Auf und Ab. Manchmal keimt in mir die Hoffnung auf, wenn Scott nur weniger trinken oder ganz aufhören würde, dann könnte unsere Ehe wieder eine Ehe werden. Ich habe versucht, ihm zu helfen, weniger zu trinken. Es funktioniert nicht. Dann hasse ich ihn und könnte ihn umbringen. Und Scott hasst mich, wenn ich sage, er soll mit der Trinkerei aufhören. Dass keiner von uns beiden einen Mord wagt, liegt wohl nur daran, dass jeder von uns Angst vor dem Gefängnis hat. Also quälen wir uns weiter und bleiben zusammen. Wir haben ja auch Scottie, sie hängt sehr an ihrem Vater, obwohl sie ihn wenig sieht. Ich kann sie nicht Scott überlassen und den schrecklichen Gouvernanten, die Scott einstellt. Die Delplangue ist ein Plage und zu streng zu Scottie, am liebsten würde ich sie sofort entlassen, aber ich habe nichts zu entscheiden.

Willst du wirklich keinen Martini?«

Ich schüttelte erneut den Kopf.

»Diesen Sommer war Scott zweimal über Nacht zur Ausnüchterung im Gefängnis, irgendwas hatte er im Ritz angestellt. Er behauptet, er betreibe dort Quellenstudium für seinen Roman. ›The Drunkard's Holiday‹ soll er jetzt heißen.«

Zelda lachte bitter.

»Scott war buchstäblich den ganzen Sommer betrunken. Dann macht er verrückte Sachen, klettert auf die Balkonbrüstung und brüllt, er sei Voltaire, er sei Rousseau. Taxifahrer schleppen ihn nachts die fünf Treppen hier herauf, wenn er überhaupt nach Hause kommt. Mittags wacht er dann auf der Couch im Wohnzimmer im zerknitterten Anzug auf; weder die Köchin noch das Mädchen noch Mademoiselle Delplangue haben Respekt vor ihm. Die Schuld an allem gibt er mir – er würde so viel trinken, weil ich so viel tanze und abends zu müde bin, um mit ihm durch die Bars zu ziehen. Dort sitzt er mit fragwürdigen Leuten herum, die er kaum kennt. Er bringt betrunkene Studenten zum Essen nach Hause und wird wütend, wenn ich mich weigere, mich mit ihnen an den Tisch zu setzen. Er schenkt ihnen seine Krawatten und Taschentücher und wird zornig, wenn ich protestiere. Wir sprechen oft tagelang nicht miteinander, nicht einmal bei Tisch. Es sind schreckliche Mahlzeiten. Scott unterhält sich nur mit Scottie oder Mademoiselle. Ansonsten halten wir uns in getrennten Räumen auf, und wenn wir uns zufällig im Korridor begegnen, gehen wir umeinander herum wie ein paar steifbeinige Terrier, die Streit suchen. Alles, was ich habe, ist mein Tanz und

Madame. Das ist es, was mich am Leben hält. Ohne das Tanzen wäre ich tot.«

»Und ...« Ich zögerte, doch Zelda verstand meine unausgesprochene Frage.

»Nichts. Absolut nichts. Seit wir in Paris sind, haben wir nicht miteinander geschlafen. Er ist ständig betrunken, es ist scheußlich mit ihm im Bett. Man fühlt sich benutzt, wie eine Flasche Gin, die er hastig austrinkt und danach achtlos wegwirft. Und er verlangt widerliche Sachen.« Zelda schüttelte sich vor Ekel. »Ich habe Kondome in seiner Anzugtasche gefunden, wer weiß, wohin er geht. Angst vor Syphilis scheint er jedenfalls zu haben.«

»Macht es dich traurig?«

»Nein. Ja. Ach, ich weiß nicht. Ich glaube fast, es macht mich trauriger, Madame Jegorowa verlassen zu müssen. Sie ist ein so guter Mensch, ich verdanke ihr viel. Ich bringe ihr Blumen mit ins Studio, weiße Gardenien, weil sie einer Gardenie gleicht, so weiß und kühl. Weißt du, sie und ihr Mann haben alles verloren, als sie 1917 aus Russland flüchten mussten. Und jetzt arbeitet sie so hart, damit sie und der Graf Trubezkoi in Paris über die Runden kommen.«

»Zelda, du idealisierst sie. Sei nicht so naiv. Du arbeitest nicht minder hart, und für die Stunden bezahlst du sie.«

Zelda sah mich träumerisch an. »Sie wird mir fehlen. Ich habe sie wirklich lieb gewonnen. Ich werde in Philadelphia weiter trainieren, aber es wird nicht dasselbe sein.«

»Warum bleibt ihr nicht in Paris, wenn dir die Stunden bei ihr so viel bedeuten?«, fragte ich, obwohl ich die Antwort ahnte.

»Das hat Scott entschieden. Er sagt, am Zustand unserer Ehe sei ich schuld, weil ich nur noch für das Ballett lebe, woran wiederum Madame schuld sei. In Ellerslie gibt es keine Madame.«

Ich dachte an Zeldas Weihnachtsbrief vom Jahr zuvor, an ihre grenzenlose Einsamkeit in Ellerslie, an Scotts Schläge und ihre blutende Nase und sagte: »Aber was soll denn besser werden dort, solange er nicht zu trinken aufhört?«

»Alles ist so würdelos«, murmelte Zelda leise. Sie brach in Tränen aus, und ich hielt sie lange und still im Arm. Dann waren Schritte im Korridor zu hören. Scottie und Mademoiselle kamen vom Spaziergang zurück, und Zelda setzte eine lächelnde Maske auf.

Ellerslie, den 30. November 1928

Liebe Sara,
da wären wir also wieder in Ellerslie. Hier ist alles unverändert, das Haus steht einsam und malerisch zugleich am Fluss, der novembergrau fließt. Auch die Tage fließen novembergrau dahin. Ich ergebe mich jedoch nicht der Schwermut, sondern nutze sie zum Schreiben von Geschichten. Ich habe ein Angebot bekommen, sechs Geschichten über amerikanische Frauen von heute zu schreiben. Ich bin mit Enthusiasmus dabei und mit den ersten beiden Geschichten zufrieden. Sie werden gut bezahlt – was ich dringend nötig habe, denn damit komme ich für meine Ballettstunden in Philadelphia auf. Es ist mir zuwider, Scotts Geld dafür zu nehmen. Mein Bal-

lettlehrer ist Alexander Gawrilow, ein ehemaliger Tänzer in Djagilews Ensemble und jetzt Direktor des New Yorker Ballet Moderne. Auch den Kunstunterricht habe ich wieder aufgenommen. Du siehst, ich bin ziemlich produktiv.

Scott arbeitet nicht. Im Oktober hatte er Perkins versprochen, ihm jeden Monat zwei neue Kapitel zu schicken, damit der Roman wie versprochen zum Frühjahr fertig wird. Er hat ihm frech die beiden Anfangskapitel einer früheren Version geschickt, und Perkins hat kritisch mit einem Brief darauf reagiert. (Ich habe ein wenig nachgeschnüffelt ...) Er verbringt seine Zeit mit Philippe, einem früheren Boxer, den er aus Paris mitgebracht und als Chauffeur eingestellt hat. Mir gegenüber benimmt Philippe sich aufsässig und respektlos. Ich verabscheue ihn wirklich. Die beiden boxen zusammen (und wollen es selbst Scottie beibringen!), trinken fast jeden Abend in den Flüsterkneipen Wilmingtons und randalieren dann. Scott wurde ein paarmal von seinem Freund und Juristen John Biggs am Morgen nach der Sauftour aus dem Gefängnis rausgeholt; sein Zechkumpan Philippe hatte weniger Glück und musste tagelang im Gefängnis bleiben. Das sind erholsame Tage für mich. Ich schlafe dann besser, und in Philippes Abwesenheit schaffte es Scott sogar, eine sehr schöne Geschichte zu schreiben.

Anfang November waren Hemingway und seine zweite Frau hier, nach einem Rugbyspiel in Princeton, zu dem auch wir gefahren waren. Er und Scott haben in meinem und Paulines Beisein Späße über Pädophilie, Analerotik und weitere Perversionen gemacht, und Scott beleidigte unser schwarzes Mädchen mit sexuellen Anspielungen. Er war sehr betrunken und es war widerlich. Hemingway fing wieder an mit seinem Lieblingsspruch, ich sei verrückt und Scott solle mich in eine Anstalt stecken. Das ist wohl seine Art von Rache dafür, dass ich ihn abblitzen ließ, als er mir den Hof machte. Ich habe es Scott nie erzählt; er hätte mir nicht geglaubt und mich wieder für verrückt erklärt. Auf der Fahrt von Princeton nach Philadelphia jedenfalls war Scott der Verrückte – er rannte von Passagier zu Passagier und stellte ihnen, total Fremden, vulgäre Fragen. (»Schlafen Sie gern mit ihrer Frau? Mögen Frauen das beste Stück eines Mannes lieber groß oder klein?«). Ich rannte hinterher und sagte ihm, er solle sofort damit aufhören, als er in diesem Moment jemanden entdeckte, der in einem psychiatrischen Lehrbuch las. Scott stürzte zu Hemingway und rief: »Ernest, ich hab 'nen Irrenarzt für Zelda gefunden!« Du kannst Dir vorstellen, wie wütend mich das machte. Ich war froh, als die beiden abfuhren. Pauline war mitleidig freundlich zu mir, aber ihr Mann ist ein Ausbund an Widerwärtigkeit. (Wahrscheinlich denkt sie ebenso über Scott.) Dann pumpte er Scott auch noch um hundert Dollar an. (Natürlich gab Scott sie ihm.)

Du hattest recht, Sara – nichts hat sich geändert. Scott ist jedes Mal wütend, wenn ich zu den Proben für das Opernballett nach Philadelphia fahre. Meine Leidenschaft für das Ballett ist nicht Madames »Schuld«; ich will es so, denn ich habe in einer harten Lektion gelernt, dass man sich im Leben nur auf sich selbst verlassen darf. Und so arbeite und arbeite ich, um irgendwann auf eigenen Füßen zu stehen. Auf meinen Tanzfüßen. Nur gestern habe ich mir einen lustigen Abend mit den Mädels vom Ballett erlaubt. Wir gingen in ein italienisches Restaurant und ich kam beschwipst nach Ellerslie zurück. Ich hätte nicht gedacht, dass Scott zu Hause wäre, doch er war es – und furchtbar wütend darüber, dass ich einen lustigen Abend hatte und angeheitert war.

Im Frühjahr läuft unser Mietvertrag hier in Ellerslie aus. Ich möchte so gern nach Paris zurück. Ich vermisse Dich, Madame Jegorowa, die Delikatessen und den malvenfarbenen Frühlingshimmel von Paris. Alles Liebe, Deine Zelda.

In unseren Mädchentagen waren Zelda und ich zu dem Schluss gekommen, das Schönste im Leben müsse es sein, in einem langen Frühling in Paris verliebt zu sein. Wir waren damals noch nie in Paris gewesen, ja, nicht einmal aus Alabama herausgekommen, aber beides stellten wir uns himmlisch vor: Paris und die Liebe.

Jetzt waren wir in Paris. Es war Frühling. Und keine von uns war verliebt. Zelda lebte in einer höllischen Ehe, ich war geschieden, studierte an der Sorbonne und war auf dem Weg nach England, um dort an einem Kursus teilzunehmen. Am Abend, ehe ich nach London fahren sollte, ging ich ins Café Les Deux Magots, um mich von einigen Freunden zu verabschieden. In der hintersten Ecke des Cafés saß Zelda neben Scott, inmitten einer lärmenden Meute, und sie sah aus wie ein mitgenommener Fra Angelico-Engel. Still schaute sie vor sich; als sie mich entdeckte, gab ich ihr ein Zeichen, und sie erhob sich. Scott bemerkte es nicht einmal, er gestikulierte wild und schien der Mittelpunkt der Runde zu sein. So liebte er es.

Zelda umarmte mich freudig. »Wie schön, dich hier zu treffen. Ich langweile mich gerade zu Tode. Diese Leute sind so grässlich, sie haben ihren Intellekt in Alkohol konserviert; man muss sich selbst betrinken, um sie zu ertragen. Wir kommen gerade von einer furchtbaren Party und jetzt sind wir hier gelandet. Die Blonde dort« – Zelda wies mit einem Kopfnicken nach hinten – »nimmt Kokain, schläft mit Männern für Geld und mit Frauen aus Spaß. Die Männer sind alles Typen, die Scott in der Dingo Bar aufgelesen hat. Und sie reden nur über Sex, in allen möglichen und unmöglichen Variationen. *Schönes Leben – tagsüber im Café herumsitzen und die ganze Nacht bal musette. Ich denke ernsthaft darüber nach, in ein Kloster zu gehen. Oder ich werde eine Lady Lama. Aber da müsste ich mir eine Glatze scheren lassen, also kommt es doch nicht in Frage. Wie gefällt dir eigentlich meine neue Frisur?*«

Zelda machte eine Pause und fuhr mit den Fingern durch den Pony ihres Bobs. »Ich dachte, ich probiere mal etwas Neues.«

Ich nickte zustimmend. Die neue Frisur stand ihr gut. Ihr Gesicht war noch immer schmal, doch sie sah nicht mehr so erschöpft aus wie im September, als ich sie das letzte Mal in ihrer möblierten Wohnung in der Rue de Vaugirard gesehen hatte.

»Tanzt du wieder, Zelda?«

»Ja, natürlich. Hauptsächlich aus diesem Grund wollte ich zurück nach Paris. Scott wohl wegen Hemingway. Er glaubt noch immer, dieser falsche Hund sei sein Freund. Und ich nehme wieder Stunden bei Madame. Aber ich musste Scott versprechen, dass es nicht so viele am Tag sind wie letztes Jahr. Wir haben uns versöhnt, weißt du. Im Hotelbett in Genua, auf der Herfahrt.« Sie lächelte verschmitzt. »Und jetzt siehst du, was ich mit meiner freien Zeit anfange – ich folge Scott in die Gosse.« Zeldas Lächeln verzog sich zu einer ironischen Grimasse. »Er sagt, *die Welt ist eine Männerwelt, und eine kluge Frau hat ihrem Mann zu folgen.* Genau das tue ich gerade.«

Scott sah plötzlich interessiert zu uns herüber, er winkte enthusiastisch und kam dann, als wir seiner Aufforderung nicht folgten, zu uns herangetorkelt, eine Flasche Brandy in der Hand. Schließlich ließ er sich in einen Sessel fallen, der uns gegenüber stand.

»Hallo, kleine Sara«, sagte er mit überraschend klarer Stimme, die ich ihm bei der Torkelei nicht zugetraut hätte. »Was machst du denn hier?«

»Mit Zelda über Ernest und Madame reden«, erklärte ich kurz angebunden.

Ich hatte in ein Wespennest gestochen. Mit Angetrunkenen sollte man niemals über wesentliche Dinge reden.

»Ha!«, machte Scott. Er stierte mich aus geröteten Augen an. »Zelda kann Ernest nicht ausstehen. Und weißt du, warum?« Er machte eine wirkungsvolle Pause. *»Sie ist eifersüchtig auf ihn!«*

Zelda lachte. *»Auf den? Auf einen ungehobelten Abenteurer, Jäger, Sportler und Macho? Auf einen Schwulen mit Haar auf der Brust?«*

Scott lief dunkelrot an vor Wut. *»Zelda! Sag das nie wieder!«*

»Er ist es aber, und du weißt es«, wiederholte Zelda. *»Und wenn er über mich sagt, ich wäre verrückt, warum soll ich dann nicht sagen, was ich über ihn denke.«*

»Weil du verrückt bist, wenn du so etwas über ihn sagst. Außerdem ist es verleumderisch.«

»Weshalb hat er dann McAlmon nicht verklagt? Er hat damit angefangen, nicht ich.«

Robert McAlmon war einer der wichtigsten Herausgeber unter den Expatriierten in Paris. Sein Verlag Contact Press hatte Hemingways erstes Buch »Three Stories and Ten Poems« veröffentlicht. McAlmon machte nie einen Hehl daraus, bisexuell zu sein. Im Frühjahr 1929 hatte er das Gerücht in Umlauf gesetzt, Hemingway sei es ebenfalls. Ich denke immer noch, dass es sich um Rache an Hemingway gehandelt haben muss. Seit drei Jahren schwamm sein ehemaliger Autor auf der Woge des Erfolgs – doch nicht dank McAlmons kleinem Verlag. Es war Scribner's, der hervorragend an Hemingway verdiente. Wie auch immer, das Gerücht über Hemingways Bisexualität machte bei den Amerikanern in Paris die Runde, und Hemingway schritt nicht dagegen ein.

»Nur, weil du Ernest verabscheust, wirst du gefälligst nicht ...«, begann Scott wütend.

»Ja, ich verabscheue ihn«, unterbrach ihn Zelda. *»Und ich hasse deine Trinkerei mit ihm. Wenn er mit dir nach Nordafrika fährt, komme ich nicht mit.«*

»Okay, dann lasse ich dich hier mit Madame.«

»Fang nicht mit Madame an!«

»Dieses verdammte russische Miststück! Sie wollte dich in Djagilews Ballett bringen und nichts passiert!«

»Es dauert seine Zeit.«

»Verdammt noch mal, sie hatte Zeit genug! Und Geld genug hat sie auch bekommen! Und was hast du gekriegt?

Ein Angebot der Folies Bergères als Revuetänzerin! Das ist dasselbe, als wollte jemand das Philadelphia Symphonie Orchester dirigieren und wird dann Dirigent einer zweitklassigen Unterhaltungsband.«

»Du verstehst nichts vom Ballett. Madame ...«

»Zum Teufel mit Madame!« Scott fuchtelte wild mit den Händen. Er beruhigte sich überraschend und wandte sich mir zu: *»Wenn Zelda von Madame und ihrem Ballett anfängt, gibt es keine Ende. Es macht mich rasend!«*

Scott mochte betrunken sein, doch das Erstaunliche war: In gewisser Hinsicht hatte er recht. Mit allem, was er über Ljubow Jegorowa, verheiratete Gräfin Trubezkaja, sagte, traf er den Punkt. Vor Jahren habe ich in der Schweizer Klinik Les Rives de Prangins in Zeldas umfangreicher Krankenakte recherchiert. Ich fand einen Verweis auf einen Brief von Zeldas Ballettlehrerin an den Psychiater Dr. Forel. Das Schreiben wird in der Universitätsbibliothek Princeton aufbewahrt, wo ich es auch gelesen habe. Mit Datum vom 9. Juli 1930, knapp vier Wochen nach Zeldas – sagen wir, nicht gänzlich freiwilligem – Betreten der Klinik, schreibt Madame, Zelda werde niemals eine Primaballerina wie die Nikitina, Danilowa oder Nemtschinowa. Dennoch sei sie begabt genug, um zum Beispiel im New Yorker Massine Ballett bedeutende Rollen – wenn auch nicht die Hauptrollen – zu übernehmen.

Zelda erzählte mir, wie sehr sie über diesen Brief himmelhoch jauchzend und zu Tode betrübt zugleich gewesen war. Forel hatte ihn ihr gezeigt, wohl in der Absicht, ihr die Ballettkarriere auszureden. »Er hält mein Training für die Ursache meines Zusammenbruchs, und

Scott bestärkt ihn natürlich darin. Das ist Unsinn«, sagte Zelda, als ich sie in Prangins das erste Mal besuchte. »Die anderen Ballerinen bei Madame trainieren genauso viel wie ich. Also, ich war glücklich über Jegorowas Einschätzung, weil es das erste Mal war, dass sie mir konkret sagte, was möglich ist und was nicht. Djagilew ist seit über einem Jahr tot, die Ballets Russes existieren nicht mehr, dieser Traum war bereits im August in Cannes ausgeträumt. Ich habe weitergemacht, weil ich wusste, dass ich etwas kann – und hier ist die Bestätigung. Das New Yorker Massine Ballett ist großartig. Massine ist ein Schüler Djagilews, er hat bei ihm getanzt und choreografiert, sein Ballett in New York ist anerkannt. Sowie ich hier herauskomme, werde ich Madame bitten, mir ein Engagement bei ihm zu vermitteln. Letzten September, kurz nach Djagilews Tod, hatte sie mir ein Engagement am Opernballett in Neapel besorgt, aber was sollte ich damit. Scott hasst Italien, er wäre nie mitgekommen. Und allein wollte er mich nicht gehen lassen. Er sagte, wenn ich das Engagement annehme, würde er mich verlassen und Scottie behalten.«

Ich nickte. »Und weshalb warst du zu Tode betrübt, Zelda?«

»Weil mir klar wurde, dass mich Madame Jegorowa, die ich so verehrt habe, ausgenutzt hat. Sie hat von Anfang an gewusst, dass ich es nie in Djagilews Ballets Russes schaffen oder zur Primaballerina an der Pariser Oper bringen werde. Die Pause zwischen meinem achtzehnten und sechsundzwanzigsten Lebensjahr war einfach zu lang. Und doch hat sie die dreihundert Dollar im Monat genommen. Ich habe sie so sehr geliebt, dass ich mich manchmal gefragt habe, ob meine Gefühle für sie noch normal waren. Ich hatte ja nur sie. Scott lebte in seiner eigenen Welt, ich in der meinen. Sie war die Enttäuschung meines Lebens. Ich hatte ihr vertraut – *ich wollte gut tanzen, damit sie auf mich stolz sein konnte.* Und sie wollte nur mein Geld. Ich habe über sechstausend Dollar mit meinen sechs Geschichten verdient, ich habe alles selbst bezahlt: meine Stunden bei ihr, Geschenke für sie und täglich frische Blumen für das Studio, sogar Restaurantbesuche mit ihr und ihrem Mann, bei denen Scott sich peinlich daneben benahm und ich mich für ihn schämte.«

»Ja, du hast ihr zu sehr vertraut«, murmelte ich. Ich wollte nicht rechthaberisch auftrumpfen.

Aber Zelda schien mich nicht vernommen zu haben. »Sie hätte es mir sagen müssen«, wiederholte sie. »Einmal habe ich zwei Stunden in ihrem Studio geweint, zwei volle Stunden geweint. Ich konnte nicht aufhören zu weinen. Madame hatte bestimmt, wer mit wem üben sollte: die sehr guten mit den sehr guten, die mäßig guten mit den mäßig guten. Ich sollte mit einem Mädchen üben, das schlechter war als ich. Da fühlte ich, wie sie über mein Talent dachte. Aber sie sagte es nie.«

Wir saßen auf der Bank im parkartigen Garten der Klinik. Ich legte meinen Arm um Zelda, drückte sie sanft an mich und dachte: Noch ist es nicht zu spät. Zelda hat ihre Lektion gelernt. Von jetzt an würde sie vorsichtiger sein, ehe sie jemandem ihr Vertrauen schenkte.

Ich jubelte innerlich, als ich Zelda sagen hörte: »Ich bin in die Klinik gegangen, weil Scott versprach, ich dürfe meine Arbeit in New York fortsetzen, wenn ich mich erholt habe. Er hat mich genauso betrogen wie Madame. Sie werden mich in der Klapse festhalten, solange Scott bezahlt. Sobald ich hier raus und zurück in den Staaten bin, reiche ich die Scheidung ein. Ich werde um meine Tochter kämpfen.«

Sara Murphy hatte sich kaum verändert seit unserer Begegnung vor drei Jahren an ihrem Privatstrand an der Côte d'Azur. Und doch hätte ich sie fast nicht erkannt in ihrem eleganten Abendkleid, das Haar mit glitzernden Kämmchen streng zurückgesteckt.

Freundlich reichte sie mir die Hand, als wir zufällig vor dem großen Spiegel aufeinander trafen, vor dem sie gerade einen prüfenden Blick auf sich warf. Die Pause in der Nationaloper – ich entsinne mich nicht mehr, welche Oper gegeben wurde, so sehr muss mich Saras Bericht schockiert haben – war angebrochen, und ich war auf dem Weg zum Theaterbüffet, wo Freunde auf mich warteten. Sie sollten vergebens warten. Sara und ich kamen schnell zu jenem Thema, das uns am meisten bewegte: Scott und Zelda.

Sara Murphy erzählte bis zum letzten Klingelzeichen, gleichmäßig und ruhig, wie es ihre Art war, und doch voller Besorgnis. Ihr erster Satz war wie ein Paukenschlag: Sie sei überzeugt, Scott und Zelda stünden vor der Katastrophe. Lange könne es nicht mehr dauern. Scott trinke wie verrückt und Zelda sehe so schlecht aus wie nie zuvor, abgemagert und verhärmt. Im Sommer in Cannes wäre sie noch voller Energie gewesen, in Nizza habe sie Unterricht bei der russischen Tänzerin Newalskaja genommen und auf Liederabenden getanzt, sogar ein eigenes Ballett namens »Evolution« kreiert, für das sie eigenhändig Bühnenbild und Kostüme entworfen hatte. Die Murphys hatten es sich angesehen und waren begeistert gewesen von Zeldas überbordender Kreativität. »Nur Zeldas wegen haben wir im Sommer an der Côte d'Azur die Fitzgeralds hin und wieder getroffen. Scott hätten wir am liebsten nicht gesehen. Er benahm sich unmöglich, fragte uns über intimste Dinge aus, weil er uns als Vorlage für seinen neuen Roman benutzen will. Unter uns, Sara« – sie wandte sich mir zu –, »weder Gerald noch ich noch die Hemingways glauben, dass dieser Roman jemals fertig wird. Einer unserer Gäste hat sich nach dem Stand der Dinge erkundigt, worauf Scott wütend sagte: ›*Wenn Sie noch einmal dieses Buch erwähnen, schlage ich Sie zusammen.*‹ Natürlich war er angetrunken. Ein nüchterner Mensch reagiert nicht so. Schämen muss man sich für ihn. Wir glauben jetzt auch, dass er Zelda schlägt.«

Ich schwieg und sah Sara fragend an. Was sollte ich sagen. Ich wusste schon lange, was Sara erst jetzt erfahren zu haben schien und was in ihrem Freundeskreis, nach einem Abend mit den Callaghans, die Runde machte.

Morley Callaghan, ein kanadischer Autor, war mit seiner Frau zu Gast bei den Fitzgeralds gewesen. Zelda erwähnte, sie schreibe ebenfalls, und zwar sehr gut. Scott gab keinen Kommentar, so dass Zelda bitter zu lachen begann. Daraufhin sagte Scott in scharfem Ton, sie sei müde von ihren Ballettstunden und müsse jetzt zu Bett. Zur Überraschung des Ehepaares Callaghan erhob sich Zelda, sagte gehorsam wie ein kleines Mädchen ›Gute

Nacht‹ und verließ das Zimmer. Ein anderes Mal hatte Scott seine Frau hart am Handgelenk gepackt, ein Taxi herangewinkt und sie hineingeschoben, als Zelda in einem Straßencafé anfing, über ihr Schreiben zu sprechen. Zelda habe sich nicht gewehrt, so Callaghan, und in ihrem Gesicht habe Angst gestanden.

»Mein Mann und ich sind so entsetzt über Scott, wir möchten ihn nicht mehr sehen. Zelda tut uns leid, aber was sollen wir tun? Scott ist gemeingefährlich geworden. Pauline Hemingway, meine beste Freundin, wie Sie wissen, hat uns erzählt, was sich kürzlich auf dem Heimweg nach einem literarischen Abend bei Gertrude Stein zugetragen hat. Gertrude hatte Scotts Dichtkunst gelobt, der doch jahrelang nichts Vernünftiges geschrieben hat, und im gleichen Atemzug Ernests Bestseller ›In einem anderen Land‹ kritisiert. Scott reagiert eigentlich empfindlich, wenn Ernests Schreiben angefochten wird, und verteidigt ihn stets. Diesmal jedoch hat er Ernest auf dem Heimweg körperlich attackiert. Pauline sagt, Scott müsse tiefen Hass auf Ernest empfinden, unbändigen Neid auf dessen literarischen Erfolg, der sein eigenes Versagen umso deutlicher zum Vorschein brächte, wenn er zu Schlägen gegen Ernest aushole. Sie wird recht damit haben. Es ist zum Glück nichts passiert bei Scotts Angriff, Ernest ist kräftig genug, sich zu wehren. Zelda hat sich sehr für ihren Mann geschämt und sich sofort bei Ernest und Pauline entschuldigt. Scott tat das erst am nächsten Tag, schriftlich. Ernest will nicht darauf reagieren.«

»Wahrscheinlich tut er gut daran«, sagte ich und zuckte resigniert mit den Schultern.

»Es gibt nur diese Lösung«, erwiderte Sara. »Den Kontakt zu ihm abbrechen. Ernest hat schon im Frühjahr seinen Verleger angewiesen, Scott auf keinen Fall seine neue Adresse in Paris zu geben, als die beiden aus Ellerslie herüberkamen. Schon einmal war ihm die Wohnung gekündigt worden, nachdem Scott fast die Haustür zertreten, den Vermieter beleidigt und an die Wand uriniert hatte, aus Wut darüber, dass die Hemingways ihn gegen vier Uhr morgens nicht zu sich herauf ließen. Aber Paris ist ein Dorf, zumindest für uns Amerikaner, die sich hier in den Bars von Montparnasse über den Weg laufen, und so kam es, dass die Fitzgeralds von den Hemingways wieder zum Essen eingeladen wurden.« Sara sah mich jetzt belustigt an. »Stellen Sie sich vor, was passiert ist: Scott ließ nicht eher locker, bis Ernest ihm das Manuskript von ›In einem anderen Land‹ gab, las es und fügte an die fünfzig Korrekturen ein, die Ernest mit einem handschriftlichen Verweis auf seinen Allerwertesten kommentierte. Pauline hat es mir erzählt.

Wir haben so gelacht. Scott scheint zu glauben, ohne ihn könnten die anderen nicht schreiben. Nicht einmal Ernest. Ach, im Grunde ist Scott ein armes Würstchen. Er hat Ernest ein paar Zeilen geschrieben, in denen er sich selbst anklagt, er sei eine Hure, weil er für sehr viel Geld billige Kurzgeschichten statt eines Romanes schreibe. Ernest sagt: ›Ja, weshalb schreibt er ihn nicht? Meine Schuld ist das nicht.‹ Und letzten Sommer in Cannes hat Scott sich bei Ernest beklagt, er hätte keine Freunde und möge niemanden mehr, nicht einmal Zelda, so dass er häufig an seltsamen Orten in seltsamer Gesellschaft aufwache.«

Sara verzog angewidert den Mund. »Sie verstehen, was ich meine.«

Ich nickte wissend.

»Aber er tut alles dafür, dass niemand ihn mehr mag!« Sara Murphys Augen funkelten jetzt empört, ihre Contenance geriet ins Wanken.

»Ich weiß«, erwiderte ich. »Sara Haardt behauptet immer, Scott sei ein sensibler Mensch, der sich nichts so sehr wünscht wie die Anerkennung der anderen und deren Freundschaft und Liebe. Paradoxerweise zerstört er sie stets. In Hollywood hieß es, er sei ein ...«

Das dritte Klingelzeichen unterbrach mich. Wir reichten uns zum Abschied die Hand, ohnehin war alles gesagt, und wünschten uns ein Frohes Weihnachten und, obwohl die Zeit aus den Fugen zu geraten begann, ein gutes 1930.

In Gedanken wünschte ich es auch Zelda. Doch was im neuen Jahr passieren sollte, sprengte all meine Vorstellungskraft.

Mit dem Börsencrash vom Oktober 1929 änderte sich das Leben der Amerikaner in Paris. Der Franc war nicht mehr billig, das Leben in Paris auch nicht mehr. Die Ära des uneingeschränkten Hedonismus ging zu Ende, die Party eines Jahrzehnts war vorüber. Wir fuhren nach Hause, viele von uns auf der Suche nach einem Zuhause. Auch ich verließ Paris zu Beginn des neuen Jahres und setzte meine Studien an der Universität Alabama, Tuscaloosa, fort. Montgomery war nicht allzu weit. Hin und wieder fuhr ich in die Stadt meiner Kindheit und Jugend, in der jeder Baum, jeder Strauch im Garten meiner

Eltern mit Erinnerung besetzt war, an der ich hing wie Zelda auch. Es war, als suche man die Spuren seines früheren Ichs an den Stätten seiner Jugend.

In Paris hatte Zelda gesagt, sie würde gern für immer nach Hause gehen, nach Montgomery, dort ein Haus kaufen und sich mit Mann und Tochter darin niederlassen. Sie hatte mich ungläubig angesehen, als ich erwiderte, unser Zuhause gebe es nicht mehr; die Ordnung, in die wir hineingeboren waren, sei untergegangen, ihre Riten und Überzeugungen ebenso. Der Charme der alten Häuser lebte nicht mehr, viele von ihnen standen leer. Immobilienhändler und Versicherungsagenten hatten ihre fordernde Hand darüber gelegt, Familien konnten die Hypotheken nicht mehr zahlen und verließen ihre Häuser. Zeldas Elternhaus war sicher. Der Richter hatte es immer abgelehnt, ein Haus zu kaufen, und zahlte lieber bis an sein Lebensende Miete für die geräumige Villa in der Pleasant Avenue. Doch dieser Ort der Geborgenheit war längst nicht mehr Zeldas Zuhause. Der Börsencrash hatte sie jetzt den Traum vom eigenen Haus austräumen lassen.

Auch für mich waren die Zeiten ungewiss, obwohl ich mein Studium an der Universität Alabama mit einem Masterabschluss meisterte. Niemand konnte wissen, was die Zukunft brachte. Doch ich war jung und tatkräftig, seit meiner Scheidung wieder ich selbst, und ich hoffte, es würde irgendwie weitergehen. Ich wusste, was ich konnte. Die Große Depression hatte gerade erst begonnen, aber sie würde vergehen, wie alles verging im Leben und sich veränderte. Irgendwann wären die Zeiten besser, irgendwann wäre ich Journalistin bei einer großen

Zeitung in New York oder wo auch immer. Dies war *mein* amerikanischer Traum. An dem hielt ich fest. Jeder Tag war voller Hoffnung.

Auch für Zelda schöpfte ich wieder Hoffnung. Aus Algerien hatte sie mir einen Brief geschrieben, aus Biskra, wohin sie Anfang Februar mit Scott gefahren war. Nordafrika hatte Zelda schon immer sehen wollen, jahrelang hatte sie davon geträumt, nachdem ich in Marokko gewesen war und begeistert von der fremden Kultur berichtet hatte. Ich weiß nicht, was Scott veranlasste, ihrem Wunsch nachzugeben; ich war Zeuge, als er sagte, lieber führe er mit Ernest und ließe Zelda bei Madame. Doch nach seinem Angriff auf Hemingway, auf dem Heimweg nach jenem Abend bei Gertrude Stein im Dezember, schien ihm klar geworden zu sein: Es war vorüber. Zelda hatte Weihnachten in Montgomery verbringen wollen, was Scott unter dem Vorwand zu hoher Kosten für die Überfahrt abgelehnt hatte. Möglich, dass Zelda Scott die Hölle heiß gemacht und auf der Nordafrikareise bestanden hatte, wenn sie schon nicht nach Montgomery durfte. Scott hingegen wusste, dass Ernest als Reisegefährte nicht mehr zur Verfügung stand, ja, dass die Freundschaft zu ihm beendet war. Er hatte es mit allen verdorben. Zelda war ihm geblieben.

Zeldas Brief war, verglichen mit ihrer sonstigen Fabulierlust, kurz und sachlich, und über Algerien schrieb sie so gut wie nichts. »Jetzt steht es fest«, schrieb Zelda. »Ich werde Scott verlassen und zum Scheidungsrichter gehen.« In Biskra hatte Scott nach einem fürchterlichen Streit, der ausgebrochen war, nachdem Zelda unfreiwillig Zeugin eines Liebesgeflüsters zwischen Scott und der neuen Gouvernante Mademoiselle Serez geworden war, eine Vase nach ihr geworfen. »Es ist schlimm genug, wenn er zu Prostituierten geht, wie zu jenen in Bou Saada, halbe Kinder noch, vierzehnjährige mattbraune Berbermädchen, die – nur mit Goldschmuck bekleidet – nackt ihre orientalischen Bauchtänze tanzen. Ich verließ das Café, als sie sich ihrer dünnen Baumwollkleider entledigten und zu tanzen begannen. Scott kam erst im Morgengrauen ins Hotel zurück. Es ist widerlich, dass er sich mit halben Kindern vergnügt, doch noch schlimmer ist es zu hören, wie er der Gouvernante sagt, er liebe sie. Als ich letzten Herbst das Engagement an der Oper Neapel ablehnte, geschah es auch zum Zeichen der Versöhnung – Scott hatte endlich Mademoiselle Bellois entlassen, mit der er gleichfalls eine Affäre hatte. (Lange hatte er sich geweigert, die Bellois zu entlassen, und das, obwohl sie gemein zu Scottie war und wir sie beide hassten.) Wider alle Vernunft hatte ich an den Neuanfang geglaubt, den er mir versprach, wenn ich nicht nach Neapel ginge. Er hat mich belogen, wie immer belogen. Er ist krank und verkommen, und wenn ich weiterleben will – mit Scottie weiterleben will, und ich werde das Sorgerecht für sie bekommen –, muss ich mich jetzt retten.«

Rette dich, Zelda, dachte ich. Es ist eine Minute vor zwölf.

Und dann kam jener Septembertag, an dem ich meinte, die Welt müsse stehen bleiben. An jenem Tag schaute ich bei Scribner's vorbei, um Maxwell Perkins ein paar Dokumente aus dem Bürgerkrieg zu zeigen, die ich in den Südstaaten entdeckt hatte. Ich hoffte, nach dem Studium einen Roman daraus machen und Perkins dafür gewinnen zu können. Perkins zeigte keinerlei Interesse, was er in seiner gewohnt höflichen Art bekundete, doch das war es nicht, was mich aus dem Gleichgewicht brachte. Er saß hinter seinem Schreibtisch, wie immer trug er selbst im Büro einen Hut, sah mich nachdenklich an und fragte mich, wann ich Zelda das letzte Mal gesehen hatte. Überrascht gab ich Antwort.

»Und« – er zögerte – »wie ging es ihr?«

»Wie es Zelda bei Scott so geht.« Ich wollte nicht ins Detail gehen.

»Aber sie machte einen vernünftigen Eindruck auf Sie?«

»Aber ja.« Ich hob fragend die Schultern. »Natürlich. Warum fragen Sie?«

Perkins nahm seinen Hut ab und drehte, wie mir schien, eine endlos lange Zeit an ihm herum. Er sah mich nicht an. Schließlich hielt ich es nicht mehr aus. »Mr. Perkins, was ist passiert?«

Er blickte auf. »Scott hat geschrieben. Er kann seinen Roman, den er mir für den Herbst endgültig versprochen hatte, nicht vollenden. Zelda ist in einer Schweizer Klinik, in Prangins. Die Ärzte haben Schizophrenie diagnostiziert.«

Ich riss die Augen auf. Zelda, in Prangins? Mir war, als hätte mich ein Fallbeil getroffen.

»Aber das ist doch nicht möglich«, hauchte ich.

»Ich hatte auch meine Zweifel«, sagte Perkins mit fester Stimme. »Scott kann sowohl in seinen Romanen als auch im Leben großartig fabulieren, um es freundlich auszudrücken. Ich muss dies hier nicht näher erläutern.

Sie kennen Scott und wissen um seine« – er räusperte sich – »äh, Besonderheiten.«

»Allerdings«, seufzte ich.

Eine Weile schwiegen wir.

Dann sagte Perkins: »Es ist alles sehr merkwürdig. Scott hat seinem Literaturagenten Harold Ober drei Erzählungen angeboten, die Zelda in Prangins geschrieben hat. Offenbar braucht Scott Geld; er hat mich erneut um einen Vorschuss für seinen Roman gebeten, den ich leider ablehnen musste. Ober hat uns Zeldas Erzählungen angeboten, aber sie passen nicht in unser Magazin. Sie sind sehr gut, aber nur für einen bestimmten, sehr anspruchsvollen Leserkreis geeignet. Ich habe Scott geschrieben, Zelda solle sie zu einem Roman ausbauen, dann könnten wir es bringen. Ein Ballettlibretto hat sie ebenfalls geschrieben. Wenn sie ihrer Sinne nicht mehr mächtig sein soll – wie passt das zusammen?«

»In keiner Weise«, erwiderte ich tonlos und sah Mr. Perkins fragend an. Er gab meinen Blick kurz zurück und wiederholte schließlich, wie um sich selbst zu vergewissern: »Aber die Ärzte haben die Diagnose Schizophrenie gestellt. Das Verrückte ist: Scott hat mir einmal geschrieben, es würde ihn nicht wundern, eines Tages verrückt zu werden, denn sein Vater sei ein Trottel und seine Mutter neurotisch und halb verrückt. Und jetzt soll Zelda es sein.«

Er setzte seinen Hut wieder auf.

An einem anderen Tag hätte ich in diesem Moment nur mühsam ein Lächeln unterdrücken können. Jetzt schien mir Perkins' Gewohnheit, im Büro seinen Hut zu tragen, nicht einmal absurd. Absurd war die Tatsache, dass Zelda verrückt sein sollte und sich seit Monaten in der Psychiatrie befand. Ja natürlich, es gab zwei Zeldas: die eine war gut erzogen, warmherzig, lebenslustig, kontaktfreudig und witzig. Die andere war kühl, zurückhaltend und bissig zu Leuten, die sie verachtete, weil sie nichts anderes taten, als auf Cocktailpartys und Cafégesellschaften zu trinken und zu streiten, Leute, die Scotts Leben ausmachten und in das er sie hineinzog. Aber es bedeutete nicht, dass Zelda in zwei Personen zerfiel. Im Gegenteil. Es zeigte, dass Zelda psychisch gesund war.

Ich ging den langen Korridor im Verlagshaus entlang und dachte unaufhörlich: Wenn hier jemand schizophren ist, dann ist es Scott. Ich würde nach Europa reisen und herausfinden, was wirklich passiert war. Recherchieren war schließlich mein Beruf.

Von Paris fuhr ich mit dem Zug nach Nyon in die Schweiz, jenem kleinen Städtchen zwischen Genf und Lausanne am Genfer See, an dessen Rande sich die Privatklinik für Psychiatrie Les Rives de Prangins befand. Die Klinik war vor nicht ganz einem Jahr eröffnet worden, mit eintausend Dollar Kosten pro Monat extrem teuer, und sie genoss den Ruf, die beste psychiatrische Klinik in ganz Europa zu sein. James Joyces Tochter Lucia sollte dort später ebenfalls Patientin werden, nachdem sie einen Stuhl nach ihrer Mutter geworfen hatte. Les Rives de Prangins glich auf den ersten Blick eher einem Urlaubsort als einer psychiatrischen Klinik. Das imposante Gebäude im klassizistischen Stil, mit ausgedehnten Balustraden im Eingangsbereich, befand sich in einem weitläufigen Park mit altem Baumbestand; Rasenflächen und Blumenanlagen waren penibel gepflegt. Was Prangins von einem Urlaubsort unterschied, waren die hohen schmiedeeisernen Zäune mit ihren aufgesetzten Spitzen, die zu überwinden ebenso unmöglich war wie das Durchdringen der Dornenhecke in Dornröschens Märchenschloss. Dahinter befand sich Zelda, Scotts einstige Prinzessin. Vom Zaun aus warf ich einen Blick auf das riesige, dreistöckige Gebäude mit dem großen Vorbau, ehe der Pförtner mir das Tor öffnete. Ich konnte mir nicht helfen: Irgendwie glich es einem Schloss, und die Mansardenfenster im Dachgeschoss waren wie kleine Türme.

Zeldas Balkonzimmer und Bad lagen an der Westseite des Hauses, mit traumhafter Aussicht auf den Genfer See. Was die landschaftliche Schönheit störte, war ein hoher Zaun, der das parkartige Gelände vom Wasser abgrenzte. Ich konnte ihn von der Balkontür aus sehen. Später versuchte ich, die Balkontür zu öffnen; natürlich war sie abgeschlossen. Zeldas Mundwinkel zuckten ironisch, als sie mich dabei beobachtete. Sie hatte zugenommen, war nicht mehr so schrecklich dünn wie im Jahr zuvor, als sie sich beim Ballettunterricht so verausgabt hatte. Ihre Haut war fahl, sie war völlig ungeschminkt, die einst fein gezupften Augenbrauen waren jetzt kräftig und ungeformt.

Wir gingen in den Park, in dem eine milde Herbstsonne die bunt werdenden Blätter der alten Bäume rot und gelb leuchten ließ, setzten uns auf eine Bank, und Zelda begann zu erzählen, leise und monoton.

»Ich bin selbst an allem schuld. Erinnerst du dich noch an Johnsons ›Der Salamander‹? Ich habe geglaubt, ich wäre ein Salamander, jene griechische Gottheit, von der Plato sagt, sie ginge unbeschadet durch das Feuer. Ich habe geglaubt, ich wäre jemand Besonderes, mit Talenten und Begeisterung für alles, was ich tue. Ich habe so hart gearbeitet, obwohl alles gegen mich sprach, und habe nie aufgegeben. Daran bin ich zerbrochen. Du weißt, wie ich gekämpft habe in den letzten Jahren, erst um meine Ehe und gegen Scotts Alkoholismus, dann um meinen eigenen Weg. Ich habe versucht, mir eine Welt zu schaffen, in der ich mich ausdrücken und bestehen kann, um neben einem Mann zu leben, der immer weit weg von mir war.

In den letzten Monaten habe ich nur noch gelebt, wenn ich tanzte. Ich musste immer mehr tanzen, um überleben zu können. Schon letzten Sommer in Cannes habe ich gemerkt, dass etwas nicht stimmte. Nach den Proben war ich so erschöpft, dass ich mich wie eine alte Frau in einem kalten Winter fühlte. Als ich es Sara Murphy erzählte, sah sie mich besorgt an und fand, ich sollte das Tanzen einschränken. Aber ich konnte einfach nicht. Es war, als müsste ich mit meinem Tanz die Teufel verjagen, die mich trieben. Ich musste die Beste werden, ich wollte in Djagilews Ballets Russes oder – nach seinem Tod im August – zur Pariser Oper, um mein eigenes Geld zu verdienen. Die Mädchen im Studio verstanden das nicht. Lucienne sagte: ›Warum arbeitest du so hart? Du hast deinen Mann, einen berühmten Schriftsteller, und du hast dein Kind. Ich habe niemanden, der für mich sorgt. Ich bin gezwungen, für mich selbst zu sorgen.‹ Ich konnte es ihr nicht sagen. Du weißt, dass ich nie mit jemand anderem als mit dir oder Rosalind über meine Ehe gesprochen habe. Was in Biskra geschehen ist, habe ich dir geschrieben. Was du noch nicht weißt, ist, dass Scott im Herbst auf unserer Rückreise versucht hat, uns in den Abgrund zu fahren. Er hatte den ganzen Sommer in Cannes nur getrunken, im Casino gesessen und sich mit zweifelhaften Leuten herumgetrieben. Die Murphys wollten ihn nicht mehr sehen, die Hemingways ebenfalls nicht und ich ihn auch nicht, deshalb arbeitete ich wie verrückt. In den Cevennen riss Scott das Lenkrad herum, ich konnte den Absturz gerade noch verhindern. *Ich wollte mich in Tours von ihm trennen* und mit Scottie mit dem Zug nach Paris fahren. *Doch der Gedanke, dass er allein durch den Regen fahren müsste, war mir schrecklich, er tat mir leid.* In Paris angekommen, ging es Scott so schlecht, dass ich ihn zum Arzt begleitet habe. In der Nacht darauf behauptete er, er habe Tuberkulose und müsse bald sterben. Ich habe die ganze Nacht geweint. Am Morgen darauf sagte er, es sei nicht wahr, er habe es erfunden.

Nach Biskra hatte ich kein Mitleid mehr mit ihm. Im Hotelzimmer sind Dinge passiert, die ich nie wieder vergessen kann. Nicht nur die Sache mit der Vase, von der ich dir schrieb. Ich wollte nur noch weg von ihm. Auf der Rückfahrt wurde ich seekrank; Scott hatte Gesellschaft gefunden und kümmerte sich nicht um mich. Ich hatte Sehnsucht nach Madame, nach ihrer Freundlichkeit und Anteilnahme. Ich schrieb ihr aus Algerien fast jeden Tag und brachte ihr Geschenke mit. Ich begann, mich zu fragen, ob meine Gefühle für sie noch normal waren. Ich hatte noch nie eine Frau geliebt und fragte mich, ob es nicht moralisch verwerflich sei. Aber ich liebte sie mehr als alles auf der Welt. Scott war so fern von mir.

Ich tanzte immer besser und sprang höher und höher, und dennoch musste ich wieder mit einem Mädchen tanzen, das so viel schlechter war als ich. Da habe ich angefangen zu begreifen. Ich würde es nie an die Pariser Oper schaffen. Das Engagement in Neapel hatte ich Scotts wegen abgelehnt. Jetzt blieb mir nichts mehr.

Ostern kam. Ich wollte in die Geschäfte gehen und etwas für mein kleines Mädchen kaufen, aber ich konnte nicht aufstehen. Ich lag drei Tage im Bett, kraftlos, schlief nicht, aß nicht. Scott saß im Badezimmer und sang ›Play in your own backyard‹. Aber es war kein Garten, in dem Sellers mich vergewaltigt hat, es war ein öffentlicher Spielplatz, wie du weißt. Scott kümmerte sich nicht um mich. Vielleicht hoffte er, ich würde sterben. Nach drei Tagen kam Madame Jegorowa. Sie hatte sich über mein Ausbleiben im Studio gewundert. Sie machte mir Mut, packte meine Tasche und brachte mich ins Krankenhaus, nach Malmaison. Scott sagte nicht einmal auf Wiedersehen. In Malmaison blieb ich zehn Tage, bekam Medikamente, schlief viel und ließ mich, als es mir besser ging, auf eigenen Wunsch entlassen. Ich kam in unsere Wohnung in die Rue Pergolese, dort herrschte Chaos und Schmutz, Erbrochenes bedeckte den Boden. Niemand war da. Ich hatte furchtbare Angst um meine Tochter. Scott hatte mich in Malmaison nicht ein einziges Mal besucht, ich wusste nicht, was inzwischen geschehen sein mochte. Irgendwann am Abend kamen das Personal und Mademoiselle mit Scottie. Scott tauchte erst Tage später auf. Er schwärmte von Emily Vanderbilt, die eine wunderschöne Frau sei, der ich nicht das Wasser reichen könne. Er machte abfällige Bemerkungen darüber, dass ich nicht mehr attraktiv sei. Ich sagte ihm, Emily könne nichts außer schön aussehen, weder eine Geschichte schreiben noch nach der Musik von Brahms tanzen. Er sagte, ich sei hässlich geworden. Ich konnte niemanden mehr ansehen, weder die Dienstboten noch die Verkäufer noch irgendjemanden auf der Straße. Wir stritten in einem fort, ich schlief und aß wenig. Ich war erschöpft und matt. In meinen Ohren rauschte es unaufhörlich, an manchen Tagen sah ich alles in roter Farbe. Mir war nur noch schwindlig. Plötzlich zeigte Scott sich besorgt. Er sagte, er wisse eine gute Klinik in der Schweiz. Ich sei zu dünn und dort behandele man gastrointestinale Erkrankungen und Appetitstörungen. Er habe sich erkundigt. Wenn ich mich dort behandeln ließe, versprach er, gingen wir danach zurück nach New York und ich könne dort meinen Ballettunterricht fortsetzen, jetzt, da Madame mich sicher nicht mehr wolle. Ich hoffte dennoch, Madame würde wieder kommen, um nach mir zu sehen, aber sie kam nicht. Ich war so schwach, dass ich einwilligte. Wir fuhren zur Valmont-Klinik nahe Montreux am Genfer See.

Dort bekam ich am Tage Beruhigungsmittel, alle ein bis zwei Stunden, nachts Schlafmittel. Ich dachte noch immer an Madame und dass ich wieder zu ihr müsste. Wieder ließ ich mich nach zehn Tagen entlassen. Scott kam, und ich dachte, wir führen nach Hause – was heißt nach Hause, wenn man in einer düsteren Pariser Wohnung wohnt –, aber er stoppte in Lausanne und weigerte sich weiterzufahren. Wir stritten und er beschimpfte mich auf das Gemeinste, ich schimpfte zurück, und er sagte, ich sei verrückt und gehöre in eine Nervenheilanstalt, er habe bereits mit den Ärzten der Valmont-Klinik darüber gesprochen. Dr. Forel sei ihm empfohlen worden. Zu ihm fahre er jetzt mit mir. Ich weigerte mich entschieden und sagte, ich würde niemals freiwillig einen Fuß in Forels Klapse setzen, er müsse mich mit Gewalt hineinzerren und es sei fraglich, wen Dr. Forel dann in seine Klinik nehmen würde, mich oder ihn. Wir schrien uns im Auto immerzu an, dann hielt Scott plötzlich vor einem Hotel und zerrte mich heraus. Ich wollte weglaufen, aber ich hatte nichts bei mir, keinen Centimes, kein Gepäck, nichts. Also ging ich mit in das Hotel. Scott rief meinen Schwager Newman in Brüssel an, der am nächsten Tag eintraf. Scott und ich hatten die ganze Nacht gestritten, ich war so erschöpft, dass ich nur noch schlafen wollte. Als Newman mich sah, erschrak er bei meinem Anblick. Scott erzählte lauter Lügen über mich, bezichtigte mich, verrückte Dinge getan zu haben, die ich nie getan hatte. Ich bestritt das heftig, aber Newman schien nicht zu wissen, wem er glauben sollte. Er redete mir gut zu, ich solle mich ein paar Wochen in diesem neuen Sanatorium – ja, so nannte er dieses lebende Leichenhaus hier – erholen, es sei das Beste in ganz Europa. Rosalind sei sehr besorgt um mich und wünsche auch, dass ich wieder zu Kräften käme. Scott versprach zum x-ten Male, ich dürfe danach in New York Ballettunterricht nehmen. Und so fuhren wir am Abend nicht geradeaus nach Paris, sondern bogen ab in Richtung Genf. In Nyon stoppte Scott. Die Klinik betrat ich freiwillig und gezwungen gleichermaßen.

Nach drei Wochen hatte ich genug. Ich wollte meine Freiheit zurück und meine Arbeit. Ich kann nicht leben ohne Arbeit. Beim Spaziergang versuchte ich zu flüchten. Inzwischen hatte ich mich so weit erholt, dass ich wieder schnell laufen konnte. Nicht schnell genug für drei Männer mit kräftigen Pranken. Ich kam in Einzelhaft. ›Eglatine‹ heißt jenes besondere Haus, in das widerspenstige Patienten im Bett eines Einzelzimmers fixiert werden, an Hand- und Fußgelenken. Sie schleppten mich ab wie einen Schwerverbrecher. Eintausend Dollar pro Monat sind ein stattliches Salär. Und die Namen berühmter Patientinnen sind gut für das Renommee einer Klinik, die noch nicht lange besteht. Im Haus Eglatine zerrte man meine Kleidung und Unterwäsche herab, fesselte mich und schob mir etwas in den After. Ich schrie und tobte nicht mehr. Ruhe überkam mich, bis ich völlig einschlief. Die Schweizer Schlafkur dauerte vierzehn Tage. Ich habe dunkel in Erinnerung, wie ich zwischendurch kurz geweckt wurde, um Darm und Blase zu entleeren und ein paar Bissen zu essen. Es schien wie im Traum zu geschehen und nicht mir, sondern der Hülle meines Selbst, zu der ich geworden war.

Als man mir nach vierzehn Tagen erlaubte, ins Leben zurückzukehren« – Zelda lachte bitter – »brannten mein Gesicht, Hals und Schultern wie Feuer. Ein Ekzem hatte sich ausgebreitet.«

Zelda sah mich nachdenklich an. Ob ich mich an Scotts Erzählung »Kopf und Schultern« erinnern könne, deren Filmrechte er für sehr viel Geld wenige Wochen vor ihrer Verlobung verkauft hatte. Kopf und Schultern, wiederholte sie, und noch einmal lachte sie bitter. Dann fuhr sie fort: »Den ganzen Sommer über hat das Ekzem mich furchtbar gequält, wochenlang lag ich in Bandagen und Salben, vor Schmerz unfähig, länger als drei oder vier Stunden zu schlafen. Ich zerbiss mir die Lippen vor Schmerz. Kratzen konnte ich nicht – man hatte Hände und Füße fest fixiert, wie auf dem Folterbett. Das Ekzem wurde noch schlimmer, nachdem Scott und Scottie mich im August vier Tage besuchten. Ich vermisse mein kleines Mädchen unsagbar. Ich schreibe ihr viele kleine Briefe, mit lustigen Zeichnungen, aber sie antwortet nicht.

Im September besuchte mich Scott mit Bijou O'Conor, dieser Schauspielerin. Er sagte, sie seien nur befreundet und Bijou sei zufällig in Lausanne. Noch während die beiden hier waren, breitete sich das Ekzem, das sich zuvor gebessert hatte, aufs Neue in rasender Geschwindigkeit aus. Selbst Dr. Forel war entsetzt. Er versetzte mich in eine dreizehnstündige Hypnose. In Trance sprach ich über meine Ehe und erkannte sie als Ursache für mein Ekzem. Als ich erwachte, war das Ekzem an Gesicht, Hals und Schultern so gut wie verschwunden. Ich konnte es kaum glauben, als ich in den Spiegel blickte. Seit einigen Wochen ist es nicht wieder aufgetaucht.

Schon nach ein paar Tagen Prangins hatte ich Scott geschrieben, er könne alles tun, was nötig ist, um die Scheidung einzureichen, denn es hat nicht mehr den geringsten Zweck mit uns, selbst wenn wir es noch einmal versuchen würden, was ich nicht einmal ein bisschen wolle. Ich schrieb ihm, er solle sich ein nettes Mädchen suchen, dem nichts an dem liegt, woran mir gelegen ist. Ich schrieb ihm, dass er über keine einzige gute Eigenschaft verfüge, auf der man eine Beziehung gründen kann. Sein gutes Aussehen allein reiche dafür nicht. Er hat nicht darauf reagiert. Er ist nicht einmal gekommen. Er schickte Gladiolen, Pinsel und Farben.

Dr. Forel sagt, ich sei nicht in Ordnung, weil ich eine hysterische und keine liebevolle Ehefrau gewesen sei. Er sagt, ich solle aufhören, meinem Mann, der nur das Beste für mich wolle und unermesslich unter meiner Krankheit leide, feindlich gesonnen zu sein. Eine Frau könne nur in einer erfolgreichen Ehe gesunden, daran müsse ich arbeiten. Ich müsse aufhören, meine Ballettlehrerin zu lieben. Es wären ungesunde Gefühle und Zeichen meiner Krankheit.

Scott hat Forel gesagt, er möchte so bald wie möglich wieder sexuelle Beziehungen zu mir aufnehmen. Er lügt. In Paris sagte er, er wolle nie wieder etwas von mir, und ich solle mit dem Kohlenmann schlafen. Was mich betrifft, *so kann ich nicht verstehen*, dass man von mir verlangt, *ein Gefühl mögen zu sollen, ohne die Person zu mögen.* Doch tue ich das nicht, *werde ich lebenslang eingesperrt bleiben*. Ich will hier raus, denn ich muss tanzen, schreiben, malen. Ich will die Scheidung von Scott und ich will meine Tochter.

Sara«, sagte Zelda und sah mich kurz an. »Ich bin gezwungen, Scott glühende Liebesbriefe zu schreiben und ihm etwas vorzuheucheln, wenn er mich besucht. Er spricht mit den Ärzten und berichtet über mein Verhalten bei seinen Besuchen. All meine Briefe an ihn werden gelesen, ehe sie die Klinik verlassen. Ich werde ihm schreiben, ich wünschte mir noch ein Kind von ihm. Lügen über Lügen. Ich hasse es. Aber Scott hat mich belogen, damit ich freiwillig diese Anstalt hier betrete.

schreiben. Du weißt ja, Rosalind hat mir das Manuskript in die Phipps-Klinik geschmuggelt. Aber sie lassen mich nicht daran schreiben – nur einen Essay über Aristoteles. Scott hat Dr. Slocum auf seine Seite gezogen. Was mich nicht wundert, bei den Preisen hier. Stattdessen stricke ich, und manchmal darf ich sogar malen. Sofern Scott die fünfzig Dollar extra für Leinwand, Farben und Pinsel im Monat herausrückt. Dr. Slocum hat mir Scotts Brief vorgelesen, in dem er behauptet, ich könne nicht mit Geld umgehen – das sagt ausgerechnet Scott! Und da die Klinik ohnehin sehr teuer sei, müsse er die Ausgaben für mich bei den vermeidbaren Kosten einschränken. Ich bekam einen Wutausbruch, nachdem Dr. Slocum mir den Brief vorgelesen hat! Das Schlimme ist, die Ärzte sahen das als Hysterie, obwohl es eine ganz normale Reaktion auf Scotts Gemeinheit war. Scott lässt mich nicht nach Hause, Scott lässt mich nicht schreiben – nur stricken und schwimmen und Tennis spielen darf ich. Die Ausstellung erlaubt er, weil er hofft, dass sie Geld bringt. Und da soll man nicht aus der Haut fahren und noch nett und ruhig bleiben!«

Zeldas Stimme bebte leise vor Empörung.

»Und was machst du nun?«, fragte ich ratlos.

»Nach Hause, sofern man es so bezeichnen darf, lässt Scott mich nicht. Im Craig House schreiben darf ich nicht. Ich werde Scott bitten, mich in eine andere Klinik zu bringen, unter dem Vorwand, Craig House sei zu teuer. In einer billigeren Klinik wird man mich schreiben lassen, da bin ich mir sicher.«

»Und wenn nicht?«

»Dann nehme ich mir einen Strick.« Zelda lachte

Jetzt muss ich lügen, muss lügen, ihn zu lieben, sonst halten mich die Ärzte für nicht geheilt, und ich bliebe wohl für immer in Verwahrung. Hollywood wollte mich nicht. Ich werde die Rolle meines Lebens spielen, und ich werde gut darin sein, besser als jede Schauspielerin. Und wenn ich Prangins verlasse, dann mit einem festen Vorsatz: unter allen Umständen so zu leben, dass ich frei atmen kann.«

Ich habe Dr. Forels psychiatrischen Bericht gelesen, der in der Bibliothek der Universität Princeton aufbewahrt wird. Datiert vom 15. September 1931 gibt er Auskunft über Zeldas psychische Erkrankung.

Zelda hatte mir gesagt, Dr. Forel spräche mehr schlecht als recht Englisch. Um Zeldas Französisch stand es gleichfalls nicht besonders. Sie verstand die Sprache des Balletts, der Restaurants und der Geschäfte, doch in längeren Gesprächen ermüdete sie in der Fremdsprache und wurde unkonzentriert.

Aus dem psychiatrischen Bericht ist zu ersehen, dass Zelda mit Dr. Forel auch in ihrer Muttersprache kommunizierte. Das bedeutet, dass Forel Zeldas Südstaaten-Akzent bewältigen musste und Zeldas Metaphern, die zu ihr gehörten wie der Eiffelturm zu Paris. Ihr erster Roman »Save Me The Waltz« ist voll davon – dunkle, schwere, aber treffende Metaphern von beeindruckend sinnlicher Wahrnehmung. Dr. Forel berichtet, Zelda hätte Leichen im Haus gesehen. Ich meine zu wissen, was Zelda gesagt hat: »Dr. Forel, ich bin nicht gewillt, in einem Haus zu bleiben, in dem lauter lebende Leichen umherlaufen.« Eine typische Zelda-Metapher.

Dr. Forel berichtet, Zelda hätte gesagt, sie würde gern ihre Eltern umbringen. Er notierte das Wort ›parricide‹, während Zelda sicher einfach sagte: »I like the Paris' sights.« Der Psychiater verstand das Fachwort ›parricide‹, ›Elternmord‹. Nicht viele Amerikaner kennen dieses Wort, es sei denn, sie haben eine medizinische oder psychiatrische Ausbildung. Zelda hatte keine.

Und Dr. Forel berichtet, Zelda höre Stimmen im Ohr. Wer nicht allzu gut Englisch spricht, verwechselt leicht ›noise‹ und ›voice‹. Zelda klagte über Summen und Rauschen im Ohr, sie hat es mir selbst erzählt – jetzt, in den Siebzigern, da ich dies schreibe, nennt man es Tinnitus –, und somit wäre auch das erklärt.

Scotts perfider Plan war aufgegangen. In einem amerikanischen Krankenhaus wäre Zelda niemals in Verwahrung genommen worden, es hätte keinerlei Verständigungsschwierigkeiten gegeben, man hätte ihre Erschöpfung zu behandeln versucht und nicht eine Minute an ihrer psychischen Gesundheit gezweifelt. Den Fachbegriff Burnout-Syndrom gibt es erst seit kurzem; dieses Syndrom im Jahre 1930 nicht erkannt zu haben, kann man den Ärzten von damals nicht zum Vorwurf machen. Und dennoch. Ich habe kürzlich mit Dr. Forel gesprochen. Er ist jetzt sehr alt, doch er konnte sich noch gut an seine berühmte Patientin erinnern. Im ersten Gespräch bestand er darauf, die richtige Diagnose Schizophrenie gestellt zu haben. Ich war enttäuscht, doch was hatte ich erwartet.

Umso größer war meine Überraschung, als er mich keine zwei Monate später anrief und ein wenig stockend, mit unsicherer Altersstimme zugab, es sei möglich, dass er sich – nach allem, was man heute wüsste – in der Diagnose geirrt habe. Er habe noch einmal in die Patientenakte geschaut; Zelda Fitzgerald habe nicht die typischen Symptome der Schizophrenie aufgewiesen, wie im Verlauf der Behandlung ersichtlich wurde. Sehr gut könne er sich noch an jenes schreckliche Ekzem erinnern, das sie quälte, und an ihre Stimmungsschwankungen während ihres Aufenthaltes in Prangins. Und dass beides sehr viel besser wurde, nachdem ihr Gatte nach dem Tod seines Vaters für viele Wochen in die Staaten fuhr und seine Frau in Prangins nicht besuchen konnte. Sie malte, schrieb Kurzgeschichten, fuhr Ski und durfte mit einer Begleitdame Ausflüge in die Umgebung machen. Mr. Fitzgerald habe an der psychischen Gesundheit seiner Frau gezweifelt, weil sie ihn immerzu der Homosexualität bezichtigt habe, was zum damaligen Zeitpunkt als ein Symptom der Schizophrenie galt. Er könne sich auch an einen Brief Fitzgeralds erinnern, in dem er davon sprach, lieber trenne er sich von seiner Frau und lebe allein mit seiner Tochter, wenn seine Frau nicht geheilt und mit diesen ständigen Verleumdungen aufhören würde. Andererseits sei ihm aufgefallen, dass Mrs. Fitzgerald in den Therapiegesprächen niemals zweifelhafte Andeutungen über die sexuelle Orientierung ihres Gatten gemacht habe. Mr. Fitzgerald habe im Vier-Augen-Gespräch geäußert, seine Frau trinke, habe mehrere Selbstmordversuche hinter sich und streite mit ihrer Ballettlehrerin, weshalb sie den Unterricht abgebrochen habe, wie sie alles abbräche, was sie auf künstlerischem Gebiet versuche, denn sie sei auf Grund ihrer Trinkerei unfähig, etwas aus ihren Talenten zu machen und zu

Ende zu bringen. Dennoch sei sie zwanghaft von der fixen Idee besessen, ihr eigenes Geld verdienen zu wollen, obwohl es absolut nicht nötig sei, wie ihr Gatte immer wieder betont habe; er könne ihr jeden Luxus bieten, den sie wünsche. Nachdem Mrs. Fitzgerald ein paar Monate in seiner Klinik gewesen sei, eine erneute Flucht versucht habe und nach dem Besuch ihres Gatten auch das Ekzem wiederum stark aufgeflammt sei, habe er im November auf Mr. Fitzgeralds Wunsch Herrn Dr. Bleuler, damals Direktor der Züricher Nervenheilanstalt und Professor für Psychiatrie an der Universität Zürich, hinzugerufen, der nach einem langen Einzelgespräch mit Mrs. Fitzgerald und einem anschließenden Gespräch mit dem Ehepaar die Diagnose Schizophrenie bestätigt hatte. Dr. Bleuler verlangte ein Honorar von fünfhundert Dollar, was bewies, dass Mr. Fitzgerald keinerlei Kosten bei der Behandlung seiner Frau scheute. Er müsse sie sehr geliebt haben. Natürlich sei ihm im Laufe der Zeit bewusst geworden, dass Mr. Fitzgerald ein Alkoholproblem hatte, und er habe ihm gesagt, seine Frau könne nur gesunden, wenn er zu trinken aufhöre. An der Diagnose des geschätzten Herrn Kollegen zu zweifeln, habe er jedoch keinen Grund gesehen.

Das Telefonat schien dem alten Herrn sichtlich schwer gefallen zu sein. Er räusperte sich vernehmlich. Er hatte mir nichts gesagt, was ich nicht schon wusste oder vermutet hatte, doch ich dankte ihm überschwänglich und herzlich. Sein »Auf Wiederhören« klang erleichtert.

Weihnachten 1931 besuchte ich meine Eltern in Montgomery, um mit ihnen das Fest zu verbringen. Es hat etwas Eigenartiges, wenn man sechsundzwanzig ist, keine Familie sein Eigen nennen darf und sich wie ein Kind darauf freut, das Weihnachtsfest mit den Eltern zu verbringen. Am Tag darauf würde mein Bruder mit seiner jungen Familie kommen; auch darauf freute ich mich.

Noch mehr aber freute ich mich, Zelda zu sehen. Seit September war sie nach fünfzehn Monaten Prangins zurück in Montgomery. Gleich nach ihrer Ankunft hatte sie mir geschrieben, Scott habe ein Haus in einer der besten Wohnlagen Montgomerys in der Felder Avenue nahe des Country Clubs gemietet, für vierhundert Dollar einen gebrauchten Stutz gekauft sowie einen Chauffeur angestellt. Zelda schrieb, sie sei überglücklich, wieder in der Heimat zu sein und unzensierte Briefe schreiben zu dürfen. Ihre Freude trübe nur die Krankheit ihres Vaters, der nach einer schweren Grippe im Frühjahr noch immer bettlägerig sei. Jeden Tag besuche sie ihn, häufig nehme sie Scottie mit, die ihr alter Vater sehr lieb gewonnen habe. ›Wie auch anders‹, schrieb Zelda, ›Scottie ist und bleibt ein Sonnenschein, man muss sie einfach lieb haben. Ich habe sie während der Umerziehungshaft in Prangins furchtbar vermisst.‹

Zelda schrieb tatsächlich ›Umerziehungshaft‹ – ihr typisch trockener Witz war wieder aufgeblitzt. Jetzt war es kurz vor Weihnachten, und Zeldas Vater war Mitte November gestorben, wie ich von meiner Mutter erfahren hatte. Zelda würde in Trauer sein, vielleicht konnte ich sie etwas aufmuntern. Scott zu sehen war mir kein Bedürfnis. Ich hoffte, er würde noch nicht aus Hollywood zurück sein, wohin er Anfang November gegangen war, um an einem Drehbuch für Metro-Goldwyn-

Mayer zu arbeiten. Ich wollte ihn wirklich nicht sehen, nach allem, was er Zelda angetan hatte.

Meine Mutter erzählte mir skurrile Dinge über Scott, die die Runde durch Montgomerys bessere Kreise machten. Scott litt immer unter der Vorstellung, er sei in unserer Stadt unbeliebt, weil er ein Yankee war und der Süden nie vergäße. Es war eine seiner Phantasien. In Wirklichkeit betrachtete man Scott mit gesunder Skepsis, weil er war, wie er war. Es hatte nichts mit seiner Nordstaatenherkunft zu tun. In den wenigen Wochen seines Aufenthaltes in Montgomery sorgte er mit seinem Verhalten für ausreichend Gesprächsstoff. Gleich in der ersten Woche nach ihrer Rückkehr hatte eine Freundin Zeldas eine Party gegeben, auf der Scott prahlerisch in die Runde warf, wie viel Geld er mit seinen Büchern und Kurzgeschichten verdiente. Vollends erstarrte die Gesellschaft in Schweigen, als Scott verkündete, er wünschte, er wäre impotent, dann hätte er mehr Zeit zum Schreiben.

Abends pflegte er mit seiner Sekretärin, einer ausgesucht hübschen jungen Frau, zum Tanz in den Country Club zu gehen. Was ihn nicht hinderte, andere Frauen aufzufordern und mit ihnen zu flirten. Scotts spezielle Methode war bekannt im Country Club. Er warf den Kopf in den Nacken, durchbohrte sein Opfer mit durchdringendem Blick und sagte: *»Und wo waren Sie mein ganzes Leben lang?«* Es war einfach nur lächerlich, erzählte mir Joanne. Scotts einstiger Charme war im Alkohol ertrunken, seine rotgeäderten Augen blickten glasig, der Bauchansatz war unübersehbar. Bestenfalls konnte man Mitleid mit ihm haben. Joanne schüttelte sich angewidert.

Auch tagsüber verbrachte er viel Zeit im Country Club, spielte Tennis oder Golf. Wenn er aus dem Umkleideraum kam, roch sein Atem nach Alkohol, erzählten die Leute. Und dass man ihn selten zusammen mit Zelda gesehen habe. Immer war es nur Zelda, die mit ihrer Tochter zum Haus der Eltern fuhr, um den schwer kranken Vater zu besuchen und der Mutter beizustehen. Scott erschien auch nicht zum Begräbnis seines Schwiegervaters. Es wunderte mich nicht. Von Zelda wusste ich, dass nur Mrs. Sayre ihren Schwiegersohn mit Höflichkeit behandelte. Richter Sayre hatte Scott seit jener Alkoholorgie in Westport stets ignoriert. In den Wochen vor seinem Tod, krank und schwach auf dem Sterbebett, legte er Zelda die Scheidung von Scott nahe. »Nicht mit diesem Burschen«, sagte Richter Sayre matt. Zelda nickte stumm, und sie verzieh ihrem Vater. Verzieh ihm die Pfirsichbaumrute in ihrer Kindheit, die sie rebellisch gemacht hatte, verzieh ihm, dass er sie ohne Hilfe gelassen hatte, als sie sie am dringendsten gebraucht hätte.

»Sara«, sagte Zelda zu mir, als wir in ihrem Wohnzimmer in der Felder Avenue saßen, »ich habe Daddy gesagt, dass ich nicht weiß, wie ich mit Scottie ohne Geld leben soll, denn Scott würde wie Carl lieber ins Gefängnis gehen, statt für mich Unterhalt zu zahlen. Daddy sagte, er werde veranlassen, dass genügend Geld für mich in seinem Büro hinterlegt wird. Er muss es vergessen haben. Ich war dort. Da waren nur Urkunden und Versicherungspolicen im Tresor. Kein Geld.«

»Und nun?« fragte ich.

»Ich bin zu Peyton Mathis gegangen und habe ihn gebeten, mir Geld zu leihen und Scott zu einer einvernehmlichen Scheidung zu bewegen. Elisabeth hat er auf diese Weise geholfen. Er sagte, bei Scott würde es nicht funktionieren, ich solle mir im Klaren darüber sein, dass Scott niemals auf seine Tochter verzichten werde, weil es seinem Renommee als berühmter Autor schade. Und dass ich wegen meines« – Zelda zögerte für einen Moment – »Aufenthaltes in Prangins schlechte Karten in einem Sorgerechtsstreit hätte. Scott habe bei Gericht dieses unschlagbar gute Argument, ich sei geisteskrank.« Zelda lachte bitter auf. »Aber ich werde es schaffen. Rosalind ist seit Daddys Tod hier, um Mama beizustehen und ihren Umzug vorzubereiten. Sie hat mich zu einem guten Scheidungsanwalt gebracht. Und ich habe begonnen, einen Roman zu schreiben, einen Roman über meine Ehe. Er ist meine Rache für Prangins und meine letzte Chance. Es wird ein Bestseller werden, ich weiß es. Meine Hauptgestalt heißt Amory Blaine, und jeder wird verstehen, dass sich hinter Amory Blaine, Scotts Held und Alter Ego in ›Diesseits vom Paradies‹, Scott F. Fitzgerald verbirgt. Ich erzähle alles über Scott. Alles. Von seinem Alkoholismus, seinem Versagen als Mensch und Autor, von seiner Gewalttätigkeit bis zu seinen sexuellen Ausschweifungen. Die Welt soll alles erfahren, sogar wie er in Genua in betrunkenem Zustand Sodomie versucht hat.«

»Das ist nicht ungefährlich, Zelda. Scotts volle Wut wird dich treffen.«

»Ich weiß.« Zelda zuckte die Achseln. »Der Leser wird zwischen den Zeilen lesen, und das soll er auch. Dann wird das Buch wenigstens gekauft, es wird Geld einbringen, und ich kann vor Gericht beweisen, dass ich in der Lage bin, für meine Tochter und mich zu sorgen. In der

Zwischenzeit schreibe ich Scott fast täglich verlogene Liebesbriefe nach Hollywood. Das habe ich in Prangins perfekt gelernt.« Energisch strich sie eine Haarsträhne, die ihr ins Gesicht gefallen war, zurück. »Als ich Scott vor ein paar Wochen zum Zug brachte, haben wir uns im Auto wieder fürchterlich gestritten. Scottie weinte den ganzen Weg zurück bis nach Hause. Es war taktisch falsch, und ich schrieb ihm sofort einen geheuchelt liebevollen Brief mit der Bitte um Vergebung und dass wir unbedingt noch ein Baby brauchen. Und dass ich unfähig bin, so gut zu schreiben wie er. Dabei weiß ich: Ich kann es besser. Harold Ober hat meine Geschichte ›The Millionaires Girl‹ irrtümlich für Scotts gehalten und sehr gelobt. Erschienen ist sie sogar nur unter seinem Namen. Aber Scott soll nicht den kleinsten Verdacht schöpfen, dass ich die Scheidung eingereicht habe. Jedenfalls nicht, solange er in Hollywood ist.«

»Wann kommt er zurück?«

»Morgen. Und morgen wird er es erfahren.« Zelda erhob sich und ging hinüber zu einem runden Tischchen in der Nähe des großen Balkonfensters, auf dem lauter Figuren aus Pappmaché standen. Ich folgte ihr.

»Schau mal«, sagte Zelda leichthin. »Das habe ich gemacht. Morgen wird der Baum aufgestellt, und ich werde all diese Figuren um ihn herum postieren.« Ich sah genauer hin. Was ich erblickte, war ein historisches Panorama aus Pappmaché. Da war Hannibal, der die Alpen überquerte, ein römisches Dorf, eine Wüste mit ägyptischen Söldnern, ein Zug, der in verschiedenen Geschichtsepochen anhielt. Die Endhaltestelle waren die Rosenkriege.

In den ersten Januartagen brach ich auf, um zurück nach New York zu fahren, wo ich inzwischen lebte. Zumindest mein amerikanischer Traum hatte funktioniert – ich war Korrespondentin dreier bedeutender Zeitungen geworden. Mein Vater brachte mich zum Zug; ich schaute ihm vom Fenster des Abteils hinterher, nachdem wir uns verabschiedet hatten und er sich zum Gehen wandte. Sein Haar war grau geworden, die Körperhaltung leicht gebückt, obwohl er noch keine siebzig war. Es tat ein wenig weh, ihn so zu sehen. Er drehte sich noch einmal um und winkte mir kurz zu, dann war er in der Menge verschwunden.

In diesem Moment entdeckte ich Rosalind, die an der Seite des Gepäckträgers den Bahnsteig entlang kam. Sie trug einen eleganten grauen Reisemantel und einen dazu passenden kleinen Hut. Ich rief ihren Namen, als sie in Höhe meines Abteilfensters war; überrascht schaute sie auf und lächelte erfreut, als sie mich erkannte. Sie fragte, ob in meinem Abteil noch ein freier Platz sei und gab, als ich nickend bejahte, dem Gepäckträger ein Zeichen, Koffer und Tasche in den Waggon zu tragen.

Dann stand sie vor mir und reichte mir die Hand. »Wie schön, Sie hier zu treffen.«

Sie gab dem Gepäckträger ein Trinkgeld, nachdem er alles in der Ablage verstaut hatte. Er entfernte sich dankbar grüßend, und Rosalind nahm aufatmend mir gegenüber Platz. Die weiche Kante ihres runden, kleinen Hutes fiel ihr in die Stirn. Ihr Gesicht war blass, unter den Augen lagen tiefe Schatten. Rosalind hatte ihren Vater begraben, der Mutter beim Umzug in ein kleineres Haus und Zelda beim Gang zum Scheidungsanwalt geholfen.

Die Anstrengungen der letzten Wochen hatten ihre Spuren hinterlassen.

Wir waren allein im Abteil; es sollte sich als Glücksfall erweisen. Ich glaube nicht, dass Rosalind sich mir in Gegenwart anderer Reisender anvertraut hätte. Der Zug hatte die Stadt kaum verlassen, als Rosalind begann.

»Zelda und Scott sind verschwunden.«

Ich verstand nicht gleich. »Wie – verschwunden?«

»Sie sind weggefahren. Das Mädchen sagt, es wüsste nicht, wohin. Man habe es ihr nicht gesagt.«

»Und Zelda hat weder Sie noch Ihre Mutter angerufen, um sich zu verabschieden?«

»Nein.« Rosalind vollzog einen tiefen Seufzer. »Sara, da stimmt etwas nicht. Das ist nicht Zeldas Art. Aus Frankreich hat sie jede, aber auch jede Woche einen langen Brief an Mama geschrieben, auch uns Schwestern schrieb sie regelmäßig. Und jetzt soll sie grußlos, mit unbekanntem Ziel für unbestimmte Zeit, aus ihrem Haus in der Felder Avenue verschwinden?«

Ich war alarmiert. »Sie meinen ...?«

Rosalind nickte, obwohl ich meinen Satz nicht zu Ende gebracht hatte.

»Ja. Scott muss sie entführt haben. Eine andere Erklärung gibt es nicht. Alle Umstände sprechen dafür. Das Mädchen sagt, Scott habe Freeman, den Chauffeur, angewiesen, den Stutz bereit zu machen, und sie musste die Koffer packen. Sie habe sich ein wenig gewundert, dass alles so schnell zu gehen hatte und Mrs. Fitzgerald beim Packen keine Anordnungen gab. Vom Fenster aus habe sie beobachtet, wie Mr. und Mrs. Fitzgerald untergehakt zum Auto gingen, beide hinten Platz nahmen,

Freeman das Gepäck verstaute und schließlich losfuhr.

»Unglaublich«, murmelte ich, nach Fassung ringend.

»Zelda hat mir erzählt, Scott habe getobt wie ein Wahnsinniger, als sie ihm am Weihnachtsabend von ihrer Scheidungsklage in Kenntnis gesetzt hatte. Er wollte, dass Zelda sie zurückzieht. Sie blieb fest.«

»Ja, das hat sie mir am Telefon auch gesagt, als ich zum neuen Jahr gratulierte. Und dass Scott all seine schlechte Laune an ihr ausließe, weil Hollywood ihn als Drehbuchautor nicht behalten wolle. Wer weiß, was er dort wieder angestellt hat. Wissen Sie, Scotts Flamme Lois Moran hat einen reichen Geschäftsmann geheiratet, und sie will sich aus dem Filmgeschäft zurückziehen, hieß es in den Illustrierten. Ich kann mir vorstellen, dass Scott die Heirat der Moran nur mit viel Alkohol verkraftet.«

Rosalind schien nicht auf meine Worte zu achten. Hastig fuhr sie fort: »Mama und ich sind in großer Sorge um Zelda, aber was können wir tun. Marjorie, Clothilde und Anthony haben selbst genug Probleme, und auch ich muss wieder zu meiner Familie, die mich lange genug entbehrt hat. Es hat keinen Sinn zu warten, bis die beiden nach Montgomery zurückkehren. Gott allein weiß, wann das sein wird.«

»Gott möge Zelda schützen. Ich glaube auch keine Sekunde, dass sie freiwillig in das Auto stieg. Wissen Sie, sie schreibt einen Roman und hofft, damit genug Geld zu verdienen, um mit Scottie unabhängig von Scott leben zu können.«

»Ich weiß. Seine Antwort war die Drohung, Zeldas Manuskript zu zerreißen, wenn er es findet; sie muss heimlich schreiben und es anschließend verstecken.«

»Weshalb hat sie ihm von dem Manuskript erzählt?«

»Um ihm klar zu machen, dass sie sich und Scottie ernähren kann. Scott hat gedroht, lieber ins Gefängnis zu gehen als für Zelda Unterhalt zu zahlen. Das war wohl sein Trumpf. Dagegen zog Zelda ihren Trumpf. Sie hat ihm auch gesagt, dass sie mit Scottie vorerst zu mir und meiner Familie nach New York ziehen werde. Leider. Aber wer konnte wissen, dass Scott mit einer Entführung reagieren würde.«

Ehe wir uns verabschiedeten, gab ich Rosalind meine Adresse, und sie versprach zu schreiben, sobald sie etwas Neues über Zelda wüsste.

Ein paar Wochen wartete ich auf Nachricht. Jenen Augenblick, an dem ich abends erschöpft aus der Redaktion kam und Rosalinds Brief vorfand, habe ich bis heute nicht vergessen. Im ersten Moment warf ich nur einen flüchtigen Blick auf das Kuvert; die Schrift war mir unbekannt. Auf der Rückseite entdeckte ich Rosalinds Adresse. Mein Herz schlug schneller, ungeduldig riss ich den Umschlag auf.

Rosalind schrieb, Zelda sei seit kurzem wieder in einer Nervenklinik, diesmal in der Phipps-Klinik in Baltimore. Scott habe es der Familie mitgeteilt und die unglaublichsten Dinge über Zelda berichtet. Rosalind habe sofort ihre Schwester in der Phipps-Klinik besucht und diese, bis auf eine gewisse Nervosität, in bestem geistigen Zustand vorgefunden.

»Zelda ist freiwillig in die Psychiatrie gegangen, stellen Sie sich das vor, Sara!!« Rosalind hatte zwei dicke Ausrufezeichen hinter den Satz gesetzt. »Sie will die

Scheidung, Scott will sie nicht. Er hat sie tatsächlich entführt, wie ich schon vermutet hatte. In einen Urlaub nach Florida. Schöner Urlaub. Nach ihrer Rückkehr konnte sie unter dem Druck von Scotts Drohung, das Manuskript zu zerreißen, wenn er es findet, nicht mehr arbeiten. Sie wissen, was dieser Roman für Zelda bedeutet. Es ist ihre letzte Chance auf ein selbstbestimmtes, eigenständiges Leben. Sie hat ihn fast beendet, und sie muss ihn zu Ende schreiben. Also hat sie ihm drei Wochen lang hysterische Anfälle vorgespielt und wirres Zeug erzählt – ich glaube, sie wäre eine großartige Schauspielerin geworden. Scott schrieb an Dr. Forel in der Schweiz, der ihm seinen Kollegen Dr. Meyer in der psychiatrischen Abteilung der Johns-Hopkins-Klinik Baltimore empfahl. Das fast vollendete Manuskript hat sie in die Klinik geschmuggelt. Ein Wunder, dass Scott ihren Koffer nicht durchsucht hat. Wahrscheinlich dachte er, Zelda sei zu verwirrt, um schreiben zu können. Was wiederum beweist, wie großartig Zelda schauspielern kann.

Zelda hat großes Glück; sie ist an eine Ärztin geraten, der sie sich anvertraut hat, Frau Dr. Mildred Squires, die nur wenig älter als Zelda ist. Sie darf jeden Tag ein paar Stunden schreiben, und Zelda sagte mir, sie stehe kurz vor der Beendigung des Romans. ›*Ich habe Katzengedanken, die auf Mäusegedanken Jagd machen*‹, hat sie zu ihrer Ärztin gesagt und Dr. Squires hat gelacht und verstanden.« Sie habe auch mit Dr. Meyer gesprochen, schrieb Rosalind weiter. Er sei der Meinung, dass Scott unbedingt eine psychiatrische Behandlung benötige; er war angetrunken, als er Zelda in die Klinik brachte und habe sich auffällig verhalten. Bei Vier-Augen-Gesprächen mit ihm mische er sich unangebracht in die Therapie seiner Frau ein und habe eine schriftliche Ermächtigung verlangt, seine Frau jederzeit auch gegen ihren Willen in die Psychiatrie einliefern zu können, was Dr. Meyer selbstverständlich verweigert habe. Scott dagegen würde eine Psychoanalyse und einen Alkoholentzug verweigern; beides würde einen unfähigen Schriftsteller aus ihm machen, so seine Begründung.

Sie hoffe, dass Zelda in Bälde unter dem Schutz der Klinik ihren Roman beende und dieser ein Erfolg werden würde. Mit Hilfe ihrer Ärztin werde Zelda das Manuskript aus der Klinik schmuggeln und an Scribner's schicken. Dr. Squires habe das fast fertige Manuskript gelesen und fände es sehr gut. Der Roman solle übrigens »Save Me« heißen, ein sehr passender und aussagekräftiger Titel, schrieb Rosalind. Vor allem aber hoffe sie, dass dieser Alptraum bald ein Ende habe.

So hoffte auch ich.

Bald nach Rosalinds Brief war ich als Korrespondentin für die »Baltimore Sun« unterwegs. Der Auftrag kam mir sehr gelegen. Ich musste unbedingt Zelda besuchen.

In Baltimore quartierte ich mich in einem kleinen Hotel ein und rief von dort Sara Haardt an. Nach einigen Jahren des Hin und Hers hatten Henry Mencken und sie schließlich doch geheiratet und lebten jetzt zusammen in der Cathedral Street, in der Nähe des alten Hotels, in dem Scott während Zeldas Aufenthalt in der Phipps-Klinik wohnte. Scottie hatte er in Montgomery bei Zeldas Mutter und Schwestern gelassen; der Gouvernante hatte er gekündigt.

Ich hatte kaum in Saras gemütlichem, mit Bücherregalen vollgestopftem Wohnzimmer Platz genommen, als es Sturm läutete. Sara verzog unwillig das Gesicht. »Nicht schon wieder!«, stöhnte sie. Für einen Moment zögerte sie, erhob sich dann und rief mir, indem sie sich im Gehen kurz umwandte, zu: »Das kann nur der verrückte Scott sein!«

Henry öffnete die Tür seines Arbeitszimmers, steckte fragend den Kopf heraus und nickte mir freundlich zu. Seine Miene verfinsterte sich, als vom Korridor her Scotts Stimme zu vernehmen war. Er versuchte, sich schnell zurückzuziehen, doch zu spät. Scott hatte bereits das Wohnzimmer betreten und ihn entdeckt.

»Hallo Mencken, alter Bursche!«, rief Scott ihm leutselig zu. Dann entdeckte er mich. »Hallo, kleine Sara! Wie geht's?«

»Gut«, sagte ich. »Wie geht es Zelda?«

Scott schaute sorgenvoll drein. »Nicht gut. Es ist dasselbe wie bei ihrem ersten Zusammenbruch. Sie hört Blumen sprechen und Stimmen in sich und will dennoch arbeiten, obwohl ihr Zustand das verbietet. Eine Ärztin hat ihr erlaubt, zu schreiben.« Er steigerte sich in Rage. »Es ist unglaublich; dafür ist sie nicht in der Psychiatrie! Sie sollen sie gesund machen und von ihrer Arbeitsmanie heilen und nicht noch darin unterstützen.«

»Worüber schreibt Zelda?«, fragte Sara.

Unauffällig stieß ich sie unterm Tisch mit dem Fuß an. Doch Scott hatte ihre Worte nicht vernommen; er hatte sich Henry zugewandt und um einen Drink gebeten. Henry kam seinem Wunsch seufzend nach und goss Scott einen Whisky-Soda ein. Er schien zu wissen: protestieren war sinnlos. Mit dem Glas in der Hand stierte Scott kurz vor sich hin, nahm einen Schluck und begann dann ein nicht enden wollendes Selbstgespräch. Er machte nur eine Pause, wenn sein Glas geleert war und er um ein neues bitten wollte. Wir versuchten mehrmals, ihn zu unterbrechen – es war ein Ding der Unmöglichkeit. Später sagte Henry, die einzige Möglichkeit, ihn zu unterbrechen, wäre wohl ein gewaltsamer Rauswurf gewesen, an dem er nahe dran war, wovon ihn jedoch seine gute Erziehung abgehalten hätte. Scott war nicht zu stoppen. Er erging sich in stundenlangem Selbstmitleid, über sich, seine Ehe, in endlosen Erklärungen für die gescheiterte Armeekarriere, ja, selbst aller Niederlagen der Fußballmannschaft seiner Princetoner Studentenzeit einschließlich des Sexuallebens ihrer Spieler.

Als sich endlich die Tür hinter Fitzgerald schloss, lehnten wir uns erschöpft in die Sessel zurück.

»Jesus!«, war alles, was zu sagen Mencken in der Lage war.

»So geht das seit Wochen!«, stöhnte seine Frau. »Wir wissen nicht mehr, was wir tun sollen. Er ruft zu jeder Tages- und Nachtzeit an, um Mitternacht, im Morgengrauen – wann immer er sich einsam fühlt. Zum Glück ist das Haus nachts verschlossen, und er kann nicht hinauf. Wir öffnen nicht, wenn er um Mitternacht klingelt. Er tut uns leid, aber so geht das nicht weiter.«

Mencken hatte seine Sprache wiedergefunden. »Ich werde mit meinem Arzt sprechen. Baker muss dafür sorgen, dass Scott in Entzug geht.« Mit spitzen Fingern nahm er Scotts Whiskyglas auf und trug es in die Küche. Es sollte noch über ein Jahr vergehen, bis es mit Henrys

Anteilnahme vorbei sein würde. Da hatte Scott Henrys Frau seine Lieblingsvenus genannt, versucht, sie zu küssen und sich nach Henrys und Saras Protest die Hosen heruntergezogen, um ihnen den bloßen Hintern zu zeigen.

»Hast du eine Zigarette für mich?«

Ich fingerte in meiner Handtasche, fand die angebrochene Packung und reichte Zelda das Gewünschte. Sie griff danach wie der Ertrinkende nach dem Strohhalm, zündete sie mit meinem Feuerzeug an und zog hastig an der Zigarette.

»Das ist das Schlimmste hier an dieser Klapse – dass man nicht rauchen darf.« Zelda zog eine Grimasse. Sie inhalierte noch einmal tief, stieß den Rauch aus und wurde etwas ruhiger. Langsam ließ sie den Blick über die Parkanlage der Klinik schweifen; es war der erste warme Frühlingstag in Baltimore, die Knospen von Bäumen und Blüten schossen zaghaft auf.

»Es ist schiefgegangen, Sara.« Zelda lächelte niedergeschlagen. »Frau Dr. Squires und ich hätten wissen müssen, dass Männer zusammenhalten. Es war naiv zu glauben, der Scribner's Verlag würde seinen eigenen Autor demontieren.«

»Perkins hat Scott dein Manuskript zu lesen gegeben?«, fragte ich entsetzt.

»Ja.«

Ich rang um Fassung. Eine Weile schwiegen wir beide. Dann sagte ich: »Und ich war so froh zu hören, dass man dir erlaubt, in der Klinik zu schreiben. Scott hat es erzählt, als ich bei den Menckens zu Besuch war. Natürlich war er wütend darüber, und ich dachte: geschieht ihm recht.«

»Du hättest ihn erleben sollen, als er hier auftauchte. Meine Ärztin sagt, am liebsten hätte sie ihm eine Beruhigungsspritze verpasst. Er führte sich auf wie ein Irrer und beschimpfte uns so fürchterlich, dass Frau Dr. Squires mir dringend die Scheidung ans Herz legte. Sie hat auch mit Scott gesprochen, aber er lehnt eine Scheidung nach wie vor ab.«

»Das alte Lied«, sagte ich.

»Jetzt habe ich nur wenig Hoffnung, dass mein Roman ein Bestseller wird. Ich muss über ein Drittel des Textes streichen – all die Skandalpassagen, die Scott betreffen, sonst bringt Scribner's das Buch nicht. Amory Blaine muss ich umtaufen. Ich werde ihn David Knight nennen. Carl hat ein Porträt über Scott geschrieben, in seinem Roman ›Partys‹; darin hat er ihn David genannt, und für Knight habe ich mich entschieden, weil Scott so furchtbar eifersüchtig auf Richard Knight war. Von meinem Roman wird nur ein Torso bleiben. Sogar den Titel muss ich ändern. Von ›Save Me‹ zu ›Save Me the Waltz‹.« Zelda verzog verächtlich den Mund. »Ein himmelweiter Unterschied! Man vermutet keinen Überlebenskampf dahinter, sondern eine romantische Liebesstory.«

Ich nickte zustimmend.

»So will er meinen Roman haben – als romantische Liebesstory. Aber das war unsere Ehe nie. Sie war ein Kampf – von Anfang an ein immerwährender Kampf. Als erfinderischer Autor hat Scott sich in einem Schreiben an Frau Dr. Squires selbst übertroffen. Sie hat ihn um Auskunft über unsere sexuellen Beziehungen gebeten. Frau Dr. Squires hat mir Scotts Brief gezeigt. Nichts davon ist wahr. Von wegen, ich hätte stets einen Orgasmus bei ihm gehabt. Ich hatte noch nie einen bei Scott. Nur bei Richard. Scott ist zu schnell. Und seine Perversionen und meinen Abscheu darüber ließ er natürlich unerwähnt.« Wütend drückte Zelda ihre Zigarette aus.

»Ich werde mein Buch Frau Dr. Squires widmen. Dr. Meyer und Dr. Rennie haben sich bei Scott entschuldigt, dass mein Manuskript von ihm ungelesen bei Scribner's eingehen konnte. Noch einmal: Männer unter sich!« Zelda sah mich empört an. »Und jetzt, Sara, jetzt wird es dich umhauen. Scott besteht auf einer Vertragsklausel, nach der mit meinen Tantiemen seine fünftausend Dollar Schulden bei Scribner's ausgeglichen werden. Weil er der Mann ist, der die Rechnungen bezahlt. Ich kann nichts dagegen tun.«

Sie machte eine Pause, dann sagte sie entschlossen: »Ich werde ein neues Buch schreiben. Für einen anderen Verlag. Ich gebe nicht auf.«

Zeldas Roman mit dem irreführenden Titel »Save Me the Waltz« erschien Anfang Oktober 1932. Das Feuilleton vieler Zeitungen, von der New York Times bis zur New York Sun, bedachte ihn mit viel Lob. Das war beträchtlich, wenn man sich vor Augen hält, dass Scott und sein Verleger alles getan hatten, um Zeldas Erstling in der Bedeutungslosigkeit versinken zu lassen.

Im Vorfeld hatte es keinerlei Reklame gegeben. Gebunden in grünem Leinen, gedruckt auf billigem Papier, war es eines der optisch am wenigsten ansprechenden Bücher, die je im Verlag Scribner's erschienen waren. Und es war voller typografischer und anderer Fehler.

Wenige Tage nach Erscheinen des Romans titelte eine Baltimore-Zeitung: *»Mrs. Fitzgerald erster Roman stellt sie auf Scotts Niveau«.* Auch diesen Zeitungsausschnitt habe ich aufgehoben. Zelda hatte ihn mir sofort geschickt. Ich stelle mir vor, wie stolz und glücklich sie jene Schlagzeile gemacht haben mag. Auch Ausschnitte aus der New York Sun (*»Mrs. Fitzgerald nächster Roman wird ein interessantes Ereignis sein«*) und der New York Herald Tribune legte sie bei. (*»Ihr Schreiben hat eine ungewöhnlich maskuline Kraft: Es ist dynamisch und sensibel zugleich.«*)

»Ich glaube, jetzt habe ich es geschafft«, schrieb Zelda überschwänglich in ihrem Brief, der den Zeitungsartikeln beilag. »Ich muss es schaffen, für Scottie und mich eine Existenz aufzubauen! Die Saturday Evening Post hat in diesem Sommer keine von Scotts Geschichten angenommen; sie bemängeln den Qualitätsverlust seiner Storys. (Ich schaue heimlich in Scotts Post, wenn er volltrunken schläft.) Er trinkt wieder sehr viel in diesem Sommer. Ende August gab es einen fürchterlichen Streit mit ihm. Ich schreibe an meinem neuen Roman, in dem ich meine Psychiatrieerfahrungen verarbeiten will, und Scott hält meine Erfahrungen für das Material seines Romanes, an dem er seit ich weiß nicht wie vielen Jahren schreibt und den er neu konzipiert hat. Er war betrunken, als wir darüber stritten, ich bekam schreckliche Angst vor ihm, rief in der Phipps-Klinik an und bat um Aufnahme. Scottie hat er mir ohnehin entfremdet, sie lässt sich nichts von mir sagen; nur seine Worte gelten. Mrs. Owens kümmert sich gut um sie, und bei Frau

Dr. Squires bin ich in Sicherheit. Selbst Dr. Meyer unterstützt jetzt mein Schreiben. Aber sie sagten, nein, eine stationäre Aufnahme sei nicht möglich, die wöchentlich ambulante Psychotherapie reiche aus. Ich weinte so lange in das Telefon, ich hätte Angst vor Scott und fürchte um mein Leben, bis sie sich erweichen ließen. Scott bestand darauf mitzufahren. Mrs. Owens fuhr uns beide zur Klinik, und dort randalierte Scott so sehr, dass man ihn ein paar Tage zur Ausnüchterung dabehielt. Ein junger Arzt sagte mir, man müsse Scott in Verwahrung nehmen, denn er sei gemeingefährlich. Nach der Ausnüchterung benahm er sich so nett und normal, wie er ist, wenn er nicht getrunken hat, und es gab keinen Grund, ihn weiter in der Klinik festzuhalten, sagten die Ärzte.

Sara, halt mir ganz fest die Daumen, dass mein Buch ein Bestseller wird. Mein Leben hängt davon ab – und Scotties.«

Zeldas Buch wurde ein Flop. Nur eintausendvierhundert Exemplare von gedruckten dreitausend verkauften sich. Ich erfuhr es, als wir Zelda Ende Oktober besuchten. Zusammen mit Sara Haardt-Mencken war ich zu Zeldas neuem Heim mit dem schönen Namen ›La Paix‹ gefahren, das Scott im Mai, noch während Zeldas Aufenthalt in der Phipps-Klinik, gemietet hatte. Der Name war ein schrecklicher Euphemismus. Es gab keinen Frieden darin. Solange Scott trank, würde es niemals Frieden geben.

Scott hatte darauf bestanden, Sara und mich nach ›La Paix‹ zu fahren, um Zelda zu besuchen. Sie hatte gerade eine schwere Asthmaattacke überstanden, und Scott meinte, ein Besuch ihrer Freundinnen würde sie aufmuntern. Später wurde uns klar, dass dies nicht der wahre Grund war. Wie auch immer, wir nahmen Scotts Einladung gern an. Wir wollten Zeldas neues Zuhause sehen und hören, wie sich ihr Roman verkaufte.

Scott fuhr den alten blauen Stutz, als gelte es, ein Wettrennen zu gewinnen. Sara mahnte mehrfach, Scott solle etwas langsamer fahren – wir fürchteten wirklich um unser Leben –, doch Scott erwiderte verärgert, er sei nicht Zelda, die in New York wegen rücksichtslosen Fahrens in ihrem Rolls Royce inhaftiert worden war. »Scott«, sagte ich, »das ist über zehn Jahre her. Zelda ist vernünftig geworden.« Ich wollte hinzufügen: »Du nicht«, unterließ es jedoch. Bei Scott wusste man nie, wie viel Drinks er gerade intus hatte.

Ohne den Fuß vom Gas zu nehmen, fuhr Scott die Auffahrt zum Haus hinauf und bremste scharf. Die Horrorfahrt war vorüber. Sara und ich sahen uns erleichtert aufatmend an. Dann stiegen wir aus. Vor uns lag ein großes, verwahrlost wirkendes Haus, umgeben von riesigen alten Bäumen, viele davon Trauerweiden. Zelda sagte später zu uns, ›La Paix‹ sei wie ein verwaistes Theater, das die Familie verlassen habe, nachdem die Kinder erwachsen geworden waren. Ich habe Zeldas Metaphern immer gemocht, doch diese hier traf besonders zu. Die verwitterte Fassade des Hauses schien seit Jahrzehnten keine Farbe mehr gesehen zu haben und der graue Putz bröckelte überall herunter. In all seiner Verwahrlosung hatte das Haus auch etwas von einem verwunschenen Hexenhaus, mit Zierbögen über Fenstern und Türen, vielen kleinen Erkern und einem verschnörkelten Geländer rings um die geräumige Veranda. Auf dem Rasen entdeckten wir Scottie, die allein mit ihrem Tennisschläger spielte. Sie war jetzt elf und sah ihrer Mutter sehr ähnlich. Die Ähnlichkeit wäre noch größer gewesen, wäre ihr Gesicht nicht rund, sondern oval gewesen wie Zeldas.

»Wo ist deine Mutter?«, fragte Scott mit besorgter Miene, als könne er nie sicher sein, Zelda aufzufinden.

»Malen, nehme ich an.« Scottie zuckte die Achseln und wandte sich wieder ihrem Spiel zu.

Scott führte uns ins Haus. Die wenigen, alten Möbel im Wohnzimmer waren düster und verschrammt, es gab kaum Teppiche, und wenn doch, so wirkten sie abgetreten. Die meisten Fenster waren ohne Gardinen. Wir gingen einen langen, kahlen Korridor entlang, gänzlich unmöbliert und ohne Läufer; unsere Schritte hallten nach und warfen ein seltsames Echo wider, als seien wir in einem Geisterhaus.

Am Ende des Korridors stoppte Scott vor einer der vielen Türen, drückte die Klinke, doch die Tür war verschlossen. Scott klopfte. »Zelda, mach auf, ich weiß, dass du da drin bist.«

Keine Antwort.

»Zelda, mach auf. Die beiden Saras sind hier.«

»Ach, wirklich?« Zeldas Stimme klang ironisch.

Wieder sahen Sara und ich uns an. »Wir sind wirklich hier, Zelda«, ließ Sara sich schließlich vernehmen.

Wir hörten Schritte und das Geräusch des sich bewegenden Schlüssels. Die Tür öffnete sich. Dann stand Zelda vor uns. Es war ein Schock. Für einen Moment glaubte ich, mich in einer griechischen Tragödie zu befinden. Scotts vom Alkohol veränderte Züge, sein Körperumfang, sein schütter gewordenes Haar hatten mich berührt, doch es war nicht zu vergleichen mit dem, was ich empfand, als ich Zelda erblickte. Noch bei meinem Besuch in der Phipps-Klinik hatte sie, wenn auch etwas angespannt, gesund ausgesehen. Sie war nicht mehr die Schönheit, die sie in ihrer Jugend gewesen war, doch noch immer eine attraktive Frau. Jetzt stand ein körperliches Wrack vor mir. Sie war sehr dünn geworden; noch schlimmer jedoch war das Ekzem, das Gesicht und Hals bedeckte. Zeldas Haut war einst makellos. Jetzt war ihr Teint von gräulicher Blässe. Unterhalb des Mundes hatten sich zwei scharfe Linien eingegraben, die ihr etwas Verbissenes, Rigides gaben. Es schmerzte, sie so zu sehen. Sie trug ein makelloses gelbes Leinenkleid ohne den kleinsten Spritzer Farbe. Offensichtlich hatte sie heute in ihrem Atelier nicht an ihren Bildern gearbeitet. Sie lächelte uns freundlich überrascht entgegen und bat uns herein. Scott trottete vorweg, in einem seltsam stolzierenden Gang, den er sich neu angewöhnt hatte.

Zeldas Atelier war ein großer, heller Raum, wahrscheinlich einer der wenigen hellen Räume des Hauses. Nach der Düsternis des Wohnzimmers überraschte mich die Helligkeit. Am Fenster stand eine Staffelei; Farbtöpfchen aller Art, ein großes Wasserglas mit vielen Pinseln und eine Farbpalette befanden sich auf einem Tisch davor. An den Wänden hingen Ölgemälde und Aquarelle, manche noch unvollendet. Zelda wies auf das Ölgemälde, das auf der Staffelei lag und an dem sie seit Wochen arbeitete, wie sie sagte. Es zeigte ein halbes Dutzend Ballerinen in einem Umkleideraum, deren nackte muskulöse Körper wie in einem Knäuel miteinander zu verschmelzen schienen. Sie wirkten kraftvoll und erschöpft zugleich; mit ihren geschwollenen Füßen und Waden standen sie fern all der zarten Primaballerinagemälde, die ich bisher gesehen hatte. »So muss man Ballerinen malen«, sagte Zelda, die meinen Blick bemerkte. »Alles andere ist eine Verkennung der Realität. Es ist für eine Ausstellung in der New Yorker Anderson Galerie im nächsten Frühjahr. Meine erste Ausstellung überhaupt.« Zeldas Mund war verzerrt, während sie über ihre Bilder sprach; ihr Augenlid zuckte nervös. Von Zeit zu Zeit warf sie Scott einen wachsamen Blick zu, der sie gleichfalls nicht aus den Augen ließ. Es war, als würden sich zwei Kampfhunde gegenseitig misstrauisch belauern.

Inmitten all der Skizzen über New York und Paris, der Ballettstudien und verträumten Blumenaquarelle hingen zwei Ölgemälde, die Kreuzigungen zeigten. Ein Gesicht am Kreuz war unverkennbar Zeldas. Scotts und mein Blick streiften sich kurz, und als er erkannte, was ich erkannt hatte, drehte er sich abrupt um und verließ das Atelier. Zelda atmete hörbar, für einen Moment kratzte sie an ihrer kranken Haut, die zu jucken schien. Dann sagte sie: »Am liebsten möchte er mir auch noch das Malen verbieten. Aber Dr. Rennie hat einen Stundenplan aufgestellt, wann und wie lange am Tag ich malen darf und wann ich zu Bett gehen muss. Und ich musste Dr. Rennie versprechen, solange nicht an meinem neuen Roman weiterzuarbeiten, bis Scott den seinen beendet hat. Dieser junge Psychiater schätzt Scotts Schreiben mehr als das meine, deshalb hat er sich Scotts Ansicht angeschlossen, das Material über meine Zeit in der Schweizer Klinik gehöre ihm, weil er eintausend Dollar pro Monat dafür bezahlt hat. Aber ich denke nicht daran, mein Versprechen zu halten. Es ist unerhört, und ich wehre mich dagegen. Ich schließe mich ein und male und schreibe, wie es mir passt. Ich habe ein Doppelschloss einbauen lassen, damit ich in Ruhe arbeiten kann. Scott droht, mein Manuskript zu zerreißen, wenn er es findet. Ich vermeide es, ihn zu sehen. Wir essen und schlafen getrennt. Ich halte seine Gegenwart nicht aus. Ich weiß nicht, wie es mit mir weitergehen wird. Mein Buch ist ein Flop. Es verkauft sich sehr schlecht. Ich habe Perkins gebeten, mehr Reklame zu machen, in der New York Times oder der Herald Tribune. Alles, was passiert ist, war ein Brief, in dem er schrieb, der letzte Teil von ›Save Me the Waltz‹ sei besonders gut gelungen, und dass sich das Buch weitaus besser verkauft hätte, wären wir nicht mitten in einer tiefen Wirtschaftskrise. Und er sagt, ich solle unbedingt weiter schreiben.«

Vom Korridor waren Schritte zu hören. Scott stand wieder in der Tür. »Hey, ihr beiden Saras, ich will euch auch etwas zeigen. Zelda, komm mit.«

Wir sahen uns an. Dann, wie von einer unsichtbaren Hand gezogen, folgten wir Scott in sein Arbeitszimmer. Zelda schloss sich uns an; sie schien zu ahnen, was Scott uns zeigen würde. Wieder gingen wir den langen, nackten Flur des Geisterhauses entlang; die Tür zu Scotts Arbeitszimmer stand halb aufgelehnt. Gehorsam wie kleine Schulmädchen beim Besuch des Direktors im Lehrerzimmer stellten wir uns auf Scotts Geheiß vor seinem Schreibtisch auf. Mit der Hand wies er auf einen kleinen Manuskriptstapel, der darauf lag.

»Ich bin dabei, meinen Roman zu überarbeiten, mit

völlig neuen Abschnitten und einer veränderten Handlung. So viel habe ich seit Anfang September schon geschafft. Es wird ein künstlerischer Triumph und ein Bestseller werden.« Scott blickte stolz in die Runde. Wir nickten und sagten: »Gut, Scott.« Das war zu wenig Aufmerksamkeit für einen Egozentriker wie Scott. Unversehens lief er rot an, hieb mit der flachen Hand auf das Manuskript und rief laut: »Es ist verdammt gut! Nicht wahr, Zelda? Das Manuskript ist verdammt gut!«

Was folgte, war ein freudloses, bitteres Lachen. So verbittert hatte ich Zelda noch nie lachen hören und ich dachte wehmütig an das helle, glockenhafte Lachen ihrer Jugend, das mich immer bezaubert hatte. Jetzt standen Scott und Zelda einander gegenüber und sahen sich hasserfüllt an. Für einen Moment schien es, als wolle er sie schlagen. Zelda wich einen Schritt zurück. Scott hatte offensichtlich den Schrecken in Saras und meinem Gesicht gelesen, denn er wandte sich ab und sagte hastig, als wolle er erklären: »Sie ist verrückt, wisst ihr. Schizophrenie, sagen die Ärzte. Ihr dürft sie nicht ernst nehmen.«

Wortlos verließ Zelda den Raum. Ihre Schritte klackten den Korridor entlang, laut fiel eine Tür ins Schloss. Scott hob triumphierend die Hände. »Da seht ihr es. Sie ist wirklich verrückt. Und es ist nicht meine Schuld! Ihr Bruder hat sich im August das Leben genommen. Es liegt in ihrer Familie!«

Als Scott uns zurück in die Stadt fuhr, hörte er nicht auf, Zelda zu beschimpfen. Sara und ich versuchten ein Dutzend Mal, das Thema zu wechseln. Es war unmöglich. Scott redete sich in Rage. Schuld am Zustand seiner

Frau sei ihre Familie, verkündete Scott. Ihre Mutter, diese alte Hexe, habe aus Zelda etwas Besonderes machen wollen, dabei habe sie Zelda nur verwöhnt und zu einem egoistischen, unselbständigen Wesen erzogen. Sie sei eine schlechte Mutter und Hausfrau, und jetzt wolle sie ihm auch noch sein literarisches Material stehlen, für das er fünfzehn Monate lang eintausend Dollar pro Monat bezahlt habe. »Es ist mein Material, nur mein Material!« rief er wütend.

Mir lag auf der Zunge zu sagen: »So wie ihre Tagebücher dein Material waren!«; eine innere Stimme hielt mich davon ab. Scott fuhr wieder wie ein Irrer, ungeachtet unserer Proteste. Wir wollten heil in Baltimore in Saras Wohnung ankommen.

Scotts Wut auf Zelda machte nicht einmal vor ihrer Hautkrankheit halt. »Wenigstens ist sie zur Strafe hässlich geworden wie die Nacht. Sie war mal das schönste Mädchen des Südens. Und wie sieht sie jetzt aus. Na, geschieht ihr völlig recht.«

Er schimpfte noch eine Weile auf Frau Dr. Squires und Dr. Meyer, die Zeldas Schreiben unterstützten und nicht erkennen würden, dass sie dadurch in einen Erregungszustand geriet, der ihrer Gesundheit nicht gut täte. »Und ihr Roman taugt nichts! Überhaupt nichts! *Was hat sie denn zu sagen? Nichts! Ich bin der professionelle Autor! Zelda hat Illusionen wie ein Schulmädchen aus Iowa! Keine fünfzig Dollar würde sie mit ihrem Schreiben im Jahr verdienen!*« Wir ließen ihn reden und unterbrachen ihn nicht mehr, bis der alte Stutz kreischend vor Saras Wohnung in der Cathedral Street hielt.

Im Wohnzimmer wartete Henry und sagte nach unserem Bericht: »*Zu dumm, dass Scott Zelda als erste in die Klapse gebracht hat.*«

Anderthalb Jahre später würde er Scotts flehender Bitte, den lauen bis feindseligen Kritiken zu seinem Roman »Zärtlich ist die Nacht« eine positive entgegenzusetzen, nicht nachkommen. Scott hatte in der Figur der geisteskranken Nicole Diver seine Frau porträtiert, in künstlerischer Freiheit völlig verzerrt, und sich nicht gescheut, darin Zeldas private Briefe an ihn der Öffentlichkeit preiszugeben.

Ich fand Henrys Reaktion auf Scotts Bitte nur konsequent.

Mrs. Owens war eine große, mütterlich wirkende Frau. Das farblos anmutende Haar trug sie streng aus der Stirn gekämmt, so dass ihr Gesicht noch flächiger wirkte. Ich traf auf sie bald nach Scotts Tod, im Frühjahr 1941. In den Dreißigern war sie etliche Jahre Scotts Sekretärin gewesen, außerdem Scotties Ersatzmutter, ehe sie auf ein privates Mädcheninternat ging – und für anderthalb Jahre Zeldas einziger Halt in ›La Paix‹.

Es war Mrs. Owens, die mich ansprach, als ich in der Redaktion der New York Herald Tribune, wo ich inzwischen arbeitete, an ihr vorüberging. Ich hatte sie bei unserem Besuch in ›La Paix‹ nur flüchtig gesehen und hätte sie nicht wiedererkannt. Ich sagte ihr, dass ich erstaunt sei, wie sie sich noch an mich erinnern könne, nach so vielen Jahren und dem nur kurzen Augenblick in ›La Paix‹. »Ach«, sagte sie, »ich habe am Fenster gestanden und Ihnen lange hinterhergeschaut, als Sie zum Auto gingen. Ich war so traurig für Mrs. Fitzgerald. Mr. Fitzgerald hatte gesagt, er holt zwei Freundinnen seiner Frau zum Tee, und dann waren Sie beide schnell wieder weg, und es gab keinen Tee. Das habe ich nicht vergessen«

Das ließ mich aufhorchen. Ich fragte Mrs. Owens, ob sie etwas Zeit hätte, und bat sie in mein Büro. Ich ließ das Mädchen Kaffee für uns bringen, und während wir darauf warteten, musterte ich Scotts ehemalige Sekretärin noch einmal unauffällig. Nein, dachte ich, in diese Frau hat Scott sich mit Sicherheit nicht verliebt. Schöne Frauen waren für Scott eine ebensolche Droge wie Alkohol. Bei der Auswahl von Isabel Owens hatte Scott tatsächlich einmal seinen Verstand walten lassen.

»Wie geht es Mrs. Fitzgerald jetzt, nach dem Tod ihres Mannes? Haben Sie noch Kontakt zu ihr?«

»Natürlich. Sie ist eine meiner besten Freundinnen. Seit über zwanzig Jahren haben wir einander nie aus den Augen verloren. Aber um Ihre Frage zu beantworten: Sie kommt mit dem Tod ihres Mannes zurecht. Sie haben ohnehin viel getrennt gelebt, wie Sie wissen.«

»Ich weiß. Die arme Mrs. Fitzgerald. Sie hat mir immer unendlich leid getan. Wissen Sie, ich hielt sie überhaupt nicht für verrückt. Zum Personal war sie immer sehr freundlich und höflich, und wäre ich nicht Mr. Fitzgeralds Angestellte gewesen, so hätten sie und ich Freundinnen sein können. Es war ihr Mann, der ihr das Leben zur Hölle gemacht hat. Keine Frau hätte mit ihm leben können.« Das Mädchen brachte den Kaffee. Nachdem es hinausgegangen war, sagte ich: »Ich weiß.«

Mrs. Owens nickte noch einmal bekräftigend. »Sogar die Hausangestellten sind gegangen, weil sie es mit ihm nicht aushielten. Er konnte oft nicht schlafen und weckte mitten in der Nacht die Köchin, mich oder eine andere Hausangestellte, um sich mit uns zu unterhalten. Dann erzählte er alles, auch Dinge, die niemand wissen wollte. Mir erzählte er mit einem Glitzern in den Augen, welche tollen Frauen er schon erobert hatte. Bei der Köchin wurde er wohl auch zudringlich. Am nächsten Tag jedenfalls ging sie. Wenn ich ihm Vorwürfe machte wegen seiner Trinkerei, sagte er, er sei aus Kummer über seine Frau zum Trinker geworden.«

»Warum sind Sie geblieben, Mrs. Owens?«

»Ach, ich wollte oft gehen. Jeden Tag habe ich gedacht: Heute kündige ich. Aber dann kam Scottie herein; das war immer, als ob die Sonne aufginge – und ich blieb. Wer hätte sich um sie kümmern sollen.«

»Zelda?«

»Scottie hat auf ihre Mutter herabgeschaut. Sie ließ sich nichts von ihr sagen, schon mit zwölf Jahren nicht mehr. Mr. Fitzgerald hat jegliche Autorität seiner Frau in Erziehungsfragen untergraben. Er hat Scottie gesagt, ihre Mutter sei verrückt und habe ihr nichts zu sagen. Das Kind hat es natürlich geglaubt, schließlich war seine Mutter lange in Nervenkliniken.« Mrs. Owens machte eine resignierte Handbewegung. »Ach, Mrs. Mayfield, wenn Sie wüssten, was ich weiß.«

»Erzählen Sie«, sagte ich. Sofort nickte sie eifrig. Wahrscheinlich hatte sie, verschwiegene und treue Seele zugleich, noch nie mit jemandem darüber gesprochen, ja, sie schien erleichtert, all das aufgestaute Wissen um die schreckliche Ehe der Fitzgeralds weitergeben zu können, jetzt, da Scott tot und in der künstlerischen Bedeutungslosigkeit versunken war. Mrs. Owens begann.

»Als junges Mädchen las ich einmal Stevensons Erzählung von Dr. Jekyll und Mr. Hyde. Ich fand sie sehr gruselig, verstand sie wohl auch noch nicht in meiner Unerfahrenheit. Ich hätte nie gedacht, dass mir je im Leben ein solcher Mensch begegnen würde. Scott Fitzgerald kam dem sehr nahe. Er schien aus zwei Menschen zu bestehen: charmant, höflich, anziehend, wenn er nüchtern war. Und zum Fürchten, wenn er betrunken war.

Als ich die Stelle antrat, klang alles ganz einfach. Ich war überglücklich – zwölf Dollar pro Woche, und das mitten in der Großen Depression. Außerdem dachte ich: was für eine interessante Arbeit. Sekretärin bei einem bekannten Schriftsteller. Wissen Sie, ich habe ›Zärtlich ist die Nacht‹ insgesamt dreimal abgetippt, in immer wieder veränderten Fassungen, manche Passagen sogar noch öfter. Aber das nur nebenbei. Wie es sich herausstellte, war das Tippen längst nicht meine einzige Aufgabe. Ich war Gesellschafterin für Mrs. Fitzgerald, Muttersatz für Scottie und Chauffeur für Mr. Fitzgerald. Ich kaufte Leinwand und Farben für Mrs. Fitzgerald, ging mit ihr schwimmen, reiten und Tennis spielen. Ich stand auf, wenn Mr. Fitzgerald im Morgengrauen anrief und aus irgendeiner Bar in Baltimore abgeholt werden wollte. Weshalb ich das tat? Ich hatte nie eigene Kinder, und die ganze Familie Fitzgerald war im Grunde mein Kind. Man musste sich um alle drei kümmern, nicht nur um Scottie. Ich meine: Ohne mich wären sie nicht zurechtgekommen.

Ich wusste fast alles über sie. Auch schon vor dem stundenlangen Gespräch des Ehepaares mit Mrs. Fitzgeralds Psychiater Dr. Rennie im dunklen Wohnzimmer ihres Hauses, im Mai 1933. Der Arzt und Mr. Fitzgerald hatten mich beauftragt, das Gespräch mit einem Diktaphon aufzunehmen. Später habe ich es transkribiert – es wurden einhundertvierzehn Seiten. Also, ich wusste alles. Und was ich noch nicht wusste – aber schon immer vermutet hatte –, erfuhr ich an jenem Nachmittag, der um halb drei begann und irgendwann in den frühen Abendstunden endete. Es war eine demütigende Veranstaltung für Mrs. Fitzgerald; sie war die Angeklagte, die sich verteidigen musste, und als die Anklage endlich zu Ende und ich für einen Moment allein mit Dr. Rennie zurückgeblieben war, fragte er mich, wen von den beiden ich für verrückt hielte. ›*Sie alle drei*‹, sagte ich wütend. Er lachte ungläubig, aber ich glaube, er hatte verstanden.

Ich habe ein sehr gutes Dialoggedächtnis, und da ich alles Wort für Wort übertragen habe, sind mir große Teile des Gesprächs so gegenwärtig, als wäre es gestern gewesen. Was mich am meisten aufregte, war die Tatsache, dass eine Frau, die vor den Scherben ihrer Ehe saß, und die aus einer Ehe herauswollte, die sie krank gemacht hatte, für psychisch nicht gesund erklärt wurde. Ich hielt Mrs. Fitzgerald für sehr gesund. Sie hatte einen langen Leidensweg hinter sich, in dem sie erkannt hatte, dass sie ihren Mann nicht mehr liebte und bestenfalls noch Mitleid und kameradschaftliche Verbundenheit empfand. Das ist immer ein schmerzlicher Prozess. Aber sie war darüber hinweg, und sie hatte Trost in ihrer künstlerischen Arbeit gefunden, in ihrem Schreiben, in ihrer Malerei. Und jetzt kamen diese beiden Männer und verlangten von ihr, sie dürfe an ihrem neuen Roman nicht weiterarbeiten, ehe ihr Mann seinen Roman ›Zärtlich ist die Nacht‹ nicht beendet hatte. Mr. Fitzgerald rückte nicht von seiner Meinung ab, der Stoff über Mrs. Fitzgeralds Aufenthalt in der Schweizer Psychiatrie sei sein alleiniges Material; er habe ihn mit eintausend Dollar pro Monat bezahlt, fünfzehn lange Monate. Ohnehin könne sie nicht schreiben, sei nur eine Autorin dritter Klasse und eine nutzlose Celebritydame. ›*Du möchtest am liebsten, dass ich das wäre*‹, entgegnete Mrs. Fitzgerald und suchte immer wieder nach einer vernünftigen Basis, um bei den beiden Männern ihr Recht auf ihr Leben und Schreiben durchzusetzen, aber sie hatte keine Chance. Ihr Mann drohte ganz offen, das Manuskript zu zerreißen, wenn er es fände. Mrs. Fitzgerald sagte, das würde ihr das Herz brechen, denn es sei gute Prosa, und er wisse das.

Dr. Rennie saß dabei und zuckte mit keiner Wimper. Er sagte nichts darauf. Vielleicht hielt er diese Drohung für das normale Recht eines Ehemannes. Was mich betrifft, so hätte nicht viel gefehlt, und ich wäre hinausgegangen. Ich habe Mrs. Fitzgerald bewundert, wie sie all die Stunden ruhig sitzen blieb. Mr. Fitzgerald behauptete, sein Roman hätte jahrelang brach gelegen, da er sich um seine kranke Frau zu kümmern und zuvor in Paris mit dem Schreiben von Kurzgeschichten ihren Ballettunterricht zu finanzieren hatte. Mrs. Fitzgerald musste immer wieder Einspruch erheben, wie bei Gericht, und Dr. Rennie erteilte ihr das Wort. Es war grauenvoll zu erleben, wie sie immerzu um die Wahrheit kämpfen musste. Sie sprach sich alles vom Herzen und hoffte wohl, dass Dr. Rennie ihr glaubte. Sie sagte, dass ihr

Mann zwei Drittel des Jahres nur betrunken sei und sie lieber wieder in eine Anstalt ginge, als weiter mit ihm zu leben. Sie habe über Jahre immer wieder versucht, ein geordnetes Leben zu führen, was an der Seite eines Mannes, der wie in Paris Nacht für Nacht morgens um sechs von Taxifahrern volltrunken nach Hause gebracht wurde, unmöglich sei. Die vielen Nächte, in denen sie deshalb keinen Schlaf fand, könne sie nicht mehr zählen. Irgendwann habe sie es aufgegeben und sich gesagt, es interessiere sie nicht. Jetzt wolle sie mit ihrer künstlerischen Arbeit ihr eigenes Geld verdienen, um nicht von einem Mann abhängig zu sein, der ihr ständig sage, wie viel sie ihn koste, dass sie sein Leben ruiniert habe und er sie nicht liebe. Dass er dabei stets betrunken war, sei nicht wichtig. Betrunkene sagen die Wahrheit. Mr. Fitzgerald erwiderte nichts darauf.

Was mich auch sehr aufregte, war, als Mr. Fitzgerald sagte, er könne nicht verstehen, dass die Ärzte der Meinung seien, Mrs. Fitzgerald sei nicht geistesgestört, und es abgelehnt hatten, sie wieder in der Nervenklinik aufzunehmen. Eine Frau, die ihr Kind hasst und hinter dem Rücken ihres Mannes gemeine Dinge tut, sei entweder geistesgestört oder kriminell, rief er mit Nachdruck.

Er stellte ihr ein Ultimatum: Entweder sie käme wieder in eine Nervenklinik, was nur Aufregung und Kosten verursache, oder sie benähme sich seinen Wünschen entsprechend. Vor allem solle sie freundlich und liebevoll zu ihm sein, auch wieder die sexuellen Beziehungen zu ihm aufnehmen und in künstlerischer Hinsicht an seine Interessen denken. Sie sei eine große Egoistin, die nur an sich denke und ihn zerstören wolle. Mrs.

Fitzgerald widersprach; jahrelang habe sie immer nur an ihn gedacht und in den ersten Jahren ihrer Ehe seine Manuskripte gelesen und mit ihm besprochen. Und sie liebe ihre Tochter, auch wenn er ihr das Kind völlig entfremdet habe. Mehr als ein Mal habe er zu Scottie gesagt: ›Deine Mutter ist verrückt.‹ Sie habe keinerlei Möglichkeit, das Kind in irgendeiner Weise zu lenken oder zu erziehen, es höre nicht auf seine Mutter. Schlimmer noch aber sei, dass Mr. Fitzgerald zu einem Kind von zwölf Jahren gesagt habe – halten Sie sich fest, Mrs. Mayfield, ich habe es noch genau im Ohr –: ›*Deine Mutter ist verrückt, du bist ein böses Kind; ich wünschte, ich wäre tot, und eines Tages werde ich mich auch umbringen.*‹«

Mrs. Owens unterbrach sich kurz und sah mich fest an. »Verstehen Sie jetzt, weshalb ich blieb? Man musste immer mit dem Schlimmsten rechnen.« Sie nahm etwas von dem inzwischen lauwarmen Kaffee und fuhr fort: »Dann wurde er auch noch sentimental. Er sah sie an und sagte: ›Wir waren doch einmal unglaublich glücklich. *Um 1921 waren wir so ziemlich das am meisten beneidete Paar in Amerika.*‹ Seine Frau erwiderte lakonisch: ›*Wir haben eine verdammt gute Show abgezogen. Was war unsere Ehe denn wirklich? Ein ewiger Kampf, von Anfang an. Dieser Marter will ich mich nicht mehr aussetzen, eher möchte ich in einer Anstalt leben, wohin du mich ohnehin am liebsten stecken willst. Mit dir zu leben ist unmöglich.*‹ Sie fragte ihn, ob ihn das nicht bedrücke, und er sagte: ›Nicht im Mindesten.‹ In diesem Moment hätte ich Mr. Fitzgerald gerne eine heruntergehauen. Mrs. Fitzgerald war so schockiert, dass sie ihn fragte, was sie seiner Meinung nach tun solle, und er wiederholte sehr aggressiv, sie solle aufhören, Romane zu schreiben. Allenfalls dürfe sie kleine Artikel über alltägliche Dinge schreiben, die sie beobachtet habe, und damit Geld verdienen. Am besten wäre es jedoch, sie würde eine Ausbildung zur Werbegrafikerin machen und auf diesem Gebiet arbeiten.«

Mrs. Owens holte tief Luft.

»Und wie ist die Sache ausgegangen?«, fragte ich, obwohl ich die Antwort schon wusste.

»Dr. Rennie wiederholte seine Forderung, Mrs. Fitzgerald müsse ihren Roman beiseitelegen, bis ihr Mann mit seinem jahrelang brachliegenden Roman fertig sei. Er fragte sie, was ihr wichtiger sei: ihre Ehe oder ihr Schreiben. Und da sagte Mrs. Fitzgerald nach einer Minute Schweigen: ›*Ich will schreiben, und ich werde schreiben. Und ich denke wirklich, dass nur noch eine Scheidung in Frage kommt. Ich will Schriftstellerin sein, aber ich werde es nicht auf Scotts Kosten tun, der mir vorhält, ich hätte die Mentalität einer billigen Prostituierten, weil ich unter dem Schutze seines Hauses, seines Geldes und seines Namens schreibe.* Ich bin also bereit, meinen Roman beiseite zu legen, bis Scotts Roman erschienen ist. Danach will ich meinen eigenen Weg gehen. *Ich kann nicht in einer Welt leben, die völlig von Scott abhängt.*‹ Und an Scott gewandt sagte sie: ›*Seit ich in diesem Hause lebe, gab es nicht einen einzigen Tag, an dem du mir nicht irgendeine Gemeinheit angetan hast. Ich will nicht mehr mit dir leben, sondern an einem Ort, wo ich ich selbst sein kann.*‹« Dr. Rennie schien zufrieden mit Mrs. Fitzgeralds Kompromiss, bestand aber eindringlich darauf, sie müsse ihrem Mann ihren neuen Roman zu lesen geben, ehe sie das Manuskript an einen Verlag schicke. Mrs. Fitzgerald schwieg darauf.«

Eine Weile hing jede von uns ihren Gedanken nach.

»Wissen Sie, das Jahr 1933 dort in ›La Paix‹ war ein furchtbares Jahr. Dieses seltsame, abgelegene Haus, in dem die Fitzgeralds wie Geister umhergingen und die Tochter die meiste Zeit bei der Familie ihrer Freundin im Nachbarhaus verbrachte. Und hinter ›La Paix‹ lag gleich die psychiatrische Klinik des Sheppard-Pratt-Krankenhauses. Nach jenem Eheberatungsgespräch – oder wie immer man es nennen will – habe ich mich oft gefragt, ob Mr. Fitzgerald nicht mit irgendwelchen Hintergedanken das Haus angemietet hatte. Zugetraut hätte ich es ihm. Dabei war er derjenige, der ins Sheppard Pratt gehört hätte. Allein in den sechs Jahren, in denen ich für ihn gearbeitet habe, war er acht Mal zur Ausnüchterung im Johns-Hopkins-Krankenhaus.« Ein Lächeln huschte über Mrs. Owens flächiges Gesicht. »Stellen Sie sich vor: Wenn seine Mutter aus Washington kam, brachte sie ihrem Sohn Süßigkeiten, weil sie meinte, es würde ihn vom Trinken ablenken. Rührend, nicht wahr? Natürlich machte es ihn nur furchtbar wütend, und noch wütender wurde er, wenn sich seine Frau auf die Seite seiner Mutter stellte. Ach, es war schrecklich in ›La Paix‹. Einmal brannte es sogar im oberen Stockwerk des Hauses, im Sommer 33. Scott hatte versucht, seine Drohung wahr zu machen und wollte Zeldas neues Manuskript in einem alten Kamin verbrennen, dabei war es zum Brand gekommen. Zelda nahm alle Schuld auf sich und sprach von einem Unglück, nachdem sie selbst alte Papiere hatte verbrennen wollen; das war klug, denn niemand hätte ihr die Wahrheit geglaubt. Ich war froh, als die Fitzgeralds im November nach Baltimore zogen, in ein altes Reihenhaus in der Park Avenue. Zuvor fuhren sie noch auf die Bermudas, auf Anraten von Dr. Rennie, der wohl glaubte, ein gemeinsamer Urlaub würde die beiden wieder zusammenführen. Aber da war nichts mehr zu machen. Er trank, sie machte einsame Spaziergänge oder malte. Sie hat eine Kurzgeschichte über diesen Urlaub geschrieben, ›Bringen Sie Mr. und Mrs. Fitzgerald zu Zimmer Nummer ...‹, die sinngemäß mit den Worten endet, nach Jahren des vielen gemeinsamen Reisens seien die Bermudas ein schöner Schlusspunkt.

In Baltimore nahm Mrs. Fitzgerald dann wieder Kunstunterricht an der Fine Art School. Sie malte wunderbar. Ich war dabei, als Gertrude Stein bei einem Besuch Weihnachten 1934 unbedingt zwei Gemälde haben wollte, die Mrs. Fitzgerald aber schon ihrem Doktor versprochen hatte. Mr. Fitzgerald bedrängte sie sehr, aber seine Frau gab nicht nach. Später schimpfte er mit ihr; Gertrude Stein hätte die Bilder in ihrem Pariser Salon aufgehängt, was Mrs. Fitzgerald berühmt gemacht hätte. Wissen Sie, berühmt sein war für Mr. Fitzgerald sehr wichtig. Ich denke, für seine Frau war es das nicht so sehr. Sie wollte mit ihrer Kunst vor allem ihren Lebensunterhalt verdienen. Leider hatte sie auch mit ihrem Theaterstück ›Scandalabra‹ kein Glück; es war im Jahr zuvor mit Pauken und Trompeten durchgefallen, was Mrs. Fitzgerald sehr enttäuschte – aber sie gab nie auf. Das habe ich immer an ihr bewundert.«

Mrs. Owens zögerte einen Moment. »Ich wünsche ihr, dass sie jetzt, da sie wieder gesund zu sein scheint, noch all das schafft, was sie gern schaffen möchte.« Als ich Mrs. Owens zur Tür brachte, umarmte ich sie zum Abschied kurz und herzlich.

Ende Februar 1934 rief Rosalind mich an. Zelda sei wieder in der Phipps-Klinik; es sei alles zu viel gewesen in den letzten Wochen. Der unerfreuliche Bermuda-Urlaub mit Scott, der Umzug nach Baltimore, vor allem aber der Vorabdruck von Scotts neuem Roman, der im Januar im ›Scribner's Magazine‹ begonnen hatte. Zelda habe darin ihre privaten Briefe, die sie in Prangins an Scott geschrieben hatte, in nur wenig veränderter Form vorgefunden. Darüber habe es einen großen Streit mit ihrem Mann gegeben. Er könne schreiben, was er wolle, habe Zelda ihm gesagt, dies stehe ihm völlig frei, sie habe das auch getan; doch ihre privaten Briefe der Öffentlichkeit preiszugeben, das ginge auch im Namen der Kunst zu weit. Er mische sich derart in ihr Leben ein, dass es unerträglich sei. Selbst die Ausstellungsexponate ihrer Gemälde, die Ende März in Cary Ross' New Yorker Galerie gezeigt werden sollten, hätte Scott bestimmen wollen. Kurz, in der ständigen Atmosphäre von Streit, Gewalt und dem Gefühl der Ohnmacht habe Zelda an Appetit- und Schlafstörungen gelitten und um Aufnahme in die Phipps-Klinik gebeten. Da sie sieben Kilo Untergewicht hatte und einen abgezehrten, extrem nervösen Eindruck machte, habe man ihrem Wunsch, ihre Erschöpfung zu behandeln, entsprochen.

Ein weiterer Grund, dass Zelda freiwillig in die Psychiatrie gegangen sei, sei freilich auch, dass sie im Schutze der Klinik an ihrem zweiten Roman weiterzuarbeiten wünschte. Scott verbiete es ihr nach wie vor. Sie hoffe, nun, da Frau Dr. Squires leider die Phipps-Klinik verlassen hatte, in Dr. Rennie einen Verbündeten zu finden, der ihr das Schreiben erlaube, wie auch Frau Dr. Squires zwei Jahre zuvor. Jedenfalls sei das der Deal ihres Gespräches zu dritt im Mai letzten Jahres gewesen, bei dem sie Dr. Rennie zugesichert hatte, das Schreiben an ihrem Roman erst dann wieder aufzunehmen, wenn Scotts Roman erschienen sei.

Diesmal habe sie vorsichtshalber das begonnene Manuskript nicht mit in die Klinik geschmuggelt, und in der Tat habe Scott wie ein Polizist ihren Koffer und selbst ihre Kleidung durchsucht. Zelda habe ihr gesagt, wo sie das Manuskript »Caesar's Things« in ihrem Haus in der Park Avenue versteckt habe. In den nächsten Tagen werde sie, Rosalind, nach Baltimore fahren und dort unter dem Vorwand, nach ihrer Nichte zu schauen, unauffällig das Manuskript holen, um es Zelda in die Klinik zu bringen. Ich solle ihr die Daumen drücken, dass Scott gerade außer Haus sein würde, dann ginge es am leichtesten.

Ich dankte Rosalind für ihren Anruf, erkundigte mich bei Cary Ross nach dem genauen Zeitpunkt von Zeldas Ausstellung und sagte sofort zu, als er mich einlud, zur Eröffnung am 29. März zu kommen.

Inmitten all des Trubels hätte ich sie fast übersehen. Zelda war nicht sehr groß, und sie war so dünn geworden, dass sie geradezu zerbrechlich wirkte. Cary Ross, der Galerist, hatte mir einen Katalog in die Hand gedrückt und auf meine Frage nach Zelda in die hinterste Ecke des Raumes gewiesen.. Ich warf einen kurzen

Blick in den Katalog, ehe ich zu Zelda hinüberging, die mit Besuchern vor einem ihrer Bilder stand und in ein Gespräch vertieft war. Auf der Vorderseite des Katalogs war ein Schwan zu sehen; darunter hatte Zelda die Worte drucken lassen: *Manchmal ist Wahnsinn Weisheit.* Ich lächelte amüsiert. Scott würde das nicht gefallen. Ich war sicher, das Motto des Katalogs musste Zelda auf raffinierte Weise und nur mit Hilfe von Cary Ross gegen Scotts Willen durchgesetzt haben. Eine Weile blätterte ich unschlüssig im Katalog; er zählte vierzehn Gemälde und fünfzehn Zeichnungen auf. Dann erst ging ich hinüber zu Zelda, die sich noch immer mit ein paar Leuten unterhielt. Ich sah, dass es sich um die Murphys handelte. Sara hatte sich sehr verändert. Einer ihrer Söhne war gestorben, und der Schmerz hatte ihr einst schönes Gesicht gezeichnet.

Auch Zelda wirkte erschöpft. Nur die Freude über ihre Ausstellung und das Interesse der vielen Besucher milderten ihre angespannten Züge ein wenig. Überrascht schloss sie mich in die Arme; offensichtlich hatte Cary Ross ihr nichts von meinem Kommen gesagt.

»Ich bin so froh«, sagte sie, nachdem sie mich losgelassen hatte. »Es sind meine besten Bilder hier. Zusätzlich zum Katalog habe ich sogar noch vier Gemälde und drei Zeichnungen hinzugefügt. Schau dir alles in Ruhe an, und dann reden wir darüber.«

Das war leicht gesagt. Bei der Vielzahl der Besucher war es schwierig, all die Aquarelle und Ölgemälde aus der nötigen Entfernung anzusehen. Ich entdeckte Max Perkins, Scotts Lektor beim Scribner's Verlag, dann John Dos Passos, Edmund Wilson, Scotts Freund aus

Studententagen, Malcolm Cowley und Gilbert Seldes, zu meiner Überraschung sogar Hemingway. Ich vermutete, er wollte herausfinden, wie gut oder schlecht eine Frau malen konnte, die er einst aus Rache über die Zurückweisung seiner Zudringlichkeiten für verrückt erklärt hatte, und die jetzt tatsächlich Patientin einer psychiatrischen Klinik geworden war. Ich denke, das wollte Hemingway genießen. Ich sah Henry Mencken, der ohne Sara gekommen war, da sie erkrankt war. Niemand ahnte damals, dass sie nur noch ein Jahr zu leben hatte. Scott kam in Begleitung der Drehbuchautorin Dorothy Parker – bekannt und gefürchtet für ihren sarkastischen Spott – auf mich zu, schüttelte mir kurz die Hand und verschwand dann wieder in der Menge. Hin und wieder flackerte das Blitzlichtgewitter der Fotoapparate auf; auch die Presse war zugegen. Ein junger Kellner trug ein Tablett mit Champagner gefüllten Gläsern umher; ich nahm mir eines, als er es mir anbot. Mit dem Glas in der Hand ging ich durch das Stimmengewirr von Bild zu Bild. Da waren Ölgemälde ihrer Ballettstudien, die ich schon in ›La Paix‹ gesehen hatte, unverkennbar Zelda im Porträt als Tänzerin, dann ein Porträt ihrer Pariser Ballettlehrerin Ljubow Jegorowa, ein Gemälde mit Akrobaten namens »Chinesisches Theater«, viele Blütengemälde in faszinierender Komposition und Farbigkeit – und da waren zwei Porträts von Scott. Eines davon – ebenso wie das von Ljubow Jegorowa – sei unverkäuflich, stand im Katalog. Es zeigte Scott im Halbprofil, die Augen sehr kalt und blau, fast grün – ich musste an die kalte irische See dabei denken –, auf dem Kopf eine Dornenkrone. Es war ein erschreckendes Porträt, trotz der langen, fast mädchenhaft zart anmutenden Wimpern, die Zelda über Scotts eisigen Augen gezeichnet hatte, und ich trat unwillkürlich einen Schritt zurück.

»Es ist gut, nicht wahr«, hörte ich eine Stimme hinter mir. Henry stieß langsam den Atem aus. »Das ist Scott, wie er leibt und lebt. Diese Augen ... Schade, dass es zu den beiden unverkäuflichen Bildern zählt. Ich würde es kaufen.«

»Ja«, wiederholte ich. »Das ist Scott. Und ich würde es nicht kaufen. Ich könnte es nicht ertragen. Diese Augen sind nicht nur kalt, sie sind grausam. Ich würde erfrieren unter diesem Blick.«

Zelda kam auf uns zu, in Begleitung eines Herren und einer Dame, die sie mir als Dr. Rennie und Frau Dr. Squires vorstellte. Beide schienen noch jung, besonders Frau Dr. Squires wirkte wie ein junges Mädchen, keineswegs wie eine Nervenärztin. Sie nickte mir freundlich lächelnd zu und mir wurde bewusst, dass Zelda recht hatte, als sie zu mir sagte, diese junge Ärztin passe so gar nicht für die Arbeit in der Psychiatrie; sie sei wie eine weiße Lilie, die in einer solchen Umgebung schnell verblühen würde. Wahrscheinlich hatte Zelda auch recht, als sie sagte, in eine psychiatrische Klinik solle man sich nur begeben, wenn man sich sehr faustisch fühle. Dass sie sich nicht faustisch fühlte und dennoch freiwillig in die Psychiatrie ging, war die Tragik ihrer Ehe. Ich sollte mehr davon erfahren, nachdem die beiden Ärzte sich verabschiedet und wir uns in eine Ecke zurückgezogen hatten. Hastig, immer wieder vorsichtig in Scotts Richtung Ausschau haltend, erzählte mir Zelda, dass sie seit Anfang März nicht mehr in der Phipps-Klinik, sondern in der noch teureren Klinik Craig House in Beacon, New York, sei.

»Der reine Luxus dort, Sara. Mit Swimmingpool im und außerhalb des Hauses, Golf- und Tennisplätzen, Bowling und Tischtennis. Scottie verbrachte ein paar Tage bei mir; es gefiel ihr sehr gut. Dr. Forel hat Scott auf dessen Bitte hin die Klinik schriftlich empfohlen; Dr. Slocum ist ein Freund von ihm. Man könnte meinen, man sei dort im Urlaub. Dummerweise zwingen sie mich, stricken zu lernen. Wer hätte gedacht, dass ich je stricken lernen würde! Mittlerweile habe ich schon hübsche Sachen gestrickt, obwohl ich es hasse. Es ist kaum einzusehen, dass jemand, der darauf brennt zu malen und zu schreiben, seine Zeit mit Stricken totschlagen soll.« Erneut blickte Zelda vorsichtig in Scotts Richtung, der sich noch immer angeregt mit Dorothy Parker unterhielt. »Ich bin mal wieder selbst schuld. Die Phipps-Klinik wollte mich nach ein paar Wochen, als es mir wieder gut ging, entlassen, aber Scott hat sich geweigert, mich nach Hause mitzunehmen. In vierzehn Tagen soll sein neuer Roman ›Zärtlich ist die Nacht‹ erscheinen, und während der Arbeit an den Korrekturfahnen wollte er mich nicht zu Hause haben. Seine Nerven sind auf das Äußerste gespannt; vom Erfolg seines Romans hängt alles für ihn ab. Für mich aber auch – ich hatte gehofft, ich dürfe die Arbeit an ›Caesar's Things‹ wieder aufnehmen, jetzt, da Scotts Roman erscheint. Aber er verbietet es mir nach wie vor und droht mit dem Zerreißen des Manuskripts. Als er von dieser Luxusklapse hier sprach, dachte ich, okay, warum nicht. Dann kann ich täglich ungestört ein paar Stunden an meinem neuen Roman freudlos. »Ich muss ›Caesar's Things‹ zu Ende schreiben. Ich muss! Ich will noch immer die Scheidung von Scott. Und dieses Mal wird mein Buch ein Erfolg werden. Dieses Mal stelle ich es geschickter an. Im Mai und Juni werden übrigens zwei Geschichten von mir im ›Esquire‹ erscheinen. Wie immer unter unser beider Namen. Aber ›Caesar's Things‹ wird mir allein gehören. Nur mir.«

Ich unterhielt mich danach noch lange mit Mencken. Nach und nach verabschiedeten sich alle Besucher, einige hatten Zeldas Bilder gekauft – für einen Spottpreis. Sie war längst in Begleitung einer Pflegerin gegangen, als ich zufällig Scott und Dorothy in einer Ecke der Galerie stehen sah, hinter einem nur halb zugezogenen Vorhang. In unmissverständlicher Umarmung. Ich glaube nicht, dass sie mich bemerkt hatten. Sie waren zu beschäftigt.

Das Kästchen, in dem ich all die alten Zeitungsausschnitte über Zelda aufbewahre, ist (zufällig?) lilafarben. Das entbehrt nicht einer gewissen Paradoxie – Lila gilt als Farbe der Hoffnung. Ich weiß, dass Zelda immer voller Hoffnung war, in allem, was sie tat. Ohne Hoffnung kann ein Künstler nicht arbeiten. Die Paradoxie liegt darin, dass Zeldas Arbeit stets beachtet wurde, wohlwollend sogar, ob sie tanzte, malte oder schrieb, und ihr dennoch immer klarer wurde, wie gering die Aussicht war, sich und Scottie von ihrer Kunst ernähren zu können. Rosalind hat mir erzählt, dass Zelda im Beisein einer Pflegerin in der Phipps-Klinik weinte. *»Ich vertrage mich nicht mit meinem Mann, und ich kann nicht getrennt von ihm leben – in materieller Hinsicht unmöglich. Ich habe es so satt, Kompromisse zu schließen und von* *der eigenen Persönlichkeit einen Teil nach dem anderen abzuhobeln, bis nichts mehr übrig ist.«*

Zeldas Ausstellung in Cary Ross' Kunstgalerie fand ein beachtliches Echo in verschiedenen New Yorker Zeitungen. Die New York Post titelte: *»Priesterin des Jazz-Age tritt als Malerin hervor«* und bezeichnete ihre Bilder als verblüffend und nicht gerade jazzy. Der New Yorker zitierte das berührende Epigramm »Manchmal ist Wahnsinn Weisheit«, das Zelda für ihren Katalog gewählt hatte und beschrieb die Ausstellung als *»Gemälde der nahezu mythischen Zelda Sayre Fitzgerald, mit welch emotionalen Tönen oder Assoziationen auch immer, die vom Jazz-Age übrig blieben.«* Das Time Magazine sprach von *»Arbeiten einer brillanten, introvertierten Frau, lebhaft und in einem intensiven Rhythmus gezeichnet. Eine kraftstrotzende Reminiszenz an ihre Ballettzeit zeigte Figuren mit vergrößerten Beinen und Füßen – ein Trick, den sie von Picasso gelernt haben mag.«*

Die Überschrift des Time Magazine-Artikels lautete »Werk einer Ehefrau« – und endete mit Zeldas Interview-Worten, sie hoffe, mit Hilfe ihrer Bilder ihr großes Ziel erreichen zu können: sich ihren Lebensunterhalt selbst zu verdienen.

Wann immer ich diesen Artikel mit Zeldas Worten zur Hand nehme, überkommt mich große Traurigkeit.

Zelda war aus der Welt verschwunden. Nahezu zwei Jahre gab es sie nicht mehr. Sie wurde am 19. Mai 1934 von den dicken Mauern der Sheppard-Pratt-Klinik in Towson, Maryland, verschluckt. Ich habe sie dort nie besuchen dürfen; niemand außer ihrem Ehemann durfte das, fast zwei Jahre lang nicht einmal Rosalind oder sonst jemand aus ihrer Familie.

Sheppard Pratt muss die Hölle für Zelda gewesen sein. Rosalind hat mir das Krankenhaus für Psychiatrie am Rande von Baltimore beschrieben: ein düsteres Gebäude, mit abgeriegelten Gängen, vergitterten Fenstern, verschlossenen Türen und so tristen Räumen, dass man geneigt war, den Innenarchitekten für einen Patienten der Klinik mit einer schweren depressiven Psychose zu halten. Durch das Fenstergitter konnte Zelda das angrenzende Grundstück von ›La Paix‹ sehen, das einmal ihr Zuhause gewesen war. Es war die Hölle eines Zuhauses gewesen, in dem Zelda die Tür ihres Arbeitszimmers mit einem Doppelschloss sichern und sich einschließen musste, um schreiben zu können, ein Zuhause, in dem ihr Ehemann jeden ihrer Schritte zu kontrollieren und zu bestimmen versuchte, unter dem Vorwand, sie litte unter Arbeitsmanie. Jetzt schaute sie mit nostalgischen Gefühlen nach ›La Paix‹. Denn jetzt schlossen Wärter sie ein. Ärzte legten streng reglementiert ihren Tagesablauf fest. Zeit zum Schreiben war darin nicht vorgesehen. Zeldas Hoffnung, ›Caesar's Things‹ in einer anderen Nervenklinik beenden zu dürfen, war vernichtet. Scott, der berühmte Autor, dessen Roman über eine schizophrene Ehefrau – gerettet von ihrem Ehemann und Arzt – gerade erschienen war, hatte es geschafft, auch den nächsten Psychiater für sich zu gewinnen. Dr. Elgin nahm ihm seine Sicht der Dinge ab und ging harsch mit Zelda um. Die Wärter verrichteten gefühllos ihre Arbeit, wie sie auch gefühllos Zelda ihrer Kleidung, ihres Make-ups, ihrer Zigaretten beraubt hatten. Scott besuchte sie in den ersten Wochen nicht. Zelda wusste nicht einmal, ob ihre Familie darüber unterrichtet war, wohin Scott sie gebracht hatte.

Sie war lebendig begraben.

Diesmal brach Zelda zusammen. Nichts war ihr geblieben. Alles war zerstört – die Liebe, die Familie, ihre Kunst, ihr Glauben an sich selbst. Scotts Angriff auf allen Ebenen hatte gesiegt.

Alles, was ich aus dieser Zeit über Zelda weiß, habe ich von Rosalind oder Scott erfahren. Wenn man beides zusammensetzt, ergibt sich ein ungefähres Bild über das, was sie bis zum Frühjahr 1936 in Sheppard-Pratt durchleiden musste.

Was Bill Warren über Zelda erzählte, habe ich nie geglaubt. Ich traf ihn bei Mencken, kurz vor Saras frühem Meningitistod. Warren war ein junger Möchtegernschriftsteller aus Baltimore, knapp über zwanzig, und hatte zusammen mit Scott an einem Treatment zu »Zärtlich ist die Nacht« gearbeitet, das die beiden an Hollywoods Filmstudios zu verkaufen hofften. Schon bald nach dem Erscheinen von Scotts Roman hatten sie mit der Arbeit daran begonnen, und nachdem es innerhalb weniger Wochen fertig gestellt worden war, nahm Scott seinen jungen Freund zu einem Besuch Zeldas in der Sheppard-Pratt-Klinik mit.

Ich habe jenes Treatment gelesen, das Scott mit Bill Warren verfasst hat; auch dies befindet sich in der Universitätsbibliothek Princeton. Es wundert mich kein bisschen, dass niemand in Hollywood es haben wollte. Es ist die hanebüchene Geschichte eines Psychiaters und Spezialisten für Hirnchirurgie, dessen junge Ehefrau aus Rache an ihrem vermeintlich treulosen Mann eine Affäre sucht, mental erkrankt und nach einer Gehirnoperation, ausgeführt von ihrem Mann, die Augen aufschlägt und sagt: »Dick, ich liebe dich.« Ich glaube, es ist der größte Schwachsinn, den ich je in meinem Leben gelesen habe. Wenn es nach allem, was Scott Zelda angetan hat, noch eines Beweises seiner pathologischen Liebesauffassung bedarf – hier ist er, in diesem Filmtreatment: Die totale Machtergreifung eines Mannes über seine Ehefrau. Bei Liebesverweigerung Eingriff ins Gehirn. Das war die Liebe für Scott.

Die beiden Männer jedoch schienen überzeugt, Hollywood würde ihr Machwerk von Treatment annehmen; sogar eine Rollenbesetzung fand ich darin aufgelistet. Für die Psychiater-Gattin Nicole Diver schwebte Scott Katherine Hepburn, Helen Hayes oder Marlene Dietrich vor. Als ich ihn Jahre später in Hollywood auf einer Party traf, schien er noch immer seinem Traum vom verfilmten »Zärtlich ist die Nacht« nachzuhängen. Sehnsuchtsvoll ließ er an einer hübschen Schauspielerin, die an unserem Tisch vorüber ging, den Blick schweifen und sagte: *»Wäre sie nicht eine wundervolle Nicole?«*

Ich weiß nicht, inwieweit Bill Warren für das hanebüchene Treatment mitverantwortlich war. Immense Phantasie hatte er auf jeden Fall, als er eine höchst unglaubwürdige Geschichte über Zelda erzählte, die er beim Besuch in Sheppard Pratt erlebt haben wollte. Oder war es Scotts Phantasie, der ihn mit irgendwelchen Versprechungen dazu gebracht hatte, Lügen über Zelda zu erzählen? Es würde ihn in den Augen der Leute, die

Zeldas Schizophrenie nicht so recht glauben wollten, wunderbar unschuldig erscheinen lassen. Auf jeden Fall passt die Geschichte nicht zu Zelda, egal, unter welchen Medikamenten auch immer sie stand.

An jenem Nachmittag, da Warren sie erzählte, sprach Mencken von Scotts völligem Absturz; nach nervtötenden Besuchen, bei denen Scott betrunken vor Selbstmitleid zerfloss, hatte Mencken dafür gesorgt, dass sein Hausarzt Dr. Baker sich Scotts annahm und für dessen Ausnüchterung im Hopkins-Krankenhaus sorgte. Dazu kamen die Klatschgeschichten über Scotts Sauftouren und zahlreiche Affären, die in Baltimores Literatenkreisen die Runde machten. Eine verheiratete Dame war mit einem Nervenzusammenbruch im Krankenhaus gelandet, nachdem Scott mit ihr Schluss gemacht hatte, eine andere hatte bei gleicher Gelegenheit mit Selbstmord gedroht.

»Kein Wunder, dass Scott trinkt und Affären hat«, knurrte Warren. »Bei dieser Frau würde jeder Mann trinken und Affären haben. Ich habe sie auf dem Tennisplatz in der Sheppard-Pratt-Klinik erlebt. Die Frau ist wirklich verrückt! Scott hatte keine Lust, mit ihr Tennis zu spielen, also ging ich mit auf den Platz. Scott schaute nur zu. Vor lauter Wut darüber fing sie an, sich auszuziehen, ein Stück nach dem anderen, bis sie splitternackt war. Dann begann sie, mein Gesicht zu zerkratzen. Schließlich kamen die Pfleger mit der Zwangsjacke und trugen sie vom Platz, während sie hysterisch schrie. Sie hat übrigens einen wunderbaren Körper.«

Mencken und ich sahen uns an. Wir übergingen diese Geschichte und sagten kein Wort dazu. Sie klang so unglaubwürdig, als wäre sie aus Scotts verworrenem Roman »Zärtlich ist die Nacht«. Vor allem Warrens letzter Satz strafte ihn Lügen: Als wir Zelda das letzte Mal in Cary Ross' Galerie sahen, war sie mager und abgezehrt, fast ohne weibliche Formen.

Eine Weile brüstete Warren sich damit, Scott habe ihm ein Empfehlungsschreiben für Metro-Goldwyn-Mayer gegeben, in dem Fitzgerald all seine wunderbaren Fähigkeiten pries. Ich glaube aber, Scott ging es einzig darum, dass Warren in Hollywood das Filmtreatment verkaufen sollte. Scotts Empfehlungsschreiben schien niemand in den Studios ernst genommen zu haben. Von Warren jedenfalls hörte ich erst zwanzig Jahre später wieder – er produzierte Cowboy- und Westernfilme wie »Rauchende Colts«. Das passte zu ihm.

Wann immer ich Scott in den nächsten Monaten zufällig in Baltimore traf – und es geschah einige Male –, schien ihn meine Frage »Wie geht es Zelda?« wie der personifizierte Vorwurf in den Ohren zu klingen. »Nicht gut«, wich er meinem Blick aus. »Ich habe keine Hoffnung mehr. Sie spricht mit niemandem, ist völlig in sich gekehrt und hat versucht, sich aufzuhängen. Niemand darf sie im Moment besuchen, nicht einmal ich. Die Ärzte wissen nicht weiter.« Es konnte wahr sein oder auch nicht. Bei Scott wusste man nie.

Worauf ich vertrauen konnte, waren die Berichte der Bibliothekare in der Enoch Pratt Bibliothek, die in der Nähe von Scotts Wohnung lag. Sie erzählten mir, wie beleidigt Scott war, wenn niemand dort ihn erkannte, und wie er am öffentlichen Telefon in der Bibliothek Gespräche führte, wobei er geflissentlich die berühmten

Namen seiner Gesprächspartner fallen ließ, vor allem dann, wenn Zuhörer in der Nähe standen. Nahm er einen leichten Unterhaltungsroman mit, unterließ er es nie zu betonen, er sei für seine kranke Frau bestimmt. Zelda erzählte mir später, sie habe in Sheppard Pratt im Spätherbst 1934 philosophische Werke gelesen, nachdem es ihr wieder besser ging. Da sie mit Dr. Elgin kein Wort zu sprechen bereit war, hatte ein junger Arzt, Dr. Murdock, sich ihrer angenommen und es geschafft, Zeldas Selbstvertrauen wieder aufzubauen und sie aus der Depression zu holen. Weihnachten 1934 durfte sie mit ihrer Familie und Mrs. Owens verbringen – jenes Weihnachten, da Zelda selbstbewusst Scotts Ansinnen verhinderte, Gertrude Stein zwei Gemälde zu schenken, die sie bereits ihrem Arzt versprochen hatte. Dr. Murdock hatte gute Arbeit geleistet.

Nach den Weihnachtstagen brachte Scott seine Frau ungeachtet ihrer Proteste in die Sheppard-Pratt-Klinik zurück. Er brauche seine Freiheit, erklärte er ihr, und die habe er nicht mit einer kranken Frau. Mrs. Owens hörte es zufällig. Aber was konnte sie tun.
Rosalind hatte durchgesetzt, Zelda in der Klinik besuchen zu dürfen. Sie schrieb mir einen langen, erschütternden Brief.

»Es hat fast ein Jahr gedauert, bis ich die Erlaubnis bekam, meine Schwester zu besuchen. Als Zelda mich Weihnachten 1934 anrief, dachte ich, so furchtbar krank kann sie nicht sein, wenn sie Weihnachten nach Hause darf. Ich nahm Kontakt mit ihren Ärzten auf und ließ nicht locker. Im Mai durfte ich Zelda endlich besuchen. Es war ein Schock. Zelda geht es wieder sehr schlecht.

Die Ärzte sagten mir, ihr Mann würde sich so massiv in die Behandlung der Patientin einmischen, dass es unmöglich sei, etwas für sie zu tun. Ich habe nicht gleich verstanden, was sie meinten, schließlich entscheiden die Ärzte über all die Medikamente, Insulinschock-Behandlungen und so weiter und nicht Scott, aber nachdem ich mit Zelda gesprochen hatte, verstand ich. Scott hat ihr verboten, an ›Caesar's Things‹ zu arbeiten. Als Ersatz hatte er letzten Sommer vorgeschlagen, dafür zu sorgen, dass Scribner's einen Band all ihrer Erzählungen herausbringt. Er hatte gelogen. Was kürzlich bei Scribner's erschien, ist ein Band von Scotts Erzählungen. Strafe muss sein: Das Buch verkauft sich nicht.

Die Ärzte sind der Meinung, dass für Zeldas Genesung eine Beschäftigung wichtig wäre, die sinnvoll ist und die sie noch dazu liebt. Doch ohne Scotts Erlaubnis dürfen sie Zelda das Schreiben nicht gestatten. Und so ist Zelda wieder in eine tiefe Depression gestürzt, die schlimmste, die sie je hatte. Wen wundert das. Sie hat buchstäblich nichts mehr. Nicht einmal ein Zuhause. Scott hat die Wohnung in Baltimore aufgelöst und sich zu einem Lungenspezialisten nach Asheville begeben, wo er sich im exklusiven Hotel Grove Park Inn einlogiert hat. In seiner Lunge sei ein Loch entdeckt worden. Mrs. Owens kümmert sich um Scottie. Ich hätte sie auch zu mir genommen, aber Scott wollte das nicht.

Ich habe Scott geschrieben, er solle Zelda zurück in die Phipps-Klinik bringen, aber er verbittet sich die Einmischung unserer Familie. Zeldas Krankheit sei ganz allein seine Angelegenheit. Doch an diesem Ort hier wird Zelda immer das bleiben, als was ich sie zu meinem Entsetzen vorfand: entsetzlich dünn, um Schokolade und Zigaretten bettelnd, die ich glücklicherweise bei mir hatte, und darum, dass ich sie zu einem Ausflug mitnehme. Sie ist ein furchtbar einsames, von allen verlassenes Menschenkind, von Scott kaum besucht. Ihre ganze Zuflucht ist die Bibel, in der sie viele Stunden am Tag liest. Das immerhin darf sie. Sie betet sehr viel. In ihrer weißen Anstaltskleidung wirkt sie wie ein Engel, den es auf die Erde verschlagen hat. Und sie beschuldigt sich immer wieder, Scotts Leben ruiniert zu haben. Und dass sie niemals »Save Me« hätte schreiben dürfen. Das genau ist es, was mich am meisten erschüttert: Selbst in ihrem schrecklichen Zustand und in dieser grässlichen Klinik ist sie noch voller Mitleid für Scott. Er solle sich retten und wieder glücklich werden, das sei ihr großer Wunsch, sagte sie mir.

Sie wissen, wie ich zu meinem Schwager stehe; im Grunde ist er ein armer Teufel, und ich habe bei aller Verachtung doch immer auch etwas Mitleid mit ihm gehabt. Aber ich bin zum Glück nicht mit ihm verheiratet. Was Zelda braucht, ist ein Psychiater, der ihr klar macht, dass sie aufhören muss, Scott zu bemitleiden, und dass sie an sich selbst denken muss. Außerdem macht sie sich Vorwürfe, Scottie in die Welt gesetzt zu haben, und sorgt sich darum, wer sich um Scottie kümmere, nun, da sie für immer und ewig in diesem *»Hinterland des menschlichen Bewusstseins«* (so nennt Zelda die Sheppard-Pratt-Klinik) verschlossen und Scott ohne festes Heim sein wird. Noch sei Mrs. Owens für Scottie da, in jenem kleinen möblierten Appartment, das Scott für die beiden in Baltimore angemietet hat. Aber was würde die Zukunft bringen? Und würde Scott die Kosten für die Ethel Walker School, in die Scottie ab Herbst nächsten Jahres gehen sollte, aufbringen können?«

An dieser Stelle ließ ich den Brief sinken. Scotts Literaturagent Harold Ober hatte Mencken erzählt, die Zeitschriften und Magazine wiesen jetzt Scotts Geschichten zurück, da sie schlecht und inkohärent waren. In seiner finanziellen Not hatte Scott seinem Agenten sogar angeboten, Zeldas Briefe aus allen psychiatrischen Kliniken zur Veröffentlichung vorzubereiten. Ober hatte selbstverständlich abgelehnt.

Ich habe Scott unumwunden gefragt, weshalb er Zelda nicht aus der Klinik und zurück nach Montgomery, zu ihrer Familie, gehen ließe. Er hatte mir von seiner letzten Romanze – er sagte tatsächlich Romanze – erzählt, einen Whisky bestellt, ihn hinuntergekippt und mit schuldbewusster Miene gesagt: »Ich wage mich nicht zu Zelda. Ich glaube, sie ahnt etwas, und jetzt, da die Sache mit dieser Frau zu Ende ist, bin ich so am Boden, dass sie es merken würde.«

Mir platzte der Kragen. »Scott, warum lässt du sie nicht aus der Klinik und zurück nach Montgomery?«

Scott seufzte auf. »Vielleicht hast du recht. Manchmal denke ich auch, für Zelda wäre es am besten, ich ließe sie zurück in den Süden gehen und einen dieser reichen Spießer heiraten, irgendeinen freundlichen Narren, der sie machen lässt, was sie will. Wahrscheinlich wäre sie glücklicher. *Sie und ich stammen aus verschiedenen Welten; sie konnte sich nie an die meine anpassen, ich mich nicht an die ihre.«*

»Dann lass sie doch gehen! Warum tust du es nicht?«

Verträumt sah er mich an. »Es lohnt nicht. Wir werden beide nicht mehr lange leben. In ein paar Jahren werden Zelda und ich unter einem Grabstein auf irgendeinem der alten Friedhöfe hier in Baltimore schlummern. Dann sind wir für immer vereint.«

Er sprach noch von seiner Angst vor der Syphilis und dem letzten Wassermann-Test, der zum Glück negativ ausgefallen war; seine Erleichterung darüber stand im Widerspruch zu seinen letzten Sätzen, aber ich hörte ohnehin nur noch halb zu. Was interessierten mich Scotts Affären. Ich glaube fast, ich wünschte ihm die Syphilis und den Tod an den Hals, damit Zelda endlich freikam. In Montgomery, in der Wärme des Südens und ihrer Familie, würde sie gesunden. Dessen war ich gewiss.

Zelda kehrte nicht nach Montgomery zurück. Als Rosalind sie im April 1936 in der Sheppard-Pratt-Klinik besuchte, fand sie ein Häuflein Elend vor. Ihre Schwester war auf neunundachtzig Pfund abgemagert und in religiöse Inbrunst versunken. Alles, was ihr geblieben war, waren die Bibel und ihre Gebete. Scott kam selten zu ihr. Scottie war jetzt vierzehn und besuchte sie nie.

Rosalind sprach mit Dr. Elgin und bestand darauf, Zelda in eine andere Klinik zu verlegen. Er war sofort einverstanden. »Ich hatte leichtes Spiel«, sagte Rosalind am Telefon zu mir. »Scott hat in den letzten Monaten die Klinikkosten nicht bezahlt; Dr. Elgin erwägt, ihn zu verklagen, wenn er nicht bald zahlt. Die Sheppard-Pratt-Klinik wird froh sein, das Ehepaar Fitzgerald loszuwerden.

Ich werde dafür sorgen, dass Zelda in die Highland-Klinik nach Asheville verlegt wird. Es ist eine angenehme Klinik in schöner Umgebung und von gutem Ruf. Ich gebe die Hoffnung nicht auf.«

Wenige Tage später rief mich Rosalind noch einmal an. Sie war voller Wut auf Scott und Trauer um Zelda. Sie sagte, sie habe Zeldas Koffer durchgesehen, als sie die Abreise nach Asheville vorbereitet habe. Alles, was sie in dem Koffer fand, waren ein paar alte Kleidungsstücke, ein Kerzenständer aus Messing und eine Puderdose mit einem Pierrot auf dem Klappdeckel, der zu den Klängen einer Melodie heraussprang, wenn man die Puderdose öffnete. In diesem Moment seien ihr die Tränen gekommen, sagte Rosalind.

Nachdem Rosalind aufgelegt hatte, weinte auch ich.

Ein paar Monate später besuchte ich Zelda in der Highland-Klinik in Asheville, North Carolina. Umgeben vom Blue Ridge-Gebirge und den Great Smoky Mountains wirkte die private Nervenklinik wie ein einladender Ort; auch hier gab es, wie im Craig House, Tennisplätze und einen Swimmingpool. Die Klinik veranstaltete Tagesausflüge, Konzerte und Dinner, Filme wurden gezeigt, es gab Tanzstunden und weitere kulturelle Angebote. Die Patienten wurden angehalten, wöchentlich ihren Angehörigen zu schreiben, und Rosalind erzählte mir, wie sie Freudentränen über Zeldas ersten Brief aus der Highland-Klinik geweint habe. Es sei ein sehr schöner Brief gewesen, der ihr Mut für Zelda gemacht habe, sagte Rosalind. Dr. Carroll, Direktor der Klinik, hatte Zeldas Schrift graphologisch begutachten lassen und Mrs. Sayre das Ergebnis mitgeteilt: *Mrs. Fitz-*

gerald ist eine begeisterungsfähige Person, mit wachem Verstand, großer Charakterfestigkeit und Willensstärke. Ihre Pläne versucht sie in jedem Fall durchzusetzen; bei Verweigerung ihrer Wünsche bleibt sie hartnäckig, aber immer auf freundliche und ruhig angemessene Art und Weise. Mrs. Sayre hatte meiner Mutter glücklich von jenem graphologischen Gutachten berichtet.

Als ich Zelda im Sommer 1936 in der Highland-Klinik besuchte, wies nichts mehr auf ihren schrecklichen Zustand vom April des gleichen Jahres hin. Sie hatte zugenommen, ihr Gesicht war leicht gebräunt, und sie wirkte fünf Jahre jünger, obwohl sie nicht die Spur eines Make-ups trug, nicht einmal einen Hauch von Lippenstift. Ich sagte es ihr; lächelnd erwiderte sie, Dr. Carroll habe es verboten, es gebe nicht einmal Spiegel auf den Zimmern. Die Patienten sollten lernen, sich auf ihr Inneres zu konzentrieren. Sie schien zufrieden und sorgte sich mehr um Scott als um sich selbst. Scott hatte sich in Asheville im Grove Park Inn einlogiert und Zelda gelegentlich besucht, bis er im Juli im Badezimmer ausrutschte – Zelda vermutete, betrunken –, lange auf den Fliesen liegen blieb und sich eine Erkältung sowie eine Arthritis holte, was ihn zehn Wochen ans Bett fesselte. Jetzt war Zelda es, die einen Kranken besuchte, gemeinsam mit ihrer Mutter, die im nahen Saluda in den Blue Ridge Ferien machte und von dort aus ihre Tochter in Asheville besuchte.

Es war wunderbar, Zelda so gesund und ausgeglichen zu sehen. Wir saßen auf der Terrasse, schauten in die grüne Sommerlandschaft ringsum, und Zelda erzählte von den letzten Wochen. Sie war jetzt sechsunddreißig, ihr

Geburtstag lag wenige Wochen zurück, und sie machte den Eindruck einer in sich ruhenden Frau, die die Hölle des Lebens durchschritten und gemeistert hatte. Sie hatte sich so gut erholt, dass ihr bereits nach wenigen Wochen in der Highland-Klinik kurze Reisen gestattet wurden. Zelda hatte in Begleitung einer Pflegerin ihre Mutter im nahen Saluda besucht – ein Ort, der für sie mit vielen Erinnerungen verbunden war. In ihrer Kindheit pflegte die ganze Familie dort Urlaub zu machen. Sie hatte auch Rosalind in Manhattan besucht und war von dort aus mit Scott nach Baltimore gefahren, um Scotties Schulabschluss an der Bryn Mawr-Schule zu feiern.

»Aber es wurde nichts daraus«, sagte Zelda, und ihre Stimme klang zum ersten Mal während meines Besuches resigniert. »Ich hatte noch nicht einmal meinen Koffer im Hotelzimmer ausgepackt, als Scott zu trinken und einen Streit begann. Ich ging einfach aus dem Zimmer. Als ich zurückkehrte, sah ich, dass er all meine Kleider in die Mitte des Zimmers geworfen hatte und dabei war, eines nach dem anderen zu zerreißen. Was sollte ich tun? Ich nahm meine Bibel, ging zum Bahnhof und begann zu beten, während ich auf den Zug nach Asheville wartete. Im Zug habe ich lange und leise geweint – nicht wegen mir und meinem verpfuschten Leben, sondern wegen Scotts. Was soll aus ihm werden? Ich habe kaum noch Hoffnung für ihn.«

»Zelda«, sagte ich, »hör auf, an Scott zu denken. Denk an dich und Scottie. Für euch muss es weitergehen. Du kannst nichts mehr für Scott tun.«

»Doch«, erwiderte sie. »Ich kann für ihn beten. *Ich muss beten, um leben zu können.* Es ist das Einzige, was mir Kraft und Stärke gibt. Scott glaubt an nichts mehr, auch nicht an Gott. Ich schließe ihn in jedes meiner Gebete ein.«

»Dann bete für ihn, Zelda«, sagte ich.

Zelda betete vergebens. Einen Tag vor Weihnachten rief Scottie mich an. Sie führe mit Mrs. Owens nach Asheville, um mit ihrer Mutter das Weihnachtsfest in der Klinik zu verbringen. Aus der geplanten Fahrt zur Großmama nach Montgomery, zusammen mit ihren Eltern, würde nichts. Ich könne ihre Mutter daher nicht wie verabredet in Montgomery treffen.

Scottie sprach hastig, als wolle sie jeden Moment wieder auflegen. Sie war bereits im Begriff, mir ein schönes Weihnachtsfest zu wünschen, als es mir gelang, nachzuhaken. Etwas stimmte nicht. Trotz ihrer schwierigen Kindheit war Scottie von Grund auf fröhlich. Sie war fünfzehn und lebte seit dem Herbst im Internat der Ethel-Walker-Schule in Simsbury, Connecticut, einer angesehenen Privatschule, die junge Mädchen für die elitäre Vassar-Universität vorbereitete. Die Familie von Scotts Literaturagenten Harold Ober kümmerte sich um sie, besuchte sie in Simsbury und nahm sie in den Ferien zu sich. Sie schienen es gern zu tun, Scottie war in der Tat ein Sonnenschein, und noch heute finde ich ihre ausgeprägte Frohnatur erstaunlich, bedenkt man die Umstände ihrer Kindheit.

Nach und nach rückte Scottie mit der Sprache heraus. Ihr Vater hatte es sich in den Kopf gesetzt, am 22. Dezember einen Weihnachtstanztee für sie und ihre Freundinnen zu geben. Im Belvedere-Hotel von Baltimore mietete er einen Saal, etliche Kellner sowie ein Orchester und lud sechzig Gäste ein. Der Abend hatte schnell geendet, da Scott angetrunken mehrere Freundinnen seiner Tochter zum Tanz aufforderte, die ihm sämtlich einen Korb gaben. Er wirkte so lächerlich, sagte Scottie. Vor Wut über all die Körbe hatte Scott die Party für beendet erklärt, alle Gäste weggeschickt und danach das Orchester instruiert, nur für ihn allein zu spielen, während er einsam im Tanzsaal saß und sich mit der Ginflasche tröstete. Die Eltern einer Freundin nahmen Scottie mit zu sich nach Hause; am nächsten Tag war ihr Vater wie vom Erdboden verschluckt, und sie nehme an, er sei noch heute betrunken. Die Reise nach Montgomery wäre also ins Wasser gefallen – beziehungsweise in den Gin. Scottie hatte ihren Humor wiedergefunden.

Ich dachte daran, wie Scott mir einmal erzählt hatte, dass er als Schuljunge sechs Kinder zu seinem Geburtstag einlud und nicht eines von ihnen erschienen war. Fast war es, als wollte er mit jenem schrecklichen Tanztee seinen einsamen Kindergeburtstag wiederholen, um sich bemitleiden zu können. Oder als wollte er sich stellvertretend für die Kinder von damals an den Gästen rächen. Oder beides. Wie auch immer – ich sagte Scottie nichts davon. Es hätte ihr nicht geholfen. »Arme Scottie«, meinte ich stattdessen.

»Ach«, erwiderte Scottie. »Es geht schon. Man darf nicht daran denken und es nicht an sich herankommen lassen. Das lernt man bald.«

Nur zwei Jahre später sollte sie gemeinsam mit ihrer Freundin Peaches aus dem Cottage ihres Vaters in Malibu Beach flüchten – vor ihrem betrunkenen Vater, der die beiden Mädchen umzubringen gedroht hatte.

»Was macht dein Roman, Zelda?«

Zelda und ich saßen hinter Mrs. Sayres kleinem weißen Haus auf der Veranda in der Sayre Street.

Wieder war es Sommer, ebenso wie jener Kindheitssommer, da ich Zelda auf der Veranda ihres Elternhauses zum ersten Mal begegnet war. Wieder standen die Magnolien in alabasterweißer Blüte, wieder sprudelte süße Limonade vor uns, und wieder hatte Zelda diesen mediterranen Teint. Ihr Haar umrahmte leicht gelockt ihr attraktives Gesicht, dem die Qualen der letzten Jahre nicht mehr anzusehen waren. Sie sah gesund aus, und nichts in ihrem anmutigen Verhalten ließ darauf schließen, dass sie Patientin in einer Nervenheilanstalt war.

Auf meine Frage seufzte Zelda leicht. Sie strich sich eine Haarsträhne aus dem Gesicht und sah mich an. »Nichts. Ich kann mich beim Schreiben nicht sehr lange konzentrieren. All die Medikamente, die Insulin- und Metrazolschocks haben Spuren in meinem Gehirn hinterlassen. Manches von meinem Romanstoff habe ich vergessen und könnte es nicht mehr zu Papier bringen. Ohnehin wäre keine Zeit. Dr. Carroll schickt uns jeden Tag auf einen Fünf-Kilometer-Marsch, dann Tennis, Golf, Lektüre, die Mahlzeiten, Massagen, viel Schlaf. Nicht zu vergessen die Therapiegespräche. Der Tag ist schnell vorüber. Außerdem darf ich nur malen, nicht schreiben. Der Roman ist auch nicht mehr wichtig. Ich möchte so gern noch in diesem Sommer zu Scott nach

Hollywood. Seit ein paar Wochen ist er dort Drehbuchautor. Sein Agent Harold Ober hat ihm die Stelle verschafft. Ich bin ihm und seiner Familie so dankbar, auch dafür, dass sie sich Scotties angenommen haben. Sie ist mein ganzer Stolz.«

»Du kannst wirklich stolz auf sie sein«, sagte ich. »Sie ist ein wunderbares junges Mädchen. Um Scottie brauchst du dir keine Sorgen machen.«

»Nein«, sagte Zelda. »Wenigstens diese Sorge habe ich nicht. Nur die, dass Scott der Meinung ist, nach den Ferien hier in Montgomery müsse ich zurück in die Klinik. Im September will er einen Ausflug mit mir nach Charleston machen, Weihnachten wollen wir in Miami verbringen, aber für das Leben mit ihm in Hollywood sei ich noch nicht gesund genug.«

Ich wusste nicht, was ich darauf erwidern sollte. Zelda sah aus wie das blühende Leben.

Später fuhren wir zum Tennisplatz; Zelda war mit Bekannten zum Spiel verabredet. Ich schaute zu, wie sie dem Ball hinterherjagte, voller Kraft und Lebensfreude, und ich fragte mich, weshalb Scott seine Frau nicht zu sich nach Hollywood holte.

Sechs Monate später traf ich ihn dort auf einer Party in Begleitung einer ausgesprochen hübschen Blondine, die der jungen Zelda so ähnelte, dass man sie auf den ersten Blick dafür hätte halten können.

Ihr Name war Sheilah Graham. Sie war Klatschkolumnistin in Hollywood, und Scott und sie lebten ihre Liaison ganz offen. Ich erfuhr es von Margaret Sullavan, einer jungen Filmschauspielerin, die mich nach Hollywood eingeladen hatte.

Ich zweifle nicht daran, dass Sheilah Scott wirklich liebte. Viele Jahre nach seinem Tod schrieb sie ein Buch über die drei Jahre ihres Lebens mit ihm. Sie war bei ihm, als er sich aus einem Sessel erhob und vor dem Kamin zusammenbrach. Er war sofort tot. Herzinfarkt mit vierundvierzig Jahren.

Auch Sheilah bekam Scotts Dr. Jekyll-und-Mr. Hyde-Wesen zu spüren. Sie war härter als Zelda und von Scott finanziell unabhängig; sie war sehr hübsch, und die Männer lagen ihr zu Füßen. Und dennoch schien sie nur Scott geliebt zu haben. Sie verzieh ihm alles. Sogar, dass er sie erschießen wollte, weil sie die Beziehung für beendet erklärte, nachdem er sie in betrunkenem Zustand geschlagen hatte. Während Scott nach der Waffe suchte, gelang es Sheilah, die Polizei zu informieren, sie werde gegen ihren Willen festgehalten. Scott war so verblüfft, dass er sie gehen ließ. Fürs Erste. Am nächsten Tag terrorisierte er Sheilah mit ununterbrochenen Anrufen, bis sie nicht mehr ans Telefon ging. Zwei Tage lang schickte Scott alle paar Stunden einen Eilbrief: *Verlass die Stadt, sonst bist du in vierundzwanzig Stunden tot. Verlass die Stadt, oder man wird deine Leiche im Coldwater Canyon finden.*

Sheilahs Chef erhielt ein Telegramm von Scott:

SHEILAH GRAHAM HEUTE AUS ALLEN STUDIOS VERBANNT STOP SIE SPIELT NANA IN HOLLYWOOD STOP SCHLAGE VOR SIE NACH ENGLAND ZURÜCKZUSCHICKEN WOHIN SIE GEHÖRT STOP WISSEN SIE DASS IHR RICHTIGER NAME LILY SHEIL IST?

Scott hatte versucht, Sheilahs Karriere zu zerstören und ihr bestgehütetes Geheimnis – die Wahrheit über ihre ärmliche Herkunft und wahre Identität – preiszugeben. Das war unverzeihlich, doch Sheilah verzieh ihm nach einem reumütigen Brief, in dem er davon sprach, sterben zu wollen und sich selbst einen perversen, gemeinen und eifersüchtigen Neurotiker nannte.

Sheilah verzieh ihm nicht nur einmal. Sie verzieh ihm die Ohrfeige vor allen Leuten auf einer Party, sie verzieh sein anzügliches Gerede vor allen Leuten über ihre Qualitäten im Bett. Die Drohung, sie zu verlassen, wenn sie nach New York führe, weil er ihr eifersüchtig unterstellte, sie hätte dort einen Geliebten. Dass er Zelda in der Highland-Klinik besuchte, Sheilah jedoch verbot, während dieser Zeit ihre Freundin Margaret in ihrer eigenen Wohnung zu beherbergen. Und dass er die Silberfuchsjacke aus ihrem Appartment stahl, die er ihr geschenkt hatte und die Tochter Scottie als Weihnachtsgeschenk bekommen sollte.

Sie schenkte den Gerüchten, Scott treibe es in Garderoben mit jungen Schauspielerinnen, keinen Glauben. Sie sagte Ja, als Scott sie bat, seine Frau zu werden. Dazu kam es nie, denn er ließ sich nie von Zelda scheiden – aus Mitleid mit seiner geisteskranken Frau, wie zu betonen er nicht müde wurde. So konnte er Sheilah behalten. Zelda war ein guter Schutz vor einer neuen Ehe.

Nach Scotts Tod löste Sheilah das Porträtfoto, das sie Scott einst geschenkt hatte und das auf seinem Schreibtisch stand, aus dem Rahmen. Auf der Rückseite des Fotos stand in Scotts Schriftzügen: Porträt einer Prostituierten.

Ich hatte gesagt, Ginevra King, Scotts allererste Liebe, habe Scott nicht wieder angesehen, nachdem er sie verletzt und sie mit ihm Schluss gemacht hatte.

Dies war nicht ganz korrekt. Sie trafen sich noch einmal, zwanzig Jahre später. Ginevra King war frisch geschieden, mochte davon gehört haben, dass Scott in Hollywood als Drehbuchautor für eine Filmadaption von Erich Maria Remarques Erfolgsroman »Im Westen nichts Neues« verpflichtet war, und schickte ihm ein Telegramm, sie würde in Santa Barbara Urlaub machen und ihn gern treffen. Scottie erzählte mir Jahre später davon, als sie längst erwachsen war und ihre Eltern nicht mehr lebten. Ihr Vater hatte ihr von jenem Telegramm berichtet und erwähnt, er habe Angst, Ginevra zu treffen, da sie das erste Mädchen war, das er geliebt habe, und er bis zu diesem Zeitpunkt immer vermieden hätte, sie wiederzusehen, weil er die Illusion um seine Jugendliebe aufrecht erhalten wollte. Er wisse nicht, ob er sie treffen sollte – auf jeden Fall würde es sehr, sehr seltsam werden. Es irritiert, dass ein Vater seine sechzehnjährige Tochter zur Vertrauten seiner Liebesangelegenheiten machte, doch bei Scott war nach ein paar Schluck Gin alles möglich.

Und so war es wohl auch der Gin, der das Treffen mit Ginevra verdarb. Scottie vermutet, ihr Vater war so nervös, dass er gleich nach der Ankunft im Restaurant zu viel davon trank. Seine Version, Ginevra sei noch immer sehr hübsch, dennoch habe er sie nach ihrem gemeinsamen Mittagessen nicht wiedersehen wollen, habe Scottie nie richtig geglaubt. Auch bei Metro-Goldwyn-Mayer lief es nicht besonders für Scott. Von Margaret erfuhr ich, der Produzent habe Scotts Dialoge zu »Three Comrades« stark überarbeitet, was ihn wütend mache und deprimiere. Zwar erschien Scotts Name im Abspann des Films, doch es sollte das erste und letzte Mal bleiben. Das alles geschah im Januar 1938, ein paar Monate vor der Erstaufführung von »Three Comrades« in New York, die Zelda zusammen mit ihrer Schwester Rosalind, Mrs. Sayre und Scottie besuchte. Scottie hatte im Juni ihr Examen an der Ethel Walker School abgelegt, und bis auf Scott hatten alle an der Examensfeier teilgenommen – auch die Pflegerin, ohne die das Highland Hospital Zelda zu reisen verwehrte. Ich glaube, dass Zelda die ständige Beobachtung mit Humor ertrug. Inzwischen war sie daran gewöhnt, wie sie auch daran gewöhnt war, dass all ihre Briefe aus der Klinik zensiert wurden. Aus ihrem Osterurlaub in Virginia Beach im Frühjahr 1938 schrieb sie mir, die Zensur sei ihr mittlerweile eigentlich egal, dennoch sei es wunderbar, einen unzensierten Brief schreiben zu können, ohne Rücksicht darauf, was die Ärzte daraus über ihren Geisteszustand herauslesen würden. Wenn man das Folgende lese, hielte man sie wohl entweder wieder für verrückt oder aber gestatte ihr nie mehr eine Reise mit Scott. Die Vorfreude auf eine Reise aber sei eine ihrer größten Freuden; ohne die Hoffnung auf gelegentliche Reisen könne sie in der engen Welt des Highland-Hospitals nicht überleben.

Ich verstand das gut. Scott war für Zelda das Fenster zur Welt geworden – auch wenn die Reisen oft desaströs endeten, wie jene nach Virginia Beach, von der Zelda in ihrem Brief berichtete. Scott war schlecht gelaunt aus Hollywood gekommen, trank sehr viel und ließ seine schlechte Laune an Frau und Tochter aus, indem er deren Tennis- und Golfunterricht absagte, permanent stritt und schließlich gewalttätig wurde, so dass Zelda die Hotelleitung zu Hilfe holte. Sie stand so unter Schock über Scotts Gewalttätigkeit, dass sie einen Arzt für Scott verlangte, den sie als gefährlichen Verrückten bezeichnete, der in eine Anstalt gehöre. Die Männer sahen Scott in wilder Rage, glaubten Zelda aufs Wort und ließen einen Arzt kommen. Scott war schwer betrunken, schaffte es aber, dem Arzt klar zu machen, dass seine Frau es war, die Patientin in einer Nervenheilanstalt sei. Zelda blieb nichts übrig, als es zu bestätigen. Gegen Scott hatte sie keine Chance.

Im Mai 1939 besuchte ich Zelda ein letztes Mal in einer Klinik. Alles war üppig-grün und ein blauer Frühlingshimmel strahlte über dem Vogelgezwitscher in den ausladenden Bäumen, die das Klinikgelände säumten.

Wir saßen auf der schattigen Terrasse, die Sonne meinte es bereits gut, und Zelda erzählte von ihrer Havanna-Reise mit Scott. Sie war nach dem gleichen Muster verlaufen wie die Reise nach Virginia Beach im Jahr zuvor. Bei der Rückankunft in New York schafften Zelda und Scottie es, Scott auf ein Zimmer des Hotels Algonquin zu bringen, wo er sich in einen manischen Zustand trank und das Mobiliar zu zerstören begann. Zelda rief ihre Schwester Clothilde an, die mit ihrer Familie in der Nähe New Yorks wohnte, und bat sie, Scottie für die Nacht zu sich zu holen. Zelda hatte bei Scott bleiben wollen, doch Clothilde sprach ein Machtwort und bestand darauf, auch die Schwester mitzunehmen. »Du bleibst nicht bei diesem Verrückten«, hatte sie energisch gesagt; es käme überhaupt nicht in Frage, dass Zelda sich einer solchen Gefahr aussetze. Schweren Herzens war Zelda mitgegangen, ohne zu wissen, was aus Scott im Algonquin werden würde. Am Tag darauf war sie ohne jede Begleitung – das erste Mal seit Jahren – nach Asheville zurückgefahren. Sie hatte ihre Abwesenheit um einen Tag überzogen, doch Dr. Carroll akzeptierte es, als sie ihm den Grund nannte.

»Du hast ihm alles erzählt?«, fragte ich.

»Ja. Es hat keinen Sinn mehr, Scotts Trinkereien zu verschweigen, nur damit ich weiter mit ihm reisen darf. Ich will nicht mehr mit ihm reisen. Ich will nur noch nach Hause, nach Montgomery. Meine Familie kämpft um meine Entlassung. Mama und Rosalind schreiben immer wieder an Scott und Dr. Carroll. Ich habe letztes Weihnachten in Montgomery verbracht, ohne Scott, der in Hollywood unabkömmlich war, und alle fanden mich völlig normal. Sogar Scottie hat ihren Vater gebeten, mich nach Hause gehen zu lassen, was Scott ihr sehr übel genommen hat; er behauptet, sie schlage sich auf die Seite von Mama, Clothilde und Rosalind, die meinen Zustand nicht beurteilen könnten. Aber Scott sagt, ich stünde nun kurz vor der Menopause; man könne nicht wissen, wie sich das auf meinen Geisteszustand auswirke. Er könne sich in Hollywood nicht um eine kranke Frau kümmern, er müsse dort arbeiten.«

Zelda schwieg einen Moment und sah mich an. »Ich habe nicht einmal seine Adresse dort in Hollywood. Er weigert sich, sie mir zu geben. All meine Briefe schicke ich an seinen Agenten.«

Natürlich verriet ich nicht, was ich über Scott und Sheilah wusste. Es war auch nicht nötig. Zelda war eine kluge Frau.

In mein Schweigen hinein sagte Zelda: »Und wenn es so ist, wie ich vermute – ich habe in den letzten Jahren immer gewollt, dass Scott wieder glücklich wird –, dann ist in Erfüllung gegangen, wofür ich oft gebetet habe. Christus sagt: ›Liebet Gott‹ und ›liebet einander‹. Es gibt viele Arten, einander zu lieben. Eine davon ist das Mitleid. Und ich habe Mitleid mit ihm.«

»Ja«, erwiderte ich. »Es ist gut, dass du ihn jetzt auf diese Weise liebst. Es ist das Beste für euch beide.«

Wir spielten noch eine Partie Tennis, im Schatten der alten Bäume, die Zelda mit Leichtigkeit gewann. Dann verabschiedete ich mich. Als ich Zelda umarmte, wünschte ich ihr ein baldiges Nachhausekommen. Sie lächelte und sagte, es könne nicht mehr lange dauern. Dr. Carroll und seine Frau nähmen sie im Sommer in ihren Urlaub mit; danach dürfe sie ganz gewiss nach Hause. Wie sehr sie geirrt hatte, wurde Zelda klar, als Dr. Carroll sie im Herbst aufforderte, alle Fenster des Versammlungsraums und der Patientenzimmer mit aufwändigen Blumenblenden zu bemalen – eine Arbeit, die Jahre dauern würde. Sie müsse ihren Aufenthalt im Highland-Hospital jetzt selbst bezahlen, sagte Dr. Carroll, ihr Gatte sei seit Monaten in Zahlungsrückstand. Zelda weigerte sich, die Kosten für den Klinikaufenthalt selbst zu erarbeiten, wo alles in ihr danach drängte, entlassen zu werden. In den letzten Jahren hatte sie Patientinnen des Highland-Hospitals ohne jeden Cent Bezahlung Tanzunterricht erteilt und Kunsttherapie mit ihnen betrieben. Das habe sie gern getan, aber Blumenblenden in Patientenzimmern seien eine Vergeudung ihres künstlerischen Ehrgeizes; alles in ihr habe sich heftig dagegen gesträubt. Es sei gefährlich gewesen, sich gegen dieses Ansinnen zu wehren, da Dr. Carroll bei Verweigerungshaltung den Beginn einer neuen Psychose zu diagnostizieren und mit entsprechenden medizinischen Maßnahmen zu behandeln pflege, aber letzten Endes sei sie davongekommen, weil gegen Dr. Carroll eine Klage wegen Vergewaltigung einer Patientin laufe und ihm die Dinge wohl über den Kopf gewachsen seien.

Von all dem erfuhr ich aus Zeldas Brief, den ich im April 1940 erhielt, wenige Tage, nachdem sie für immer nach Montgomery hatte gehen dürfen – unter der Bedingung, niemals zu Scott nach Hollywood zu fahren. Zelda schrieb, dieses Versprechen zu geben sei ihr nicht schwer gefallen, vor allem, nachdem Dr. Carroll seine Zusage, sie am 1. April zu entlassen, wieder zurückgenommen hatte. Im März hatte sie allein, ohne Pflegerin, nach Asheville gehen dürfen, und war dort in einem Café beim Kuchenessen beobachtet worden, was Dr. Carrolls strengen Diätvorschriften zuwiderlief. Für ihre Freiheit hätte sie jedes Versprechen gegeben, schrieb Zelda – und wie dankbar sie sei, wieder leben zu dürfen und nicht mehr lebendig begraben zu sein an einem Ort, wo Leben nur in der Zeitung stattfinde.

Scott war gestorben. Zelda erfuhr es von ihrer Mutter, als sie von einem Spaziergang zusammen mit Julia Garland zurückkehrte. Scotts ehemaliger Agent Harold Ober hatte angerufen und die Nachricht von Scotts Tod überbracht. Julia sagte, Zelda habe die Nachricht mit großer Würde und Fassung getragen. Zelda versuchte, die Beisetzung Scotts im Familiengrab seiner Eltern auf dem katholischen Friedhof in Rockville, Maryland, zu veranlassen, erhielt jedoch keine Erlaubnis, da Scott längst kein praktizierender Katholik mehr war. An der Beisetzung am nasskalten Tag des 27. Dezember 1940 auf dem protestantischen Friedhof von Rockville nahmen fast dreißig Freunde und Wegbegleiter teil. Es kamen Tochter Scottie mit einigen Freundinnen, Rosalinds Ehemann Newman Smith, Scotts Cousine Cecilia mit ihren vier Töchtern, Max und Louise Perkins, Harold und Anne Ober, die Murphys, die Turnbulls, die Biggs und Ludlow Fowler, Scotts Freund aus Princeton-Tagen. Sheilah kam nicht, auf Scotties Bitte. Auch Zelda erschien nicht zur Beisetzung ihres Mannes. Vielleicht fürchtete sie, die Trauer über Scotts Tod mit seiner Geliebten teilen zu müssen. Darüber sprach sie nie mit mir.

Zelda schrieb einen seitenlangen Nachruf, der für die Reihe posthumer Würdigungen ihres Mannes in »The New Republic« vorgesehen war, jedoch nicht gebracht wurde. Ich habe Zeldas Nachruf auf Scotts literarisches Schaffen in der Bibliothek der Princeton-Universität gelesen. Er ist brillant geschrieben und tief bewegend. Es gehört menschliche Größe dazu, nach einem Leben mit Scott seiner als Künstler und Freund zu gedenken. Ich hätte es nicht vermocht.

Am Abend der Nachricht über den Herztod ihres Vaters ging Scottie in die Oper.

»Ich hatte die Opernkarten, und ich wusste doch, dass

er sich eines Tages zu Tode trinken würde«, sagte sie später halb entschuldigend zu mir. »Wir hatten kein besonders gutes Verhältnis. Als ich ihn in den Semesterferien in Hollywood besuchen wollte, schrieb er mir, mein Zuhause sei jetzt die Uni in Vassar, er könne mich in Hollywood nicht brauchen. Ich habe mich immer für ihn geschämt, wenn er so betrunken war. Sein Tod war eine Erlösung für ihn, für mich, für uns alle. Warum sollte ich übermäßige Trauer heucheln. Die Opernaufführung war übrigens wunderbar.«

Zelda dankte für mein Kondolenzschreiben und erwiderte, dass sie Scott vermissen werde. Auch wenn sie im Jahr seines Todes einander nicht mehr sehr nahe gestanden hätten, so wäre er doch der beste Freund gewesen, den sie je gehabt habe. Zu wissen, dass Scott nie wieder für sie beide schöne Dinge arrangieren und ihr nicht mehr sagen könne, was sie tun solle, sei schmerzlich. Sie sei ihm dankbar für all das Gute in ihrem Leben und dafür, dass er immer für sie und Scottie gesorgt habe. Rückschauend sei ihr, als habe er sie und Scottie immer nur glücklich machen wollen. Jetzt wolle sie dafür sorgen, dass Scotts unvollendeter Roman »Der letzte Taikun«, an dem er geschrieben hatte, bevor er verstarb, herausgegeben werde.

Ich seufzte tief, nachdem ich Zeldas Brief, umrahmt von schwarzem Trauerrand, gelesen hatte. Einerseits war ich froh für sie. Sie hatte ihren Frieden gefunden. Andererseits war mir klar, um welchen Preis dies geschehen war. Psychiater der Sorte Dr. Diabolos, jahrelange Isolation und die Vergessen bringenden Elektroschocks hatten Zelda für immer besiegt.

Über Zeldas letzte Jahre in Montgomery haben die Leute viel erzählt. Fast war es wie in ihrer Jugendzeit, als die quirlige Zelda stets Stadtgespräch gewesen war.

Es gab zwei Varianten. Meine Mutter schüttelte traurig den grauen Schopf, als sie mich während des Krieges in New York besuchte und den Montgomery-Klatsch wiedergab, von dem sie nicht so recht zu wissen schien, was sie davon halten sollte. Die Leute sagten, Zelda liefe in einem schmuddeligen Pullover, einem schlichten Rock und Tennisschuhen herum. Wenn sie doch einmal ein Kostüm trage, so sei es unauffällig, so unauffällig wie ihr ungeschminktes Gesicht, das dringend etwas Make-up benötige. Meine Mutter hatte Zelda einmal gesehen; sie war freundlich und völlig normal gewesen, hätte aber alt und verhärmt ausgesehen. Dabei wäre sie doch erst Anfang Vierzig.

Das waren die Äußerlichkeiten. Seltsam fanden die Leute auch Zeldas Angewohnheit, täglich in forschem Schritt mehrere Kilometer durch die Parks zu laufen. Niemand tat das in Montgomery. Schnell zu gehen war hundert Jahre zuvor die Pflicht der Sklaven in den Südstaaten gewesen. Ein angesehener Bürger Montgomerys ging gemessenen Schrittes durch seine Stadt. Höchst befremdlich war ein Fresco über ihr Leben mit Scott, das Zelda an die Rückwand des kleinen Hauses ihrer Mutter in der Sayre Street gemalt hatte. Das mochte verstehen, wer wollte. Man wusste doch, dass Scott ein Säufer und Zeldas Ehe schlecht gewesen war. Und nun dieses Fresco! Auch fand man, dass sie übertrieben viel zum Gottesdienst ging, nicht nur am Sonntag, sondern mehrmals pro Woche. Nun, vielleicht bete sie für Scotts verdammte Seele, klatschten die Leute. Da habe sie wahrhaft auch viel zu beten ...

Die andere Variante zeichnete ein völlig anderes Bild von Zelda in den Jahren nach Scotts Tod. Mrs. Wood, die Vorsitzende des Blaustrumpf-Clubs, hatte Zelda als Rednerin zu einem Diskussionsnachmittag über Religion eingeladen, und alle waren beeindruckt gewesen von Zeldas anregendem freien Vortrag, ihrem Wortschatz und ihrer angenehmen Stimme. Und von ihrem Satz, dass es in einer schmerzbeladenen Welt, in der so viel spirituelle Armut herrsche, des Glaubens und der Nächstenliebe bedürfe. Meine Mutter wusste auch zu berichten, dass Zelda beim Roten Kreuz in Montgomery mithalf, wo sie zweimal in der Woche Binden wickelte, und dass sie sich um ein spastisch gelähmtes junges Mädchen in der Nachbarschaft kümmerte. Das meiste über Zelda aber erfuhr ich von Livye Hart, unserer gemeinsamen Kindheitsfreundin. Livye schrieb, dass sie Zelda ab und zu in der Sayre Street besuche und sie dann alle auf der Veranda saßen und sich einen netten Nachmittag machten. Zelda sei wie früher von einer warmen Freundlichkeit und ihre Gesellschaft sehr angenehm. Der Garten mit all den vielen Blumen sei von Zelda wunderschön hergerichtet; sie habe ja schon immer Blumen geliebt und ein ausgesprochen gärtnerisches Geschick. Was Zelda in die Hand nehme, das blühe wie von selbst, schrieb Livye. Sie verstehe ja leider nichts vom Gärtnern und unternehme lieber Fahrradtouren oder lange Spaziergänge mit Zelda. Dann schwelgten sie in Erinnerungen an ihre sorglose Jugend, in der alles im Leben möglich schien und die Welt ihnen noch zu Füßen gelegen hatte.

Außerdem schreibe Zelda wieder; sie, Livye, wisse nicht genau, was, aber es handele sich wohl um einen Roman. Zelda wolle nicht darüber sprechen, solange er nicht fertig sei. Ihre Bilder freilich zeige und verschenke sie großzügig. Lawton Campbell habe sie ein wunderschönes Aquarell geschenkt, das einen blühenden Rhododendron zeige, und Elizabeth Crommelin eine mediterrane Szene, die Elizabeths Wohnzimmer schmücke. Auch für die Kirche Holy Comforter, deren Gottesdienst Zelda sonntags besuche, habe sie ein Bild gemalt. Livye schrieb, es sei schade, dass ich kaum noch Zeit fände, nach Hause zu kommen; im Montgomery Museum of Fine Arts habe es fast ein ganzes Jahr lang eine Ausstellung von Zeldas Werken gegeben, die in der lokalen Presse große Anerkennung gefunden habe, und die ich mir unbedingt hätte anschauen müssen. Bereits im Jahr zuvor sei im selben Museum eine Kollektion ihrer Papierpuppen für Kinder zu sehen gewesen, keine gewöhnliche Püppchen, sondern historische Figuren wie König Arthur, Louis XIV. oder Robin Hood. Zelda hoffe, sie in Buchform veröffentlichen zu können. Sie sei bereits in Verhandlung mit Scotts früherem Verleger Max Perkins getreten. Auf jeden Fall drücke sie Zelda die Daumen, dass es klappe, denn Zeldas finanzielle Situation sei nicht eben rosig. Sie bemale Holzschüsseln und Metalltabletts mit Pariser und New Yorker Szenen und versuche, diese zu verkaufen.

Sehr traurig sei Zelda gewesen, als Tochter Scottie einen jungen Mann aus bestem Hause geheiratet habe, ohne ihre Mutter zur Hochzeit einzuladen. Zelda habe viel gebetet in jenen Wochen, um gegen die ständig aufkommenden Tränen anzukämpfen. Anne Ober, die mit Scottie das Brautkleid ausgesucht und sich um die Hochzeitsvorbereitungen gekümmert hatte, habe Zelda einen kleinen Hochzeitskuchen geschickt, den sie zusammen mit John Dos Passos, der sie in jenen Tagen zufällig besuchte, gegessen habe. Um ihr Verhalten wieder gut zu machen, habe Scottie die Mutter nach New York eingeladen, um ihr den Ehemann vorzustellen. Aber irgendetwas müsse während des Besuches geschehen sein, denn nach ihrer Rückkehr sei Zelda sehr deprimiert gewesen und habe schließlich um Aufnahme in die Nervenklinik gebeten. Nach ein paar Wochen im Highland Hospital sei es ihr aber wieder gut gegangen.

Bis zu ihrem Tod habe ich Zelda nur noch ein Mal gesehen. Im Sommer 1945 kam ich auf meinem Weg zurück nach New York durch Montgomery. Ich hatte über die Bildung der Vereinten Nationen berichtet, und als ich in meinem Heimatort Station machte, drückte ich auch den Klingelknopf an Mrs. Sayres kleinem, weißen Haus in der Sayre Street.

Es war ein heißer Tag und ich war überrascht, Zelda ganz in Schwarz zu sehen. Ihr Haar war kraus und struppig und hätte eines Haarschnitts bedurft; freilich wusste ich aus Zeldas Briefen, dass sie mit dem von Scott hinterlassenen Geld haushalten musste, und sie schien zu sparen, wo immer sie konnte. Scott hatte seinen Freund und Anwalt John Biggs zum Nachlassverwalter bestimmt, und nachdem alle Schulden Scotts bezahlt waren, verwaltete er Scotts Lebensversicherung, so dass Zelda fünfzig Dollar Rente im Monat zur Verfügung standen. Fünfunddreißig Dollar von Scotts Kriegsveteranenrente kamen hinzu. Es sei nicht schlimm, sagte Zelda zu mir; Armut sei sie gewohnt, und es seien nicht die materiellen Dinge, die glücklich machten. Im Moment sei sie weitaus unglücklicher darüber, dass ihre neue Liebe, ein russischer General, nach Russland hatte zurückgehen müssen. Es sei furchtbar, nicht zu wissen, was aus ihrer Liebe werden sollte, und deshalb trage sie zum Zeichen ihrer Trauer schwarz.

Ich weiß noch immer nicht recht, ob diese Geschichte stimmt, doch bedenkt man Zeldas Vorliebe für Uniformen, alles Russische und die Tatsache, dass sie später eine unvollendete Erzählung über einen russischen General schrieb, ist es nicht gänzlich auszuschließen. (Scottie fand die Erzählung in Zeldas Papieren.) Und Montgomery war Garnisonsstadt; Zelda hatte der Maxwell Field Army Base sogar eine Reihe ihrer Ölgemälde geschenkt, wie sie mir sagte, ehe ich wieder Richtung Osten aufbrach. Was sie mir noch erzählte, war, dass sie ihren zweiten Roman fast vollendet habe und sehr zufrieden damit sei. Es sei ein ganz anderer Roman geworden, als sie ihn vor über zehn Jahren begonnen und geplant habe. Es ginge im biblischen Sinne um Demut und die Seelenfrieden bringende Kraft des Verzeihens. All das sagte sie wie nebenbei und mit großer Bescheidenheit, aber ich spürte doch, wie stolz und glücklich sie war, »Caesar's Things« nahezu beendet zu haben. Und ich glaubte ihr, als sie sagte, Scott würde ihren Roman mögen. Ihr Credo hatte Zelda mir einmal schriftlich anvertraut: *»Die Welt ist Freiwild für die nach Themen gierenden Literaturbeflissenen. Es ist schwer, denen, die einem nahestehen, klar-*

zumachen, dass einfach alles Nahrung für die Phantasie des Schriftstellers ist und dass sein Handwerk zum größten Teil aus dem Interpretieren und Umformen besteht, was nicht immer eine Verletzung der gegenseitigen Zuneigung bedeutet. Man muss also schreiben und schreiben und es den Freunden erst später erklären – sie um Verzeihung bitten muss man sowieso.«

Scott jedenfalls würde sie nie mehr um Verzeihung bitten müssen.

Ein Jahr vor ihrem Tod schrieb Zelda, sie würde schrecklich gern einmal nach Russland reisen, Moskau sehen, durch den Kaukasus streifen und im Schwarzen Meer baden wollen, aber dazu benötige sie ihren Tantiemenanteil von Scotts Roman »Zärtlich ist die Nacht«, und die Entscheidung darüber treffe der Nachlassverwalter John Biggs. Aus Zeldas großem Reiseplan ist nichts geworden – und womöglich war es diese Enttäuschung, die sie im Spätherbst des gleichen Jahres in eine tiefe Depression fallen ließ. Vielleicht hatte sie gehofft, den russischen General wiederzusehen und musste begreifen, dass es nie mehr ein Wiedersehen geben würde. Aber das sind nur Mutmaßungen. Zelda erwähnte ihn in ihren Briefen nie wieder. Sie muss meine ungläubige Miene richtig gedeutet haben, als sie im heißen Montgomery-Sommer von ihm erzählte.

Im November 1947 ging es Zelda nicht gut; bei den kleinsten Anlässen brach sie in Tränen aus und auf Scotties Anraten suchte sie erneut das Highland-Hospital auf. Dr. Carroll war längst im Ruhestand, und Dr. Pine, ein neuer Psychiater, kümmerte sich um sie. Ich habe ihn nach Zeldas Tod aufgesucht, um sein Urteil über Zeldas

Krankheit zu erfahren. Er bestätigte nur, was ich immer gewusst hatte: Es habe keinerlei Anzeichen für eine Schizophrenie gegeben.

Livye Hart war dabei, als Zelda von Mutter und Schwester Abschied nahm. Sie schrieb, Zelda müsse eine Vorahnung gehabt haben, was geschehen würde. Als das Taxi hielt, das sie zum Bahnhof bringen sollte, wandte Zelda sich noch einmal um, lief zurück zur Veranda, umarmte ihre Mutter und sagte: *»Mama, ich habe keine Angst zu sterben.«*

Zelda verbrannte im Highland Hospital im März 1948. Der Brand war nachts in der Küche ausgebrochen, und Zelda, die Insulinschocks bekam, in ihrem Zimmer eingeschlossen. Sie verbrannte zu Asche; nur am Zahnstatus und einem ihrer Hauspantoffeln wurde sie identifiziert. An einem lichten Frühlingstag wurde sie neben Scott auf dem Friedhof von Rockville beigesetzt.

Der Dichter Archibald MacLeish sagte über sie: *»Zelda war die beste Frau für Scott, die er je hätte haben können. Ich weiß nicht, weshalb sie ihn geheiratet hat, obwohl Scott natürlich diesen forschen jungenhaften Charme hatte, der die Frauen magisch anzog. Aber ob sie ihn damals geliebt hat oder nicht: Ich glaube nicht, dass irgendeine andere Frau auf der Welt mit Scott – so wie er war – zurechtgekommen wäre. Und das mit solch Verständnis und solcher Freundlichkeit.«*

Das sind schöne Worte – aber was wusste schon MacLeish.

»Caesar's Things« blieb unvollendet. Ich warte auf den Tag, da Zeldas letzter Roman – wenn auch unvollständig – erscheint. So viel hatte Zelda mir bei unserem allerletzten Abschied auf der sommerlich heißen Veranda verraten: Caesar ist Scott. Vieles könnte nach der Veröffentlichung von »Caesar's Things« klarer werden über eine Liebe, die Zelda zerstörte. »Caesar's Things« zu lesen wäre das Wichtigste am Ende meines Lebens. Das ist mein letzter Wunsch, den ich an das Alter noch habe.

Nachbemerkung der Autorin

Die Inspiration zu meinem Roman »Zelda Fitzgerald – ›So leben, dass ich frei atmen kann‹« bekam ich durch verschiedene Werke von Zelda und F. Scott Fitzgerald, durch Biografien und Erinnerungen. Je mehr ich las, desto mehr wuchs in mir die Überzeugung, Zeldas Leben müsse anders interpretiert werden als bisher. Bis ich die Geschichte im Kopf hatte – wie ich sie sehe ...

Viele der im Roman erwähnten Fakten kristallisierten sich aus meinen biografischen Recherchen heraus. Die Informationen ließ ich einfließen in Zeldas fiktive Briefe an die Ich-Erzählerin, Zeldas Freundin Sara Mayfield, die in den sechziger Jahren alle Briefe Zeldas vernichtet hat, um die Privatsphäre ihrer Freundin zu schützen. Andere Informationen gebe ich in fiktiven Begegnungen der Ich-Erzählerin mit verschiedenen Zeitgenossen wieder, denen Sara Mayfield, abgesehen von den Fitzgeralds und den Montgomery-Jugendfreunden, im realen Leben nie oder nur flüchtig begegnet ist.

Weitere Abweichungen von der Realität sind zum Beispiel Scotts Affäre mit dem Kindermädchen, im Sommer 1924 an der Côte d'Azur, die aber leicht hätte passieren können. Auch Zeldas Entführung in den Florida-Urlaub zu Beginn des Jahres 1932 ist fiktiv. Ebenso gibt es keinen Beweis für eine heimliche Übergabe des Manuskripts »Caesar's Things« an Zelda in einer Nervenklinik Baltimores.

Die kursiv gehaltenen Sätze sind Zitate, die ich in den Roman integrierte, um ihm Authentizität zu verleihen. Alle vorliegenden englischsprachigen Passagen wurden – sofern keine anderen Quellen angegeben – von mir aus dem Original übersetzt.

Ich möchte Jeanne Colgan danken, die mir den Hinweis gab, dass ein Nichtmuttersprachler (und Psychiater) die Worte »Paris' sights« durchaus als »parricide«, Elternmord, missverstehen könnte.

Zitatnachweise

S. 7 Zit. nach Sara Mayfield: *Exiles from Paradise: Zelda and Scott Fitzgerald*, New York 1971, S. 127. Copyright © 1971 by Sara Mayfield. Used by permission of Dell Publishing, a division of Random House, Inc.

S. 11 Zit. nach: Scott Donaldson: *Fool for Love. F. Scott Fitzgerald*, New York 1983, S. 86.

S. 19 Zit. nach Mayfield, S. 13

S. 20 *Montgomery Advertiser*, ohne Dat., zit.nach Mayfield, S. 126

S. 22 Brief von Zelda an Scott (nach dem 15. April 1919). Zit. nach F. Scott und Zelda Fitzgerald: *Lover! Briefe.* Aus dem Englischen von Dora Winkler. Mit einer Einleitung v. Eleanor Lanahan. Herausgegeben v. Jackson R. Bryer und Cathy W. Barks. Ausgewählt, erläutert und m. einem Nachwort v. Hanns Zischler. Deutsche Verlags-Anstalt, München 2005, S. 33

S. 30 Zitiert nach Sally Cline: *Zelda Fitzgerald – Her Voice in Paradise*, Arcade Publishing, New York 2003, S. 47

S. 37f. Zelda Fitzgerald: »Friend Husband's Latest«, *New York Tribune*, 2.4.1922.

S. 43 *Montgomery Advertiser*, 28.3.1920, zit. nach Mayfield, S. 53f

S. 45 F. Scott Fitzgerald an Edmund Wilson, zit. nach Kendall Taylor: *Sometimes Madness is Wisdom. Zelda and Scott Fitzgerald: A Marriage*, New York 2001, S. 52

S. 52 Zelda Fitzgerald: *Save Me the Waltz*, Harmondsworth 1971, S. 55. Deutsch 1972 unter dem Titel *Darf ich um den Walzer bitten* in der Übersetzung von Elisabeth Schnack im Walter-Verlag, Olten/Freiburg i.Br. erschienen.

S. 53 Fitzgerald, F. Scott: *Die Schönen und Verdammten.* Aus dem Englischen von Hans-Christian Oeser. Copyright © 2007 Diogenes Verlag AG Zürich.

S. 81 Zit. nach Mayfield, S. 54

S. 82 »What a ›Flapper Novelist‹ Thinks of His Wife«, in: *Baltimore Sun*, 7.10.1923, zit. nach Nancy Milford: *Zelda.* Deutsche Übersetzung von Gertrud Baruch. Copyright © 1975 by Kindler Verlag GmbH, München, S. 77

S. 83 Zit. nach Henry L. Mencken: *Mencken and Sara. A Life in Letters – the Private Correspondance of H.L. Mencken and Sara Haardt.* Hg. v. Marion E. Rodgers, New York u.a., 1987, S. 1

S. 84 Zelda Fitzgerald an John Biggs, zit. nach Sally Cline, S. 396

S. 104ff Zit. nach Mayfield, S. 111f.

S. 114 Zit. nach Mayfield, S. 130

S. 117f. a.a.O., S. 116f.

S. 120 a.a.O., S. 120

S. 125 Zitiert nach F. Scott Fitzgerald: *Zärtlich ist die Nacht.* Aus dem Englischen von Renate Orth-Guttmann. Copyright © 2007 Diogenes Verlag AG Zürich.

S. 130 a.a.O, S. 134

S. 136 Zit. nach Mayfield, S. 139

S. 144 a.a.O., S. 138/139

S. 145 a.a.O., S. 185

S. 145ff. a.a.O., S. 141f.

S. 149 Zit. nach Nancy Milford, S. 127

S. 151 Zit. nach Mayfield, S. 143

S. 163 Zit. nach Milford, S. 185

S. 169 Zit. nach Mayfield, S. 280

S. 175 a.a.O., S. 172

S. 183 Zit. nach Milford, S. 161

S. 190 William Mc Fee: »During the Jazz-Age«, *New York Sun*, 8.10.1932; *New York Herald Tribune* ohne Datum, zit. nach Cline, S. 320

S. 198 Typescript Dr. Rennie, Johns Hopkins Hospital, Baltimore, Mai 1933, zit. nach Cline, S. 326

S. 199 Zit. nach Mayfield, S. 198

S. 203 a.a.O., S. 191

S. 204 Zit. nach Cline, S. 326

S. 206 (oben) a.a.O., S. 328

S. 206 a.a.O., S. 332

S. 207 a.a.O., S. 330f.
S. 217f. Zit. nach Milford, S. 215
S. 218 *New York Post*, 3.4.1934, *The New Yorker*, 31.3.1934, *Time Magazine*, 9.4.1934
S. 226 Aus einem Brief von Zelda an Scott vom Oktober 1934, zit. nach F. Scott und Zelda Fitzgerald: *Lover! Briefe*, S. 143
S. 227 Zit. nach Mayfield, S. 227
S. 229f. Zit. nach Taylor, S. 312
S. 231 Zit. nach Mayfield, S. 275
S. 236 Zit. nach Sheilah Graham: *Die furchtlosen Memoiren der Sheilah Graham*. Deutsch von Marguerite Schlüter. Wiesbaden, Limes Verlag, 1968.
S. 250f. Zelda an Paul McLendon, zit. nach Milford, S. 262
S. 252 oben Zit. nach Mayfield, S. 285
S. 252 unten Zit. nach Taylor, S. 332f.

Weitere Literatur

Matthew J. Bruccoli (Hg): *A Life in Letters: F. Scott Fitzgerald*, New York 1994
Matthew J. Bruccoli: *Some Sort of Epic Grandeur. The Life of F. Scott Fitzgerald*, revised edition, Columbia, South Carolina 1991
Matthew J. Bruccoli (Hg): *The Notebooks of F. Scott Fitzgerald*, New York/London 1978
Matthew.J. Bruccoli, Scottie Fitzgerald Smith, Joan P. Kerr (Hg): *The Romantic Egoists. A Pictorial Autobiography from the Scrapbooks and Albums of F. Scott and Zelda Fitzgerald*, New York 1974
F. Scott Fitzgerald: *Wiedersehen mit Babylon. Erzählungen*. Aus dem Englischen von Melanie Walz, Christa Schuenke, Alexander Schmitz, Walter Schürenberg, Renate Orth-Guttmann, Christa Hotz und Bettina Abarbanell, Zürich, Diogenes Verlag, 1980.

Zur Autorin

Katrin Boese wurde 1953 in Halle/Saale geboren. Nach dem Studium der Slawistik in Leipzig war sie als Lektorin im Verlag Volk & Welt, Berlin, sowie als Übersetzerin und Englischlehrerin tätig und ist freie Mitarbeiterin der Mitteldeutschen Zeitung. Sie lebt in Bernburg/Saale.

Biografien im AvivA Verlag

Susanne Beyer:
»Palucca – Die Biografie«
geb., 432 S., 24,80 €
ISBN 978-3-932338-35-9

»Überaus spannend zeichnet Susanne Beyer das Leben der Tänzerin nach, betrachtet ein Jahrhundert deutscher Geschichte aus einer besonderen Perspektive.«

(Andrea Kachelrieß,
Stuttgarter Nachrichten)

Regine Beyer:
»Abendkleid und Filzstiefel.
Die Jazzpianistin und Diseuse
Peggy Stone«
geb., 432 S., 24,80 €
ISBN 978-3-932338-42-7

»Was für ein Leben! Die politischen Wirren des 20. Jahrhunderts trieben die gebürtige Berlinerin Peggy Stone vor sich her. Mit unverwüstlichem Lebenswillen schlängelte sich die russisch-jüdische Unterhaltungskünstlerin durch Revolutionen, Kriege und Genozide, um an stets neuen Orten mit ungebrochener Vitalität wieder aufzutauchen.«

(Erica Fischer, Autorin von
Aimée & Jaguar u.v.a.)

Romane der zwanziger Jahre

Ruth Landshoff-Yorck:
»Roman einer Tänzerin«
Hg. u. m. Nachwort
v. Walter Fähnders
geb., 157 S., 16,50 €
ISBN 978-3-932338-15-1

»›Neue Frau‹ schreibt über ›Femme Fatale‹ – eine lesenswerte Begegnung.«

(Sabine Rohlf, Berliner Zeitung)

Lili Grün:
»Alles ist Jazz«
Hg. u. m. Nachwort
v. Anke Heimberg
geb., 216 S., 18,00 €
ISBN 978-3-932338-36-6

»Lili Grün verarbeitet ihre quirligen Berlin-Erfahrungen zu einem Roman, der als Zeitdokument noch heute lesenswert ist. Beginnende und endende Amouren, Verlässlichkeiten in einer existenziell nicht mehr gesicherten Welt, die Berliner Subkultur, Jazz-, Szene- und Lesbenlokale, die eigene Kabarett-Truppe und mittendrin die – biografische – Ich-Figur namens Elli, die einen Partner auf Augenhöhe sucht und nicht ›bloß eine breite Männerbrust, an der man sich verkriechen kann.‹«

(Ursula Pia Jauch, NZZ)

Weitere Titel

Hilde Stieler:
»Die Edelkomparsin von Sanary«
Hg., übersetzt u. m. Nachwort
v. Manfred Flügge
geb., 344 S., 22,50 €
ISBN 978-3-932338-39-7

»Tatsächlich malt Hilde Stieler ein farb- und anekdotenreiches Sittengemälde ihrer Zeit, der 1. Hälfte des vergangenen Jahrhunderts. Zugleich ist ›Die Edelkomparsin von Sanary‹ das Dokument vom Drama einer begabten Frau, die in der Auseinandersetzung mit bekannten Künstlern den ihr eigenen Ausdruck sucht und findet.«

(Bayerischer Rundfunk)

Silvia Tennenbaum:
»Rachel, die Frau des Rabbis«
Aus dem Englischen übersetzt
v. Claudia Campisi
geb., 464 S., 24,80 €
ISBN 978-3-932338-45-8

Rachel ist seit zwanzig Jahren mit dem Vorstadtrabbiner Seymour Sonnshein verheiratet. Sie liebt Baseball, kleidet sich auffällig und hält ihre unorthodoxen Ansichten keinesfalls geheim. Ihre Bemühungen, die abgebrochene Karriere als Künstlerin fortzusetzen, passen jedoch nicht in das Bild der Vorstädter von einer ordentlichen Rabbinerfrau. Intrigen und Querelen in der Gemeinde und andere Krisen bringen das Leben der Sonnsheins durcheinander ...

Leseproben und weitere Informationen über unser Programm finden Sie unter www.aviva-verlag.de
Aktuelle Informationen auch unter
www.facebook.com/aviva.verlag

Wir schicken Ihnen gerne unser Verlagsprogramm zu.

Umschlaggestaltung: Britta Jürgs, unter Verwendung eines Fotos von Zelda Fitzgerald

Druck: finidr, s.r.o.

AvivA Britta Jürgs GmbH
Emdener Str. 33, 10551 Berlin
fon (0 30) 39 73 13 72; fax (0 30) 39 73 13 71
info@aviva-verlag.de
www.aviva-verlag.de

ISBN: 978-3-932338-43-4